集合知の経営
日本企業の知識管理戦略

洞口治夫 著

文眞堂

はしがき

　集団は無知なのか、それとも英知を創造しうる存在なのか。社会科学を研究するひとりの研究者として筆者が「知識」に関心を寄せたのは20年ほど前のことになる。座学よりは体験を重視し、知識だけではなく経験に裏打ちされた知恵への昇華を重視するという、おそらくは日本的な教育を受けてきた筆者にとって、暗黙知という概念に出会ったときの新鮮な衝撃と「うさん臭さ」への直観とがないまぜになった感覚があり、それは20年間たっても消えることがない。しかし、知識の理論に関心をもったことから、宗教、哲学、倫理学、科学哲学、言語学の領域にわずかずつではあったが関心が広がった。そのことで、無教養な人生を生きてきた筆者が、多少なりともなにがしかの「教養」を身につけるのに役立ったようにも思われる。

　集合知をいかにマネジメントするか。この課題は知識社会における経営戦略への解答となるのではないか。本書執筆の動機は、この直観である。

　ポランニーがその著作 *Personal Knowledge*（邦訳『個人的知識』）において問いかけた知識の獲得方法や、ハイエクが全体主義に対する批判として個人の重要性を強調していた文脈からすれば、安易に集団の英知を唱導することには躊躇を覚える。しかし、他方では完全な個人主義を標榜して生きていくことの難しい社会が日本には連綿と存在し続けてもいる。そのことの文化的特性は、それとして解明されるべき興味ある主題であるが、さしあたり、集団として行動することの得意な日本人という特徴が日本の工場生産と世界に広がる日系企業のカイゼン運動につながってきたと理解できる部分がある。

　日本人は集団での英知を重視してきた国民であるのかもしれない。本書のタイトルから、武田信玄や徳川家康の家臣団を思い浮かべた読者もいるかもしれない。集団の英知が、個人の英知に勝ることを例示する歴史は多い。

本書が提示したいのは、集団一般ではなく、集団をつくりあげるその方法にある。武田信玄や徳川家康の家臣団は、内部昇進制で固められた企業の取締役会に近いものがあろうが、それに比較すれば坂本龍馬が創り上げたネットワークには業種の垣根を越えたベンチャー・ビジネス活動に近いものがあるかもしれない。集合知の題材を歴史に求めることは興味ある課題ではあるが、本書は、集団をつくりあげる方法の事例を現代日本の企業に求めた。

　もちろん、集団の英知は、時として集団の無知と表裏一体であろう。企業の不祥事が相次いでいる。企業経営者の倫理観が欠如していると言ってしまえばそれだけのことだが、倫理観の欠如した経営行動を暗黙のうちに容認してきた社会が、あるいは、社会という名の集団が、企業の内と外に存在しているのかもしれない。営業活動をしているビジネスパースンには、「上司が帰る前には帰りづらい雰囲気がある」ことを感じとるべきとする組織風土があり、それは右肩上がりの経済のもとでは有効に機能したのだが、不安定な経済状況のもとでどれほどの説得力を持つのかはわからない。確実なのは、成功している企業の事例を調べることによって後付けの論理を貼り付けるだけの学問では、問題の本質に迫っていないということである。

　こうした問題意識のもとで本書を準備していたとき、2008年9月の「リーマン・ショック」が起こった。倫理観を失って地盤沈下しつつあった一部の日本企業への警鐘という限られた役割を果たすはずであった本書は、「100年に一度の恐慌」において生き残りをかけるすべての日本企業への処方箋として上梓されるべき運命を背負った。世界同時不況の原因を論じた著作、その進行を記録した著作は、すでに多数出版されている。本書は、不況のなかで活動する企業のための経営戦略を提示する。それが『集合知の経営』であり、サブタイトルに示したように『日本企業の知識管理戦略』である。

　経済活動の活性化は経営学にとって重要な課題である。1970年代以降、無効であることがたびたび議論されてきたケインズ政策、つまりは財政支出による需要喚起が2009年以降に突然有効に機能するとも思えない。2004年にノーベル経済学賞を受賞したキッドランドとプレスコットらが議論したのは、ケインズ政策の無効性ではなかったのだろうか。

　集合知によるイノベーションの起動という本書の処方箋は、ケインズ政策

というマクロ経済政策に代替しうるミクロ経済政策を含意している。公共投資とよばれる建設工事のかわりに何を政策手段とするべきか、その質と方針に関する指針を本書に提示したつもりでいる。本書は、経営者、研究者のみならず、政策担当者にとっても重要な論点を含んでいる。

　本書執筆の動機には、筆者にとって研究上の必然もあった。
　筆者の専門領域は国際経営論である。企業の国際化に伴う諸問題を解決に導く方途を探求する学問領域である。初めての単著となった洞口（1992）では、日本企業の海外直接投資を論じたが、2つの研究課題を将来に残すことになった。1つは海外直接投資という企業戦略の選択の結果として多国籍企業が組織としての革新を果たした可能性であり、そのことのグローバルな意義については10年後の著作となった洞口（2002）において詳論した。
　残されたもう1つの研究課題は、シュンペーター（1926、1950）の「新結合」に関わるものであった。洞口（1992）ではシュンペーター（1926、1950）を引用したのち、
　　「この新結合の遂行と、直接投資の決定要因として本書で論じてきた経営資源の優位性とが類似していることは明らかであろう。……（中略）……
　　　ここで、最後に、海外に進出した企業の事業活動が継続していくための条件は何か、という疑問に回答することができる。それは、地理的に隔絶しながらも意思決定権でのつながりを保った企業組織が、新商品、新生産方法、新販路、新供給源泉、新組織形態に関する競争のなかで新結合を遂行し、経営資源の優位性を維持しつづけることである。」（233ページ）

と述べた。海外直接投資という企業戦略の選択が可能になるのは、その企業が新結合の成功を果たしたからであると考えたのである。しかし、重大な疑問も残されていた。
　シュンペーター（1926、1949）は、新結合の重要性を説いたが、どのようにして新結合が行われるのだろうか。新結合を生み出す原動力となるものは何か。新結合はどのように社会的に普遍化してイノベーションにつながっていくのか。こうした論点は国民経済の発展を議論するシュンペーターを読む

限りにおいては必ずしも明確なものではなかったのであり、海外直接投資と多国籍企業の組織的革新の実態を分析した洞口（1992、2002）においても前提条件としていたのである。

　本書で試みたのは、この疑問に解決を与えることである。洞口（1992）から17年の理論的探求を経てようやく解答の糸口をみいだすに至ったと思えるのであるが、それが成功しているか否かは読者の判定にまかせるしかない。もちろん、洞口（1992）を上梓するに至る期間を含めれば、冒頭に記したように20年を超える時間が経過している。

　本書の結論を先取りすれば、以下のようにまとめることができる。すなわち、新結合の背後にあって、それを可能にするのは集合知である。集合知とは、企業の採用する集合戦略によって生み出される知識である。集合戦略によって集合知が生まれ、それがイノベーションを引き起こす新結合の核となる。集合戦略に対応した集合知の形態は4つに概念化される。共有知、共生知、現場の知、コモンナレッジという4つの形態がそれであり、共有知あるいは共生知として成立した新結合の核が、現場の知となって拡散し、さらにコモンナレッジとなって普遍化していくことによってイノベーションが普及していく。

　洞口治夫（2008）「集合知と集合戦略―イノベーション発生理論の探求―」（『日本経営学会誌』第21号、15-26ページ）では、主として本書第1章と第3章に該当する本書の中心部分を発表した。査読付き学術雑誌の通例として字数制限は厳しく、筆者にとって十分な理論的考察を展開できなかったが、そこでの思考の集約化を梃子として本書が生まれた。また、それに先立ってHoraguchi, Haruo H. (2008a) "Economics of Reciprocal Networks: Collaboration in Knowledge and Emergence of Industrial Clusters," *Computational Economics*, vol.31, no.4, pp.307-339. では、知識共創による不均衡の発生をモデル化し、クラスターの形成を説明した。クールノー競争がネットワークで結び付けられた状態をモデル化し、シミュレーションと数学的な証明によって不均衡の発生を説明した。様々な不均衡のうちのいくつかは、クラスターの発生として解釈できる部分がある。集合知の経営を行

うという実践的な課題から離れて理論的な探求を試みたこの論文は、本書の政策提言との鏡像を成している。同論文の概要を本書第7章に補論として収めたが、学者・研究者として活動する読者には原論文を御一読頂きたいと願っている。

　研究においては、研究対象となる現象を叙述し、分析するための（多くの場合には非可視的な）概念を必要とする。本書は、クラスターとイノベーションを研究対象として、その分析用具として集合知と集合戦略という概念を応用した。集合知と集合戦略の理論はそれぞれ独自に発達しており、異なる研究者によって展開されてきたが、それらを組み合わせることによって集合知の類型を摘出することが可能になった。共有知、共生知、現場の知、コモンナレッジと名づけることになった集合知の類型は、イノベーションの普及プロセスを叙述するうえで適合的であるだけでなく、クラスターの機能を説明する原理にもなりえた、と筆者は感じている。

　集合知のマネジメントは、経営実務に携わる人々にとって喫緊の課題であろう。生産管理、マーケティング（販売管理）、人的資源管理、財務管理、情報管理に次ぐ「第6の管理論」として知識管理は実務家にとっても重要な位置を占めている。そのことを直感的に感じ取る経営者は多く、日本企業の経営者が産学連携に向ける情熱は日本における共生知の基盤となっている。

　海外直接投資は多国籍企業によって支えられている。先進的な多国籍企業の活動は、成功したイノベーションによって支えられている。そして、イノベーションの成功は、集合知のマネジメントに依存している。洞口（1992）から洞口（2002）を経て本書に至る連作の道程は、概略、このようなものであった。筆者の専門領域が国際経営論でありながら、知識を俎上にのせて議論しているのは、こうした理由によるものである。

　集合知と集合戦略の研究は、筆者が研究代表となった2つの研究プロジェクトから生まれた。第一は産業クラスターの生成に関する実証研究であり、その3年間の調査を経たのち、第二の研究プロジェクトとして、クラスターにおいて生成するイノベーションに関する研究を継続した。文部科学省によ

る「知的クラスター創成事業」に指定された諸都市の産学官連携の実態を訪問調査するとともに、アメリカ、ヨーロッパの産学連携の拠点を訪問し、比較研究することがその目的であった。柳沼寿教授、松島茂教授、福田淳児教授、近能善範教授、金容度准教授、天野倫文准教授、李瑞雪准教授、松本敦則准教授、行本勢基講師、カール-エルンスト・フォーシャート（Carl-Ernst Forchert）氏、ヘニング・ヘッツァー（Henning Hetzer）氏、ジャン-ルイ・ムキエリ（Jean-Louis Mucchielli）教授、ルネ・ハーク（René Haak）博士、ソーステン・タイヒャート（Thorsten Teichert）教授、ホルガー・エルンスト（Holger Ernst）教授には研究プロジェクトの遂行において研究協力者として参加して頂き一方ならぬお世話になった。また、プロジェクトの外部から研究への助言を頂いたのは矢作敏行教授、清成忠男法政大学名誉教授である。ここに記して感謝したい。

　法政大学イノベーション・マネジメント研究センターの事務の皆さんには、数多くの国際シンポジウム、国際セミナーの開催を通じて研究の進捗に多大なご助力を頂いた。常なる繊細なご配慮に心から感謝したい。法政大学専門職大学院イノベーション・マネジメント研究科の教授陣および学生諸君とは、本書の中核となっている「集合知」についてインターネット・サイトの拡張可能性という文脈で議論する機会を得た。専門職大学院という場が、基礎研究と応用研究の架け橋となったという実感をこめて、ここにあわせて深甚なる感謝を記させて頂きたい。それは、「なぜ、そうなるのか」というアカデミックな問いかけだけでなく、「では、どうすればよいのか」という実践的な問いかけを不可避にしたという意味での架け橋であった。本書には、その強い影響が刻まれている。

　最後に、本書上梓にあたっては、文眞堂の前野隆氏に辛抱強い励ましを受けた。洞口（1992）の出版後から折に触れて声をかけて頂き、その期間は17年という長さになる。前野隆氏が学術出版を志す誠実さと情熱には常々尊敬のまなざしを向けるのみであったが、本書出版の機会を頂いたことを心より嬉しく思い、また、感謝したい。

　「汝自身を知れ」というソクラテスの警句に従えば、私自身、自らの無知を知るべきである。我が身のその無知の度合いに比肩するまでもなく、知識

を論ずるために必要とされる能力の幅広さと奥深さには、圧倒的な精神的緊張がともなっている。本書にも多くの誤りや不十分な思弁が残されているかもしれない。しかし、本書の上梓を通じて、さらに関連する学問分野にわずかでも貢献できるのであれば筆者としては望外の喜びである。経済学と経営学という2つの社会科学に知識理論という一筋の光をあてるという野心的な試みがどの程度成功しているものか、読者からの反響を楽しみにしている。

洞口治夫

2009年5月

大学に進学して心理学を学ぶという娘の成長を喜びつつ記す。

<謝辞>

　本書の作成にあたっては、科学研究費補助金（基盤研究 A）「イノベーション・クラスターの創生政策とグローバル・リンケージ」（課題番号 19203021、研究期間平成 19 年度～平成 21 年度）、二十一世紀文化学術財団学術奨励金「知的創造プロセスのマネジメントとイノベーション・システムの国際比較」（研究期間平成 18 年 4 月～平成 20 年 3 月）、日本経済研究奨励財団奨励金「イノベーションと産学連携の相関に関する実証的研究」（研究期間平成 17 年度）より研究助成を受けた。記して感謝したい。

目　次

はしがき

序　章　経営における知識と能力 … 1
　　　　　―暗黙知の危険性について―

第1節　知識の理論と暗黙知 … 2
　　記号・情報・知識　2／知識と経営　3／知識創造理論　5
第2節　暗黙知の危険 … 8
　　欧米での批判　8／無知の自覚　10／暗黙知から形式知への転換に関する疑問　12
第3節　知識と能力 … 13
　　暗黙知依存の危険性　13／能力という概念　17／知識か、能力か　18／企業の能力　20／組織能力への転換　22
第4節　研究課題の提示 … 24
　　知識は集合的に創られる　24

第1章　集合戦略と集合知 … 27

第1節　集団の愚かさと集産主義 … 27
　　知識を管理する経営　31
第2節　集合戦略の先行研究と戦略類型 … 32
　　競争概念としての片利共生（commensalism）の意味　34
第3節　集合知（collective intelligence）に関する先行研究 … 37
　　集合知の応用領域としての経営　40
第4節　新結合の源泉 … 41
　　シュンペーター体系の再検討　41／知識の排除不能性と非排他性

　　　　（非競合性）　44／研究開発の経済的特徴　47
　　第5節　集合知の循環 …………………………………………… 48
　　　　自己組織化と創発　48／集合知の類型　50／共有知　50／共生
　　　　知　51／現場の知　52／コモンナレッジ　52／相対化の必要性　53

第2章　共　有　知 …………………………………………………… 56

　　第1節　原　　　理 …………………………………………… 56
　　　　組織化の必要性　56／組織と共有知　57／組織目的　58／分業
　　　　（division of labor）のもとでの知識の再統合　59
　　第2節　事　　　例 …………………………………………… 61
　　　　競争力の決定要因　61／生産システム　62／提案制度　64／小集
　　　　団活動に埋め込まれた提案制度　69／要素技術開発——MEMSの
　　　　事例——　71／アライアンス　73
　　第3節　共有知の統御方法 …………………………………… 74
　　　　マネージャーの役割　74／人事制度　75／持続的イノベーショ
　　　　ン　76／共有知の限界　78／共有知の悲劇　79
　　第4節　共有知経営へのインプリケーション ……………… 80
　　　　国際経営戦略としての同盟戦略　80

第3章　共　生　知 …………………………………………………… 83

　　第1節　原　　　理 …………………………………………… 83
　　　　新たな次元を付加する必要性　83／不確実性への対応　84／ドメ
　　　　インの連結　84
　　第2節　事　　　例 …………………………………………… 85
　　　　「知的クラスター創成事業」政策の性格　85／富山・高岡地区
　　　　におけるバイオチップ開発プロセスの事例　88／大学と工業技
　　　　術センター——設計を行うユーザー——　91／細胞チップ研究の課
　　　　題　92／細胞チップのハードウェア　93／企業——解析機器とチッ
　　　　プの製造——　95／これまでの補助金事業　96／株式会社リッチェ
　　　　ルと樹脂製細胞チップの開発　98／国際展開　99／工業技術セン

ターへの研究員派遣　100／クラスター発ベンチャー——新製品の販売——　102／ケースのまとめ　103

　第3節　共生知の方法 …………………………………………………106
　　　　コーディネーターの役割　106／共生知とイノベーション　107／接合型集合戦略の問題点　108
　第4節　共生知経営へのインプリケーション ……………………………109
　　　　国際経営戦略としての接合戦略　109／政策的含意　110／産学官連携の問題点　111

第3章補論　コーディネーションに関するアンケート調査の分析 …113
　　　　　　——努力の方向性について——

　第1節　アンケート調査の概要と変数 ……………………………………113
　第2節　分析結果 ……………………………………………………………117

第4章　現場の知 ……………………………………………………………119

　第1節　原理 …………………………………………………………………119
　　　　目的の共有と分散　119／産業集積　120／取引費用　123／見くらべる必要性　124／知識とクラスター　127
　第2節　事例 …………………………………………………………………129
　　　　クラスターの分類　129／リサーチパーク　130／輸出加工区と経済特区　132／シリコンバレー　132／豊田市周辺とシュトゥットガルト周辺　135／ものづくりクラスターの特徴　137／地理的範囲　140
　第3節　現場の知の方法 ……………………………………………………142
　　　　クラスターにおけるネットワーカーの役割　142／ベンチマークとメッカの存在　143／現場の知の限界　145
　第4節　現場の知経営へのインプリケーション …………………………146
　　　　国際経営戦略としての集積戦略　146／クラスターのタイプに適合した戦略策定　147

第5章 コモンナレッジ……………………………………………150

第1節 原　　理……………………………………………………150
　情報交換の必要性　150／イノベーションの普及　153
第2節 事　　例……………………………………………………156
　インターネット・サイト　156／集合知サイトへの参加の誘因　157／レーザー溶接と産業用ロボット　160／言語の学習　161／教育　162／料理の違い　164／ものがたりと宗教　164／遊びとスポーツ　165
第3節 コモンナレッジの統御方法…………………………………166
　ゲートキーパーの役割　166／ゲートキーパーとしての市場　167／文化産業の戦略性　168／社会的共通資本としてのコモンナレッジ　169
第4節 コモンナレッジ経営へのインプリケーション……………170
　国際経営戦略としての有機戦略　170／コモンナレッジの言語化　171／コモンナレッジの危険─社会のもつ教養の劣化─　172

第5章補論　ロジスティック曲線の導出……………………………175

第6章　集合知と集合戦略の拡張可能性……………………………180
　　　─知識社会の国際経営戦略─

第1節 ナレッジ・アドミニストレーターの役割…………………180
　再び4つの分類　180／ナレッジ・マネージャーの役割　182／ナレッジ・コーディネーターの役割　184／ナレッジ・ネットワーカーの役割　186／ナレッジ・ゲートキーパーの役割　187
第2節 オープン・イノベーションに向けたノキアの事例………188
第3節 日本企業の試み……………………………………………192
　オムロンの研究開発拠点　192／オムロン京阪奈イノベーション・センターの位置づけ　193／先端デバイス研究所の産学連携　194／研究員のパフォーマンス評価　195／事例の意味　197

第4節　集合知の創造方法 …………………………………………198
　　　集合知が個人の知よりも優れている理由　198／第二の理由　201／
　　　創造的反射　202／企業家が群生して現れるのはなぜか　203／
　　　日本の優良企業　204／メガ・クラスターの可能性　205／知識創
　　　造のためのパラダイム転換　207

補論・第7章　知識のコラボレーションとクラスターの創生 ……209

　第1節　基本モデル ………………………………………………211
　第2節　クラスター集中度（CCR）と特定クラスター集中度
　　　　　（ICCR）の定義 …………………………………………221
　第3節　クラスターの創発 ………………………………………223
　　　(1)　ハブ・アンド・スポーク型ネットワークの特徴　223／(2)　円環
　　　状に連結された市場のモデル　225／(3)　15市場のケース　227／
　　　(4)　スケールフリー・ネットワークとクラスターのコア　229
　第4節　さらなる原理の探求に向けて ……………………………231
　付論1．命題3の証明 ………………………………………………233

　巻末付録第1表　「知的クラスター創成事業第Ⅰ期」インタビュー調
　　　　　　　　　査対象の概要 …………………………………236
　　　　　第2表　クラスターにおけるインタビュー調査先企業の概要…240
　　　　　第3表　日本における「集合知サイト」の例 ……………245

参考文献 …………………………………………………………………246
人名索引 …………………………………………………………………258
事項索引 …………………………………………………………………261

序章
経営における知識と能力
―暗黙知の危険性について―

　経営学の重要な構成要素として「知識」に注目が集まっている。生産管理、マーケティング（販売管理）、財務管理、人的資源管理、情報管理に加えて、知識管理が第6の重要な管理論となっている。テイラー（1911）によって生産管理の手法が提唱されてから100年を経て、経営学に新たな管理の領域が開拓されつつあることになる[1]。

　ある製品を生産するときの「生産管理」について経営学は100年以上の科学的探究をもって応えてきた。「生産管理」に対応しうる「知識管理」の原理を明らかにすることができれば、経営管理のプロセスに知識を正しく位置づけることができるはずである。それは、情報管理や財務管理、販売管理＝マーケティング、人的資源管理と同じように専門的な技能であり、職種として成立する余地のある作業である。現在のところ、知識管理という「仕事」は成立しておらず、それらは、マネージャーの仕事の一部として担当されている。面白いことに、マネージャー自身は、その仕事を暗黙のうちに理解するか、無意識のうちに「こなしている」のであって、知識管理の手法を一般化して社内全域に行き渡らせるという考え方は、いまだに萌芽的なものであるといってもよい。社内にいきわたったLANのシステムと、そのシステムに蓄えられたデータベースなどはその一例ではあるが、情報システムの構築と知識管理の違いについて明確な認識があるとも言えない。

　「知識」に関心を寄せて企業経営を概観すると、その管理のあり方がイノ

---

[1] 経営学説の展開については洞口（1998）を参照されたい。

ベーションや生産性に大きな影響を与えていることがわかる。知識の管理と創造とが企業経営と社会の豊かさに大きな影響をもっているように見える。

いかにして知識を生み出すか。そのための適切な管理手法とは何か。

すでに多くの研究が、知識管理の手法を議論している[2]。とりわけ魅力的なのは暗黙知に着目した議論である。しかし、暗黙知という概念を安易に用いて経営を理解することには、いくつかの危険もある。この点については、本章第2節以降に詳論する。まず、第1節では知識の経営理論について概観し、その到達点を確認しておきたい。

第1節　知識の理論と暗黙知

記号・情報・知識

人は、記号なしで思考することはできない。記号が、発話される言語であるか、書き記される言語であるかは本質的な問題ではない。人は、思考の手順として、なんらかの記号を手に入れる必要がある。パース（1868）やエーコ（1976）が議論してきたのは、その記号が伝達する意味の性質であるようにも思える。記号が運ぶものは情報であって、そこに意味が付与されているとは限らない。たとえば、DNAの配列は意味を持たない。記号によって運ばれる情報に意味がないという点を指摘したのはソシュール（1940）であり、社会的なラングと個人的なパロールの違いは、発話そのものと、そこに文脈という意味が付与された状態の違いに依拠している（訳書、21-26ページ）。パロールは、発話によって伝達されるsignifiantと、それを概念として受け止めるsignifiéとに分類される。つまり意味しようとするものと、それを受け止めたときの解釈とに対応する（訳書、97ページ）。

110という数字の並びそれ自体には何も意味はない。この記号の配列は情報として伝達される。記号が人と人の間で伝達されるとき、情報となる。

2）　たとえば、コーグット＝ザンダー（Kogut and Zander, 1993）の研究は国際経営における技術移転をコード化の可能性（codifiability）という観点から論じた実証研究である。

110という記号を情報として受け取った人間が、それをいかに理解するか。この点は、極めて主観的な行動である。

110は日本では緊急時に警察を呼ぶための番号である。二進法の110は十進法における6を意味する。情報として受け取った110に意味を付与するのが知識である。110を緊急番号として理解することや、二進法での換算という行為を助けるものが知識である。情報として受け取った110を、二進法として解釈し十進法に翻訳しなおす行為を助けるものが、知識である。十進法に変換された6という数字は、新たな情報にすぎない。

知識を記述することは可能である。しかし、記述された文章を理解できなければ、それは情報にすぎない。知識の総量はその受け手の理解力に依存する。しかし、情報は氾濫しうる。誰が受け取るかを知らぬままに情報を流すことはできる。マスメディアや看板が提供する情報は、それを受け取る人々の数が不定である以上、情報量を総量として確定することもできない。しかし、知識は人間が理解した分量でしか存在しえない。

この議論から明らかになる命題は、単純なものであるが、しかし重要である。つまり、知識は人と人との関係のもとでしか存在しえない、ということである。1人で知識を得ることはできない。誰かの書いた本を読み、それを理解する、という活動は1人で行われるが、本は誰かの手によって書かれていなければならない。知識は、人間と人間の間で交換される情報をいかに解釈するか、という行為の結果として生まれる。従って、知識は本来的に複数の人々によって生み出されることになる。知識伝達の方法には、1対1、1対多数、多数対1、多数対多数という方法があることになる。

知識と経営

ポパー (Popper, 1957) は、「歴史主義」による発展段階論を批判し、仮説の提示とその実証というプロセスを科学研究の手続きとして重視した。ポパーにとって科学とは反証可能な命題から構成されたものであった。その後、ポパーの立論に対する有力な反論が2人の学者から提起された。第一は、クーン (Kuhn, 1962) のパラダイム論であり、第二はポランニー (Polanyi, 1966) による暗黙知という概念の提起であった。

クーン（1962）によれば、科学史の発達においては論理実証主義による仮説検定よりも、ある一群の科学者によって信奉された世界観ともいうべき「パラダイム」が世代間競争を通じて転換したときに、大きな科学的進歩が達成される、という。既存のパラダイムのなかでその精緻化を行う研究は通常科学と呼ばれ、段階的な進歩に寄与するにすぎない。ポパー（1957）による仮説の提起とその実証というプロセスを1つのサイクルとして科学的作業を捉えたときに、さらに、その上位にマクロ的な単位としてのパラダイムが存在することを、クーンは強調した。

　ポランニー（1966）による暗黙知の概念は、知識の定義を広げることに役立った。人が言葉にできる以上のことを知りえており、その状態を「知」の1つの形態であると明示することで、文字に表される知識とは異なった「定義されない知識」の存在を主張した。さらに、そうした定義不可能な知識の存在によって、新たな知識の「創発」が生まれることを論じた。

　知識管理の議論を魅力的なものにしたのは、暗黙知への着目である。暗黙知とは、人が知りえていることでありながら言葉にできない知識と定義される。ポランニーは主著『暗黙知の次元』の中で、知識の概念には身体性が含まれていると言っている。身体性とは、我々が技能と理解する能力が経験によって習得され、言葉にできない知識となっていることを指す。文字にできる形式的な知識だけではなく、技能や技術、体力や味覚・触覚・嗅覚・聴覚といった人間のもつ機能が与えた認識や記憶が暗黙知の定義には含まれている。

　暗黙知に対比して、言語によって説明可能な知識を形式知と言う。形式知の具体的なイメージとしては、コンピューター言語によるプログラミングを挙げることが出来る。プログラミング言語によって表現可能なものが形式知であり、プログラミング言語によっては表現が不可能であるか、あるいは、意図された表現とは異なる受け止め方をされるのが暗黙知である。暗黙知とは、人間の顔の認識のように、客観的には表現できない知識の一部である。たとえば、メールや電話では相手の表情や感情まではうまく伝わらず、実際に会うという行為によって、非常に濃密な情報交換の場が成立しうる。それは、顔の表情によって暗黙知が伝達されうるからである。

我々が言葉にする以上のことを知りえているという事実は、知識の獲得を1つの運動論として捉える研究を生み出した。猪木（1985、1987）、小池・猪木（1987）らは、暗黙知の概念を技能形成の説明原理として援用しながら、アジアの製造業職場における熟練形成の実証研究を行った。猪木（1987）は、「定義できない知識」が存在するために、現場の人間が持っている知識や技能を完全に収集し、管理し、また、適切に知らせていくという仕事を経営者層が遂行していくことはできない、と論じている（213ページ）。したがって、経営者層は知識そのものを管理するのではなく、知識を有していると考えられる組織内部の人を管理することになる。

知識創造理論

野中（1990, Nonaka, 1991）、野中・竹内（Nonaka＝Takeuchi, 1995, 訳書、野中・竹内（1996））らは、暗黙知から形式知への転換の過程において知識が生成されると主張し、自動パン焼き器の開発過程、自動車の設計過程を事例としてとりあげた。野中・竹内（1995）による知識創造理論は、暗黙知の概念を重視している。

野中・竹内（1995）の理論をここでまとめておきたい。野中郁次郎と竹内弘高という2人の日本人研究者が、『Knowledge Creating Company』を上梓して、知識創造理論を世界に向けて発信したことは銘記されるべき業績である。それ以前にも、野中（1990, Nonaka, 1991）によって知識創造の理論的な骨格は固まっていたが、それらにいくつかの事例が加えられた。企業を取り囲む環境の不確実性と、複雑性が高まる中で、組織がどのように知識を創造していくべきなのかを考えたのが知識創造理論であり、知識創造理論にもとづいて活動する企業は自己革新的組織として活動しているというのが基本的な主張である。

知識創造理論において、暗黙知を形式知に転換していくことから知識が創造されるという野中・竹内（1995）の説明を第1図に示した。

第1図の左側がインプットで上側がアウトプットである。投入産出分析と同様に入力と出力がある。暗黙知を入力して暗黙知が出てくると共同化、暗黙知を入力して形式知になると表出化と呼ばれる。形式知を入力して暗黙知

第1図　野中郁次郎・竹内弘高知識の変換モード

（出所）　Nonaka＝Takeuchi（1995）、p.62、図 3-2 および同訳書、野中・竹内（1996）より引用。ただし、矢印の向きを変更した。

を産出すると内面化、形式知を入力して形式知を産出すると連結化である。

野中・竹内（1995）は松下電器産業（2008年、パナソニックに社名変更）におけるパン焼き器の開発をこのプロセスの事例として挙げる。1984年、炊飯器事業部、電熱器事業部、回転器事業部の3事業部が電化調理事業部として統合された。新たな事業部のさまざまな部署から13人のミドルマネージャーが集まって3日間の合宿を行い、「暗黙知を共有しようという試み」が開始された（訳書、148ページ）。パン焼き器開発のコンセプトとして「イージーリッチ」が提案され、プロトタイプが作られたが、パンの外側は焼きすぎになり、中のほうは生のままという状態であった。ここまでを野中・竹内（1995）は、知識創造の第一サイクルと呼ぶ。

第二サイクルは、松下電器のソフトウェア担当者がホテルのチーフ・ベーカーのもとで修行し、「練りの技能」について「ひねり伸ばし」という表現で松下電器のエンジニアに伝え、1年ほどの試行錯誤を続けた段階である。野中・竹内（1995）によれば、ホテルでの修行が共同化であり、それをエンジニアに伝えたのが「表出化」であるという（訳書、157ページ）。さらに、「ひねり伸ばし」の考え方をもとにエンジニアたちの技術的知識が「連結化」され、プロトタイプができあがった。野中・竹内（1995）は、ここから第三サイクルに移行していくと述べている。

第三サイクルでは、価格を4万円以下に抑えるという開発目標が設定され

第1節　知識の理論と暗黙知

第2図　知識スパイラル

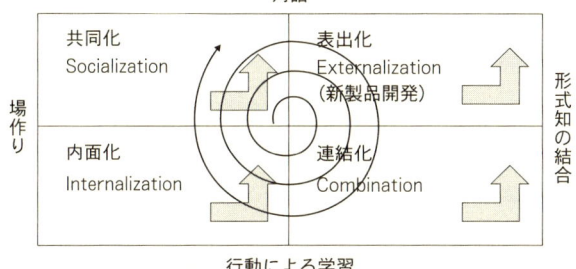

（出所）　Nonaka＝Takeuchi（1995）、p.71、図 3-3 および同訳書、野中・竹内（1996）より引用。ただし、矢印を加えた。

た。冷却器を取りはずしたり、イースト菌を練りプロセスの途中で加えるといった開発チーム・メンバーによる暗黙知の「共同化」と「表出化」によって開発目標は達成された。1987 年 2 月に 3 万 6000 円で発売開始され、初年度だけで 53 万 6000 台を販売するヒット商品となった（訳書、160-161 ページ）。

野中・竹内（1995）の図 3-3（訳書、106 ページ）を第 2 図として掲げた。このスパイラルは、共同化・表出化・連結化・内面化の 4 つの象限を通るものである。野中・竹内（1995）による図 4-9（訳書、162 ページ）は、「暗黙知の共有」、「コンセプト創造」、「正当化の基準」、「原型の構築」、「知識の転移」という「5 つのフェイズ」が 3 度繰り返されたことを示す図である。

両者を比較してみると、共同化＝「暗黙知の共有」、表出化＝「コンセプト創造」、連結化＝「原型の構築」は一致するが、内面化は図 4-9（訳書、162 ページ）には表れてこない。また、「正当化の基準」と「知識の転移」については図 3-3（訳書、106 ページ）に登場してこない。内面化の重要性は、パン焼き器開発の事例とは別の文脈で述べられており、それは労働時間の短縮にかかわる事例である（訳書、178 ページ）。

第 2 節　暗黙知の危険

欧米での批判

　こうした知識創造の理論は明快であり、魅力的でもある。野中・竹内（1995）のフレームワークを用いて、その後多くの研究が積み重ねられている[3]。しかし、すでにいくつかの論文が野中・竹内（1995）の知識創造理論に対する批判を加えてもいる。

　スノーデン（Snowden, 2002）は、共同化（socialization）、表出化（externalization）、内面化（internalization）、連結化（combination）という4象限を略してSEICモデルと呼び、野中・竹内（1995）らの研究が知識理論の第二世代を画したと評価している。スノーデン（Snowden, 2002）によれば、知識理論の第一世代は、意思決定に必要な情報を迅速に提供すべきであるとするビジネスプロセス・リエンジニアリングの考え方であり、そこでは暗黙知の重要性や「場」の重要性などは指摘されていなかったという。

　スノーデン（Snowden, 2002）は、野中・竹内（1995）による知識理論の第二世代に対して、新たな第三世代の登場を主張している[4]。すなわち、第二世代の知識管理手法は、知識をストックとして蓄積するためのスパイラルを描いている点で、知識が短命（ephemeral）であることを無視している、という。野中・竹内（1995）が事例として挙げる知識創造のための社内グループは、グループを形成し維持していくためのコストが高く、知識創造の作業がなくなってから仕事のない人間が生まれるというリスクを有している、という。スノーデン（Snowden, 2002）が主張する第三世代のモデルでは、インフォーマルなコミュニティが自己組織する活動領域と、そこで生まれた新たな知識がフォーマルな活動領域に移転される活動が一体化されてい

---

[3]　たとえば、マーティン・ドゥ・カストロ＝ロペス・サエス＝ナバ・ロペス（Martin-de-Castro, Lopez-Saez, and Navas-Lopez, 2008））は、野中・竹内（1995）モデルを分析枠組みとした実証研究である。
[4]　山崎秀夫（2004）はスノーデン（Snowden, 2002）を紹介している。

るという。スノーデン（Snowden, 2002）は、そうしたプロセスを「ジャスト・イン・タイムによる知識管理」と呼んでいる。

ゴーレイ（Gourlay, 2006）による批判は細部にわたるものである[5]。用語に関する指摘としては、野中・竹内（1995）による tacit knowledge という表現と、ポランニー（Polanyi, 1958, 1966）による tacit knowing という表現の違いがある。ゴーレイ（Gourlay, 2006）によれば、後者はプロセスを重視した概念であり[6]、とりわけ、ポランニー（Polanyi, 1969）自身が「形式知もまた暗黙的に理解されざるを得ない」と書いていたことを指摘している[7]。

ゴーレイ（Gourlay, 2006）は、また、野中・竹内（1995）による形式知（explicit knowledge）と知識（knowledge）の違いとは何か、という問題を提起し、その差がないと結論づけている。野中・竹内（1995）は知識を「正当化された真なる信念（justified true belief）」と定義しているが、ゴーレイ（Gourlay, 2006）によれば、この定義は形式知との違いがないという。さらに、表出化のプロセスを経て形式知（explicit knowledge）と

---

[5] ゴーレイ（2006）によれば、野中・竹内（1995）の知識創造理論において挙げられている事例で唯一説得的なのは松下電器（2008年、パナソニックに社名変更）によるパン焼き器の事例のみであるという。

[6] この点の指摘は、必ずしも説得的ではない。ポランニー（Polanyi, 1966）には tacit knowing という表現に加えて tacit knowledge という表現もあり、筆者の確認した限りでは原著9ページ、22ページ、61ページに登場する。他方で、野中・竹内（1995）も暗黙知獲得に向けた行動の重要性を心身一如・自他統一という東洋的な概念で説明している（訳書、41-45ページ）。さらに、ポランニー（Polanyi, 1962a）にも、tacit knowing という表現を軸としながら tacit knowledge という表現が3回登場する。すなわち、ポランニー自身 tacit knowledge という表現を用いなかったのではない。また、tacit knowing と tacit knowledge という2通りの表現の差によってプロセス重視の視点が欠落すると言い切ることにも無理がある。なお、科学的発見の社会学的分析を行ったコリンズ（Collins, 1974）も tacit knowledge と表現しており、コリンズ（Collins, 1974）ではその典拠をポランニー（Polanyi, 1966）に求めている。

[7] ポランニー（1969）を引用すれば下記のとおりである。「わたしたちが理解したところによれば、暗黙知には、補足的感知と定焦点的感知という2種類の感知が含まれている。またいまやわたしたちは陽表知に対する暗黙知を理解しているが、この2つは画然とは分けられない。暗黙知はそれだけで所有されることができるのに反して、陽表知は暗黙的に理解され応用されることを頼みにしている。したがって、すべての知識は、暗黙知であるか、あるいは、暗黙知に根ざしているかのいずれかである。完全な陽表知は考えられないのである」（訳書、185ページ）。ここで、補足的感知とは、たとえば眼前で手を振ると目の筋肉が収縮して視覚能力が対応することであり、定焦点的感知とは眼前で振られている手に注目して何事かを発見しようとする試みのことである。陽表知は形式知の別訳であり、ポランニー（1969）は自転車の教則本の例を挙げている。

なって商品化されたパン焼き器は、松下電器のマネージャーによって承認されてからのち販売されたのであり、そうであるとすれば形式知を承認するのがマネージャーの役割であることになる、と論じている。これは野中・竹内 (1995) が知識を「正当化された真なる信念」と定義していることとは乖離している。すなわち、野中・竹内 (1995) が形式知 (explicit knowledge) と呼んでいるのは、マネージャーが認めたアイデアや計画にすぎないのではないか、とゴーレイは指摘している (Gourlay, 2006, p.1423)。

無知の自覚

筆者がこうした批判に付け加えるべき点としては以下の2点がある。

第一は、無知に対する自覚の欠如である。野中・竹内 (1995) の知識創造理論には、無知の領域がない。暗黙知が通用せずに困惑したり、形式知に反証が与えられて知識が経験則に退化するといった蹉跌がない。第3図は、野中・竹内 (1995) の知識創造理論に無知の領域を組み込んだものである[8]。無知の領域が存在するとすれば、知識はスパイラル式に常に高度化するとは限らない。時に無知の領域に落ち込むことがあり、そこから再び上昇する場合もあれば、無知の闇から抜け出せない場合もあることになる[9]。

---

[8] 洞口 (2002) 第2章では、このモデルによって日系多国籍企業のフィージビリティ・スタディに関する調査研究を行った。

[9] 野中・竹内 (1995, 1996) による右回りのスパイラルが続いても、収入を獲得できる知識にはならない場合が存在する。たとえば、2人の不良少年が大麻を吸い（共同化）、その感覚を友人に言葉で説明し（表出化）、大麻の販売業者に注文を出して（連結化）、別の友人が他人から言葉で聞いた方法で大麻を吸えば（内面化）、薬物を摂取するという行為はスパイラルを描いて完結するが、そこで生まれた知識とは、せいぜいのところ大麻の購入方法と吸引方法という程度のものでしかない。それは新たに創造された知識ではなく、すでに存在する犯罪の模倣にすぎない。企業が法令を守らない不祥事を起こす時にも、こうしたスパイラルを描いているかもしれない。右回りのスパイラルが収入を獲得できる知識創造にならない別の事例としては、企業におけるある種の会議を挙げることができる。会議に参加して長老支配の雰囲気を理解し（共同化）、会議のなかで、まったく生産的ではない発言を長々と行う参加者がおり（表出化）、その発言に対して自分の昔話を披瀝する参加者がおり（連結化）、そうした発言を聞いてその会社からの離職を決意（内面化）する参加者がいれば、その会議で創造される知識は創造的なものではない。知識創造をする企業も、創造的ではない知識を創造する企業も知識の変換モードのスパイラルを描いているのであり、知識変換モードのスパイラルは「創造的な」知識創造の十分条件ではないことになる。知識変換モードが、より広く知識一般の形成プロセスを説明しているとすれば、経営戦略の指針には別の原理が必要になるはずである。

第2節　暗黙知の危険　　　　　11

　パースは、演繹と帰納という二分法に対置させて、推定（リトロダクション）という仮説形成のプロセスを重視した[10]。第3図には、形式知を基礎として、暗黙知が獲得される場合として「推定」のプロセスを示している。形式知から、暗黙知の獲得に向かうという認識の過程は、ある仮説を実証するために研究を進める研究者が、自らの認識する仮説では認識不可能な事象を偶然に発見する過程に類似している。

　リトロダクション以外にも、知の高度化には、いくつかのパターンが存在する。第3図に「禅」と名づけて示したように、暗黙知がより高度の暗黙知になるケースもある。暗黙知を、さらに高度な暗黙知として獲得することが可能か否かには議論の余地があるかもしれない。しかし、無知から暗黙知を獲得するプロセスを「経験」として名づけたことからみれば、その補集合として残るのは、「何も経験せずに、何事かを悟る」という行為であろう。適切な比喩ではないかもしれないが、それを暗黙知の高度化の事例として

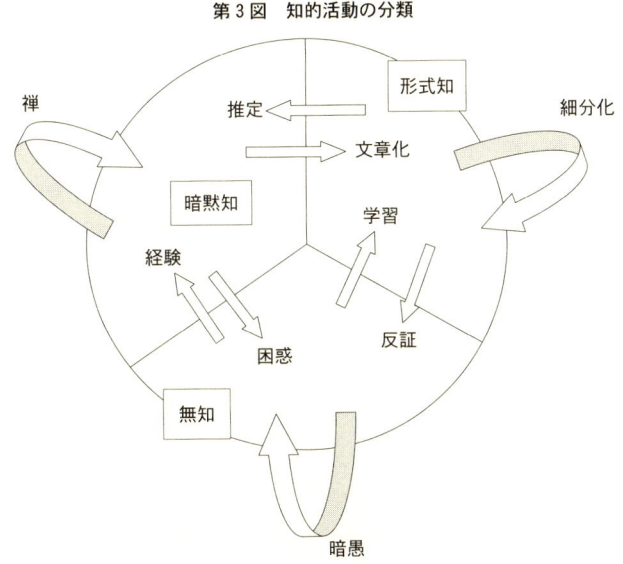

第3図　知的活動の分類

（出所）　筆者作成。洞口（2002）p.45 より引用。

10）　パース（1868）、宮原（2001）を参照されたい。

端的に表現するならば、「禅」の行為に近似しているように思われるのである。

　また、「細分化」と名づけたように、形式知が、より高度の形式知として再認識されるケースがある。細分化の事例は、容易であろう。「年間の豪雪注意報の日数」を「月間」のデータとして示すことによって、形式知は数量的なものとして豊富になったと主張されうる。

　なお、論理的にも、また現実にも、無知から出発した行為者が、無知のまま終わる可能性がある。第3図では、そのようなプロセスを暗愚と名づけた。

暗黙知から形式知への転換に関する疑問

　野中・竹内（1995）の知識創造理論に固有な問題点の第二は、暗黙知から形式知への転換に関わる。

　第一の疑問は、暗黙知を表出化しないことが経営のメリットになる場合があるのではないか、という点である。暗黙知を形式知に転換しないことによって、マネジメントが容易になるケースがある。寿司職人が、寿司の握り方についてマニュアルを作成しないのは、そのことによって自分がマスターとしての地位を獲得していられるからであり、それに伴った収入を得られるからでもある。寿司屋で働く弟子がマニュアルに書かれていない作業を模倣しようとするときに、寿司職人は、その弟子に対する権力を維持できる。また、弟子の意欲を評価して、管理することもできる。

　第二に、暗黙知と形式知との交錯が第2図のように右周りになるとは限らない。ランダムに各象限を移動する可能性が高いが、たとえば左周りになる事例を想定することすらできる。インターネットによるホームページの立ち上げを考えてみよう。初期時点は、ホームページの立ち上げをしようとする者が有している形式知を、暗黙知に転換する内面化の活動である。これは、コンピューター言語に関する最低限の基礎知識であり、「どのようなホームページの画面が欲しいのか」というぼんやりとした発想の必要性である。HTMLやジャバといったコンピューター言語と、プログラム化されている「素材」を集める連結化が次に続く。それらの素材を組み合わせて、自分の

持つイメージに近い画面を組み立てるのは表出化であり、できあがった画面に働きかけて自分の好みのアイコンをクリックしていくのは共同化となる。

　こうした疑問を書き連ねるのも「おとなげない」ほどに、野中・竹内（1995）による右回りの説明は便宜的な、アドホックなものにすぎないのであって、理論と呼べるほどには、論理的ではない。4つの象限を順番に経過していく組み合わせは4！＝24通りあるが、それらの事例を考えることも可能ではないかと思われる。

　第三に、暗黙知の表出化を同一人物が行うのか、あるいは、暗黙知を所有する人物とその表出化を手助けする人物が別であるのかに応じて、表出される暗黙知も異なることになる。野中・竹内（1995）によるパン焼き器開発の事例は、こうした論点に関わるものであり、暗黙知がどのように表出化されるかは、行為の目的にも依存する。この点は、集合知の創出に直接関わる点であり、第1章において詳論する。

　こうした様々な問題点を列挙してみると、暗黙知から形式知への転換による知識創造理論には、共通した疑問が存在しうるように思われる。それは、形式知を理解し、暗黙知を獲得し、暗黙知を形式知に転換するという活動に必要な人間の能力が、理論の前提として想定されているのではないか、ということである。

第3節　知識と能力

暗黙知依存の危険性

　暗黙知を強調しすぎた経営を行うことには、いくつかの危険があることを指摘し、その作業ののち、知識と能力との関係を論じたい。

　第一の危険は暗黙知の腐敗である[11]。暗黙知を暗黙知のままにしておくことは、職人の技能を尊重するように見えて、実は危険な経営手法である。その職人から暗黙知が消えたときに、その事実を認識することが遅れる。

11）　すでに洞口（2002、76ページ）では、暗黙知の腐敗について注意を喚起した。

暗黙知が消える、あるいは、腐敗するのには少なくとも2つの場合がある。第一は、倫理的に認められない方法で利益が追求されるときである。ある高級料亭で、客が残した食材を次の客に提供していた、という事実が発覚した事件があった[12]が、重要なことは客の側がその事実に長期間気づかなかったことである。つまり、暗黙知が腐敗していても、一定期間それを隠すことは可能である。第二は、暗黙知の所有者が老齢化し、やがて死んでいくときに、それが次世代に伝えられないという問題である。人間が生き物である限り、必ず死を迎える。その時点までに、暗黙知が継承されなければ、暗黙知は消えざるを得ない。

　暗黙知を協調した経営には、第二の危険がある。それは、暗黙知を発揮する前の、いわば「事前の知識レベル」が軽視される、という危険である。言葉にできない多くの感覚を知りえていることを暗黙知と呼ぶときに、感覚を自覚するという思考の働きが後景にしりぞけられるという危険である。たとえば、指先の微妙な感覚でパン生地をこねる職人の技が暗黙知であり、その暗黙知を数値化してパン焼き器に置き換えることが暗黙知の形式知化であるとされるのだが、それを知識創造と呼ぶという論理は、思考のプロセスについての留意が足りないという意味で十分ではない。言葉にできない感覚を、感覚として理解するためには、感覚への自覚が必要である。小麦粉、強力粉、薄力粉、イーストの違いを理解していないパン職人が、指先の感覚だけに頼っても、おいしいパンは生まれない。パン焼き器の設計に必要な専門知識として、熱センサーの設計、省電力化のための回路設計やカスタマイズされたLSIの設計、電源回路における内部抵抗の計算、容器成形のための金型設計とCADの利用、熱伝導率を勘案した材料選択やデザインといった要素技術についての形式知が必要であり、それらはパン焼き器設計者に必要な「事前の知識レベル」として要請されている。

　暗黙知を重視することの第三の危険は、暗算の軽視である。和英辞書では

---

12)　「船場吉兆、食べ残し使い回し、元社長が指示、『もったいない』」、『日本経済新聞』、2008年5月3日、朝刊35ページ。なお、日経テレコンで検索すると船場吉兆については2007年10月29日付けで菓子期限改ざんが報じられている。2008年10月30日付け朝刊では、船場吉兆の元社長らが自己破産したことが報じられている。

「暗算」に該当する英語として、mental arithmetic, mental calculation, mental computation という3つの表現が掲載されている。英語表現では、何を計算するかという困難さに応じて、「暗算」の種類にも算数（arithmetic）、計算（calculation）、演算（computation）の違いがある[13]。

　人間が計算を行っているときには、そのプロセスを形式知として表現することが可能である。しかし、ある形式知から暗算によって別の形式の形式知を得るとき、その思考のプロセスが暗黙知にもとづいているのか、それとも形式知にもとづいているのかは、必ずしも明確ではない。

　たとえば、微分という演算をするときに必要な思考は、暗黙知に基づいているのだろうか。それとも、形式知を利用しているのだろうか。数学の微分、積分が初学者にとってわかりづらいのは、自然数の数値演算とは異なって、視覚に訴えた説明をすることが容易ではなく、暗黙に頼る部分が存在するからである。5+4という演算をすることは、5つの石と4つの石を足して、その総数を数えるという方法で視覚化できる。それに対して、微分の場合には、視覚化した説明には困難がある。たとえば、$e^{(\mu-x)^2}$をxで微分すれば、$-2(\mu-x)e^{(\mu-x)^2}$になるが、その論理的なプロセスを言葉にしないで計算する思考のプロセスは、果たして暗黙知なのか、形式知なのか、そのどちらでもないのか、という問題がある。

　$-2(\mu-x)e^{(\mu-x)^2}$を求めた暗算を言葉で解説しようとすれば、ニュートン式による導関数、そのチェーンルールと指数関数の定義を説明する必要が生まれるが、計算に慣れた者が行っているのは、ある種の法則性の適用であって、文字を用いた説明ではない。数学の計算は、結局のところ誰が計算しても同じ答えになり、それはパン生地の固さのようなデータのバラツキを許さないはずである。その意味で確定的な知識である。しかし、結果として得られる形式知を生み出すための演算のプロセスが、形式知だけで成り立っているかどうかには疑問の余地がある。人間の思考による演算プロセスの一部

---

[13] 数学の専門家によってこうした概念の違いが定義されているかもしれないが、筆者の理解するところでは、四則演算であれば算数（arithmetic）、Σや！といった簡略化記号および三角関数、微分・積分などを含めば計算（calculation）、それらに加えて証明問題やプログラミング言語を用いた解析やシミュレーションを含めて演算（computation）と考えることができるように思われる。

は、言葉にすることのできない暗黙知に依存している可能性がある。

　日本には囲碁、将棋、そろばんという暗算の伝統がある。そうした「暗黙の計算（tacit calculation）」を行う伝統のもとでは計算の過程を言葉にはしないが、明らかに、ある種の論理的な思考によって「計算」を行っている。計算の内容は、ゲームのルールであり、白石と黒石の切り結びであり、将棋の駒の働きであり、数値計算をそろばんの球で置き換えた演算処理である。言葉にしていないという意味では、パン焼き職人の指先の感覚も暗黙知であるが、将棋の名人による思考も暗黙知である、ということになる。皮膚感覚と論理的思考の双方を、暗黙知という１つの「くくり」に含めてしまうことは、知識創造プロセスを簡略化していることになる。

　暗算に類似した思考の働きとしては、文章の要約や、翻訳文章を作成しないで理解する外国語、楽譜を暗記した楽器演奏がある。一定の長さの文章を読み、それを短い文章にまとめるという作業は、形式知から形式知を創る作業であり、野中・竹内（1996）によれば連結化の作業となる。第２図によれば、この連結化の作業において、インプットとして暗黙知は含まれていない。しかし、要約を作成するという作業を10人が行えば、10通りの要約が生まれるのであり、取捨選択の基準は人によって異なっている。その基準は、本人によっても言語的に説明可能とは限らない。

　暗黙知を強調することによって、形式知を理解させるための工夫が軽視されてはならない。高度な暗黙知を得るためには、高度な形式知を持つ必要がある。文章、数学、音符といった形式知を理解した人間は、それを理解していない人間よりも、より微妙な違いを認識することができる。形式知は、暗黙知を獲得する前提として働く。形式知を理解するための教育方法に新たな革新があったときに、暗黙知も高度化する。暗黙知を重視することで、形式知を理解するという努力と、そのための教育的な技術が不要になるものではない。

　念のために述べておけば、形式知をもたずに理解したふりをすることも可能である。そうした状態を形式知の腐敗と呼べるかもしれない。たとえば、因子分析を行うパッケージ・プログラムを操作して研究論文を報告しておきながら、その数理的な構造については無知な大学教授や博士課程の学生は、

その端的な例となろう[14]。そのような場合、言語によって説明することが第一義的な目的である研究報告において形式知がみせかけなのであり、いわば知の空洞化が起こっていることになる。

能力という概念

　暗黙知と形式知を獲得する前提となる能力を考察するうえで、人間の持つ一般的な「能力」とは何かについてまとめておきたい。ここでは、能力に次のような特徴があることに注目したい。

　第一は、先天的な能力と後天的な能力とに大別されることが多い。ピアニスト、野球選手、相撲の力士などの職業には、誰もがなれるわけではない。明らかに先天的な肉体的・頭脳的・感性的な能力が要求される。こうした職業の場合、先天的な能力に加えて後天的な努力も必要とされるが、「努力をする能力」が必要とされるという言い方もできる。すなわち、努力という行為の一部は先天的な資質に依存するとも言える。

　第二に、「問題解決能力」という表現はあるが、「問題解決知識」という表現はないことに注意すれば明らかなように、問題解決にあたっては知識を利用する能力が必要となる。知識を持っているだけでは問題解決はできない。この場合の「能力」には、さまざまな知識から問題を解決するのに役立つ知識を取捨選択する能力が問われている。いいかえれば、問題解決を行うための意思決定や実践が能力に依存すると考えられている。

　第三に、「能力を伸ばす」、「能力の伸長」といった表現は、より多くの知識を同時に理解することが可能な状態を指す。「中学生の能力を伸ばす」とは、必要なときに必要な知識を探し出し、理解して、問題解決や創造のために利用できる力をつけることであろう。「問題解決能力」とは、異なる知識を同時に想起して連結させることによって課題を処理する能力を指している。

　第四に、能力に対する評価は主観的である。たとえばショパンを弾くピアニストには、それぞれのピアニストによるショパンの解釈が可能であって、

---

[14]　たとえば、$\begin{bmatrix} \cos\theta & -\sin\theta \\ \sin\theta & \cos\theta \end{bmatrix}$ という行列がなぜ回転を示すことになるのか説明できることは、コンピューター・プログラムが自動的に行った因子軸の回転結果を報告するときに必要な最低限の知識（形式知）であるように思われる。

同一の曲であっても異なるタッチ（鍵盤への触れ方）によって、異なった雰囲気をもった楽曲として奏でられる可能性がある[15]。ある球団を解雇された野球選手が、翌年、別の球団で大活躍する場合も多い。相撲の力士が筋力トレーニングを取り入れるべきか、伝統的な稽古方法によるべきなのか、についても専門家の意見が異なる場合がある。

知識か、能力か

以上のように知識と能力とを対置してみると、「暗黙知を獲得するには、そのための能力が必要である」という命題が導かれることになる。究極のところ、暗黙知とは自らの能力のもたらしたもの、能力によって身についたものを指している。「身についた」とは、いつでもできるようになったこと、適切な判断を下せるようになったことを意味している。

ポランニー（Polanyi, 1957）によれば、問題とは、それが誰かを困らせている場合にのみ解決されるべき課題となる。たとえば、猿にチェスの正解手を尋ねても、質問の意味自体を理解することができない。他方で、普通の人が頭をひねるチェスの正解手も名人にとっては簡単な問題であるかもしれない。したがって、ポランニー（Polanyi, 1957）によれば、真の発見とは論理的な溝（logical gap）が大きなときに、その溝を乗り越える発想がなされたときであり、それができる人を天才と呼ぶ、という。問題解決は、易しすぎても、また、解決不可能でも無意味であり、その解決に投入された才能、労力、資金に見合う価値があると認められたときに意味がある。直観的な努力（heuristic effort）は、何が解かれるべき問題であるか、また、解決のための道筋がどのようなものか、を接合（articulate）する努力である[16]。

---

15) ポランニー（1985）、猪木（1985、1987）を参照されたい。
16) たとえば、$\sqrt{2}$ が無理数であることを証明するといった課題を例として挙げることができよう。証明のためには、有理数と無理数という概念を理解し、背理法による証明方法を理解したうえで、それらを想起して組み合わせなければならない。有理数と無理数の定義という形式知を理解する能力と、それらを証明に向けて結びつける能力とを備えないと数学的な証明という作業はできない。証明という言説を文章化するまえに、言葉では説明できない数学的な直観があり、さらにその直観を支える能力がある人が証明を書くことができる。こうした点はポランニー（Polanyi, 1958）によって強調されていると言えよう。

ポランニー（Polanyi, 1966）は、プラトン（c. BC402）の『メノン』を引用しながら、問題の解決を探索することには基本的な不条理があるという。プラトンによれば、自分が何を求めているかを知っているのであれば、そこには問題が存在せず、自分が何を求めているかを知らないとすれば何かを見つけることを期待することはできない。プラトンが提示したこのパラドックスへの解決は、プラトン自身によれば、すべての発見は過去の行いを思い起こすことにある、というものであった。ポランニーは、プラトンの解答を言い換えて、問題解決は我々が言葉にできない発見を知っており、それを通して行われる、と述べた。つまり、プラトンが『メノン』で提示したパラドックスを解く鍵が、ポランニーにあっては暗黙知なのである（p.22）。

サイモン＝リー（Simon and Lea, 1974）は、暗号をいかに解くかを例として問題解決と規則性の導出を論じている。たとえば、DONALD＋GERALD＝ROBERT という暗号が与えられていて D＝5 であるとすれば、1の位は T＝0 となって1が繰り上がる。すると10の位で L＋L＝R となっているために R が奇数であることがわかり、さらに6桁目では D＋G＝R であることから 5＋G＝R、つまり、R は奇数であり、かつ5よりも大きな数であることがわかる。以下、R が7あるいは9であることを前提に、推論を進めることになる。

こうした推論を行うことが問題解決能力であり、サイモン＝リー（Simon and Lea, 1974）の提示した問題解決能力を支える知識としては足し算のルールが存在するだけである。コンピューターのなかに記憶を行う素子（RAM）と演算を行う素子（プロセッサー）とが組み込まれているように、人間の持つ知識は RAM に対応し、能力はプロセッサーに対応していると理解できる。暗黙知の表出化という行為は、旧式のコンピューターで蓄えたデータによって演算した結果をプリントアウトした状態に類似する場合もある。つまり、問題解決能力が低ければ、難解な問題に回答した結果としての知識は生まれてこない[17]。

---

17) 本章注14については以下が1つの説明である。つまり、2次元平面の単位円上にある点を極座標 $\begin{pmatrix} \cos\alpha \\ \sin\alpha \end{pmatrix}$ によって表し、上記の行列 $\begin{bmatrix} \cos\theta & -\sin\theta \\ \sin\theta & \cos\theta \end{bmatrix}$ に後ろから掛けると、三角関数の加法定

こうした考察からも次の命題、すなわち、「暗黙知を獲得するには、そのための能力が必要である」を確認することができる。

企業の能力

　「暗黙知を獲得するには、そのための能力が必要である」という命題が成り立つとすれば、次には、企業の保持する能力とは何か、という問いに答える必要がある[18]。

　藤本（2003）は企業のもつ「組織能力」から「深層の競争力」と「表層の競争力」が生まれると論ずる。「深層の競争力」とは企業の顧客には直接見えない競争力のことであり、生産性、生産リードタイム、開発リードタイム、適合品質などを指す。「表層の競争力」とは企業の顧客が認知しうる指標のことであり、価格、納期、製品内容の訴求力、広告内容の訴求力などを指す。

　藤本（1997）は企業の競争能力を「静態的能力」、「改善能力」、「進化能力」に分類する。「静態的能力」とは、ある時点での生産性や製造品質、また、それらに影響を与える開発・生産パターンを指し、「改善能力」とはそうした静態的能力の上昇率に影響を与えるルーチン的な活動パターンを指す。「進化能力」とは改善能力に代表されるルーチン的な活動パターンの差異を生み出す能力であると説明する。とりわけ「進化能力」は「能力構築能力」（藤本、1997、12ページ）と言い換えられており、藤本（2003）での「深層の競争力」を生み出す能力であると理解することができる。

　こうした理解をもとにすると、次に問われるべきなのは、「組織能力」そのものがどのように構築されうるのか、という問いである。能力を構築し、新たな知識を生み出すべき組織が、企業という形態だけでよいのか、という重大な問いもある。企業内の従業員のみが組織能力を構築した場合と、企業の外にある「能力」との連携が行われた場合とでは、「組織能力」にどのよ

理が成立していることがわかる。以上の文章を「知識」として覚えることでは問題解決能力は養えない。行列、三角関数という知識を利用して問題に答えるプロセスが大切なのであって、そのプロセスはコンピューター・プログラムを操作することでは理解できない。本章注6および注7を参照されたい。

[18]　ハメル＝プラハラード（1994）による「コア・コンピタンス」とは企業の持つ能力についての別の呼び方である。知識吸収能力については矢作（2007）を参照されたい。

うな質的な差異が生まれるのだろうか。

　たとえば、ピアニストは個人企業であり、彼ら・彼女らは身につけている能力によって収入を得る。コンサートの入場料や演奏する楽曲の訴求力は表層の競争力であり、その背後には厳しい練習という深層の競争力が必要になる。1人の組織構成員からなるピアニストという個人企業の組織能力は、ピアニストが連携する音楽プロデューサー、コンサートのプロモーター、共演者によって大きく異なるであろう。

　ピアニストの事例以外に、人々の能力を組織化し、新たな知識を生み出す仕組みはないのだろうか。本書が問うのは、複数の人間が協力して能力を開発し、知識を生み出し、競争力を獲得する方法にどのようなパターンがあるのか、という問題である。本書では、このパターンのことを集合戦略と呼び、その詳細を以下の各章で論ずる。

　企業の競争力を支えるのは、企業内における従業員相互の協力のみではないかもしれない。企業の枠を越えた関係性や、企業が置かれている「場」（field）の特殊性に影響を受けている可能性もある。本書では、その点を明らかにしたい。

　世界の各国に存在する企業の能力には偏りがあり、製造業の得意な国、金融サービスの得意な国、ホテルや観光の得意な国があるように見える。たとえば、自動車生産において自国のメーカーを国際的に展開できているのは、アメリカ、日本、ドイツ、フランス、イタリアといった諸国であって、それらの国の技術を導入しながら、世界の各国における自動車生産が行われている。大型旅客機生産をみれば、ボーイング社とエアバス社が覇を競っており、アメリカとヨーロッパとの対抗関係ということになる。そうした能力の偏在がなぜ生まれるのかについては、人々が自らの得意分野を伝達する方法に限界があることがその要因として考えられるのであり、企業活動の国際化は企業の能力の偏在から生まれることになる。ある国の企業には希少な経営ノウハウを別の国の企業が保持していることから、後者にビジネス・チャンスが生まれる。製品、サービスの差別化を行う能力やニッチ市場を見つけ出す能力も、偏在しているからこそ実在していると言えるかもしれない。

組織能力への転換

1つのパラドックスがある。起業家が会社を起こしたとき、その企業は1人で支えられる。個人の能力は企業の能力とイコールである、といってよい。創業の始点においては個人が企業を支えている。しかし、大企業になると取締役や社長ですら、交代しても会社の業績に大きな影響を与えない場合がある。たとえば、マクドナルドに勤務する従業員の1人が会社を辞めても、マクドナルドの競争力に変化があるとは考えにくい。大企業になれば取締役が交代しても組織の能力には大きな変化がないかもしれない。

個人の能力が組織の能力に転換し、さらに組織への参加メンバーが自己の利益ではなく組織の利益を優先するという転換は、どのようにして生まれるのだろうか。

ヒントがある。ゲーム理論における囚人のジレンマを考察してみよう。ゲーム理論における囚人のジレンマの状況は、集合的な行為としての人間の愚かさに焦点をあてている。2人のプレーヤーが、囚人のジレンマから逃れる方法はないのだろうか。

従来の研究では、次のような解が与えられてきた[19]。将来の利得に対する割引率を仮定することによって、1回限りの裏切りの価値を低く評価する、という考え方である。ギボンズ（Gibbons, 1992）に従って無限期間の

第1表　囚人のジレンマ

	R2	L2
R1	4, 4	0, 5
L1	5, 0	1, 1

（出所）　ギボンズ（Gibbons, 1992）、原著88-92ページ。
ただし、表は一部組み替えた。

---

19)　洞口（Horaguchi, 1996）は、利得の高低を比較することが困難な程度に情報処理費用が高くなる状態を想定することによってプレーヤーの行動を拘束する、という考え方を数学的モデルによって提示した。その他、洞口（Horaguchi, 1996）に関連文献を紹介したが、オートマトンによって行動パターンを記述し、特定の行動しか行わないようにプレーヤーをプログラミングするという考え方もある。また、山岸（1998）が実験心理学によって示したのは、裏切りによる評判の悪化を懸念するようにプレーヤーを動機づけるならば、協力が生まれるという考え方である。

第3節　知識と能力

場合に協力が合理的な選択として浮かび上がる論理を説明しておきたい。

2人のプレーヤーが2つの戦略を持つ状態を考えよう。無限期間の場合にトリガー戦略をとることを考える。すると、最初に4の利得を獲得する $\{R1, R2\}$ の組み合わせが選択される。常に協力を続けた場合の利得は、$V = 4 + \delta 4 + \delta^2 4 + \cdots = \sum_{t=1}^{\infty} \delta^{t-1} \pi_t$ となる。なお第2期以降は利得に対して割引因子 δ だけ割り引かれて評価される。すると、

$$V = 4 + \delta(4 + \delta 4 + \delta^2 4 + \cdots) = 4 + \delta V$$

$$V = 4 + \delta V \Leftrightarrow V = \frac{4}{1+\delta}$$

を得ることができる。これは、2人のプレーヤーが協力を続けることによって獲得する利得の割引現在価値である。

次にトリガー戦略を考える。これは、相手に裏切られたときには、次から自分も相手を裏切るという戦略である。トリガー戦略は次のように推移すると仮定される。

(1) 第 t 期の戦略は、過去の時点（t−1）に相手が協力 Ri（i＝1,2）を採用した場合には、同じ戦略を採用する。
(2) もしもそうでなければ、プレーヤーは裏切りの戦略 Li（i＝1,2）を採用する。

したがって、第1回目から裏切ると仮定すると、第1表にしたがえば、

$$S = 5 + \delta 1 + \delta^2 1 + \cdots = 5 + \frac{\delta}{1-\delta}$$

を得る。ここから、$\frac{4}{1-\delta} \geq 5 + \frac{\delta}{1-\delta}$ を比較することができ、$\delta \geq \frac{1}{4}$ を得る。すなわち、割引因子のなかの割引率（r）が3（300パーセント）よりも大きければ、協力することによって裏切りよりも高い利得を獲得することができる。その点は、$\delta = \frac{1}{1+r} \geq \frac{1}{4}$ と書き直すことで明らかである。

プレーヤー相互にコミュニケーションが存在しなくとも、無限期間のゲームにおいて十分に高い割引率が存在するならば囚人のジレンマという状況を回避できる。あるいは、裏切りによる利得が低い場合も同様である。組織への協力は、長期にわたる利得計算が可能な状況で生まれることになる。

第4節　研究課題の提示

知識は集合的に創られる

　囲碁、将棋、チェスといったゲームの場合、序盤から中盤において、場合の数が極めて多い状況がある。これは、終盤の限定された局面において「詰め碁」や「詰め将棋」のように場合の数が限られている状況とは異なる。すでにコンピューターによって終盤の限定された局面は解析可能になっており、人間よりも早いスピードで正解手順にたどり着くことができる。問題は、場合の数が極めておおく、計算負荷が大きい場合である。こうした状況は、数手先の状態について評価関数を持つことで論理的には計算可能でありながら、想定すべき手数が増えると、その計算負荷が高いために時間的制約から計算を終了させることができない。それに対して、人間の直観による指し手が選択されて、その指し手が有効な場合には、「正解を発見した」ことになる。

　囲碁、将棋、チェスといった個人ゲームの場合でも、複数の人間による検討が可能である。すなわち、個人の思考を集合的な思考に置き換えることが可能である。数学の場合であれば、複数の人間による検算が可能である。プロ棋士による将棋の場合であれば、「継ぎ盤」と呼ばれる形式で、対局者の指し手が即座に別室に伝えられ、それらを複数の棋士が検討する慣例がある。対局者は無言で指しているのだが、その意図や指し手の意味、さらには形成判断を複数の棋士が行うのである。

　「個人が知識を創りあげる」という活動は理解しやすいものである。知識には、そうしたイメージがある。ポランニー（1985）が強調したのも、個人の知的活動とその固有性である。個人の理解した内容を、また別の個人に説明する。知識は、個人間を移転する。本に書かれた知識を正確に、早く理解できる人が、それを理解できない人に説明する。知識には、そうしたイメージがある。

　人間の持つ知識が限定されたものであることに注意を喚起したのは、「限定された合理性」の概念を提起したサイモン（Simon, 1945）である。経営

戦略論のアンゾフ（1969）もまた、「部分的無知」という言い方で、経営者の知識や合理的意思決定が限定されたものであることを説いている。

サイモンによる限定された合理性の概念は、人間の意思決定プロセスにおける限界を説明した。サイモンは同時に、組織による意思決定が個人のそれを上回る判断を可能にしていることを説いていた。つまり、集合的な知識の存在を組織のなかに見ていたことになる。このような場合、個人個人がもつ限定は、人によって質的に異なっていてよい。各個人は情報処理能力の限界を持つが、それを足し合わせることによって個人の持つ限界を超えることができる。そうした状況のもとでは、各個人は組織に対するなんらかの「限定された貢献（bounded contribution）」をすることができるはずである。つまり、何か1つの新たな貢献を組織に対してなしうることが求められている場合には、個人の連合としての知的活動の存在を組織のなかに見ることができる。

個人が理解し、獲得した知識を、別の個人に伝える。それは技術移転とも呼ばれ、経済学や経営学の分野において多数の研究が進められてきた領域でもある。しかし、出発点としての知識の創造が、そもそも集団で行われることがある。集団として知識を創り上げる方法も多様化し、我々個々人が気づかないとはいえ、あたりまえのことになってきている。

集団が知識を創りあげる。能力構築をする複数の人間が、1つの知識を創り上げる。そうした集団による知識の創造を上手にマネジメントする組織が強い組織であり、市場で生き残ることができる。野中・竹内（1995）らは「西洋では暗黙知と形式知の相互循環がもっぱら個人レベルで起こる」のに対して、「日本では、暗黙知と形式知の相互作用はグループ・レベルで起こる傾向がある。知識創造にあたっては、ミドル・マネジャーに率いられたチームが、暗黙知の共有に重要な役割を果たす」（294ページ）と述べている[20]。

---

20) ホンダのシティや日産のプリメーラといった自動車商品開発の例が挙げられている。車内空間の広い乗り心地のいい車を創るという目的のために開発チームが合宿をして、海外市場の動向を視察して新しい商品のコンセプトをつくる。この共同化の作業ののちに設計情報がデータ化されていく。車高、車幅、デザイン、ウィンドウの形など、細かなデータを表出化し、さらに連結化される。知識創造理論の中では、さらに環境の不確実性を組織内部に主体的に取り込むということが述べられている。つまり、意図的にあえて環境の不確実性を組織に取り込み、そのことで組織にとって必要な新しい知識を生み出そうとする考え方である。

どのようにすれば集団として知識を創造できるのか[21]。その方法のことを集合戦略と呼ぶ。集合戦略とは、集団として知識を創造するための方法のことである。本書では、集合戦略の採用の結果として創造された知識のことを集合知と呼ぶ。日本企業の得意分野と考えられているグループ・レベルでの知識創造に、さらなる改善の余地はないのか。暗黙知と形式知の相互作用をグループ・レベルで起こすには、どのような方法があるのか。集合知をいかに生み出すか。この方法について事例に学び、いくつかの工夫を紹介したい。本書において以下の各章で詳述するのは、その課題に応える方法である。集合知の創造を上手にマネジメントする組織をいかに創り上げるか。この問題に対する解答を探す必要がある[22]。

---

21)　たとえば、「わからないこと」をお互いに学び、教え、教わる姿勢は大切である。こうした点はあまりにも当然のことであり、本書では掘り下げないが、言うは易く行うは難いのであって、それが難しい理由は人間のもつプライドと恥の感覚に求められるかもしれない。人間形成の問題についての端緒的な試みとしては洞口編著（2008）がある。
22)　洞口（2008、2009）では、集合知と集合戦略との関係性についての考え方を提示したが、本書は、それをさらに発展させ、その論拠を探求したものである。

第1章
集合戦略と集合知

第1節　集団の愚かさと集産主義

　集団による思考は、優れたものとしてではなく、愚かしいものとして理解されることが多かった。群集心理、グループシンクといった用語は、数多くの人間が集まって、愚かな行為や思考に帰結する現象を叙述するときに用いられる形容である[1]。「烏合の衆」、「船頭多くして船山に登る」といった日本のことわざは、「3人寄れば文殊の知恵」ということわざに対立して、頻繁に用いられてもいる。

　集団による思考の愚かさを強調した代表的な学説には、以下の3つがある。群集心理を論ずる社会心理学者による議論、方法論的個人主義を論ずる自由主義的な経済学者による議論、そして、ゲーム理論による説明である。

　群集心理と呼ばれる概念は、群集の愚かしい行動を説明する原理として用いられる。ル・ボン（1895）によれば、「多数者が集合すれば、少数者の場合よりもはるかに、ある問題に関して賢明で自主的な決議ができる」（訳書、244ページ）という思想は心理学的には誤りであるという。彼がここで例示しているのは議会制度であり、議会には群集の一般的特徴が見出されるという。それは、「思考の単純さ、興奮しやすいこと、暗示を受けやすいこと、感情の誇張、指導者の強力な影響」（訳書、244ページ）であるという。また、ル・ボン（1895）が指摘する群集心理の発現には、匿名性という要因がある。誰が行動をしているのか知られないという状況のもとで、人は無責任

---

[1]　大橋・佐々木（1989）第14章、およびル・ボン（1895）を参照されたい。

な行動をとる。ル・ボン（1895）はフランス革命における民衆の行動に群集の愚かさをみたが、現代においてもインターネットによって匿名性が確保された場合に無責任な中傷や、悪質な犯罪などが多発していることは周知の事実である。匿名性を持ち、感情的に煽り立て、無責任な活動を容認すれば、群集心理が生まれる。この事実は否定しようもない。では、集合知を生み出す主体は、どのような属性を備えた人々の集団なのだろうか。この疑問については、本書以下の各章において事例を示し、第6章にまとめたい。

　方法論的個人主義、すなわち個人による知識の利用を優れたものと捉え、集団による計画の立案について批判を展開したのはハイエク（1986、訳書第1章）であった。ハイエクは、論文「真の個人主義と偽の個人主義」において、「人間の諸事象にみられる大部分の秩序を諸個人の行為の予期せざる結果として説明する」のが真の個人主義であり、「発見できるすべての秩序が計画的な設計による」とするのが偽の個人主義である、という（同書、9ページ）。

　ホフステッド（Hofstede, 2001, p.243）は、集団主義（collectivism）という用語が、アメリカを中心として共産主義と同義に用いられていることを指摘するが、そうした理解が広まったのはハイエクによる集産主義（collectivism）への論難に影響を受けているかもしれない。ハイエクは、著書『隷従への道』において、マルクス主義にもとづく社会主義とナチス・ドイツによる国家社会主義が、ともに集産主義という同根から生まれた思想であると説明している。イギリス、アメリカを中心とした個人主義に対置して、ドイツ、ロシアにおける集産主義が論じられている[2]。

　ハイエクによる知識の認識は、本書の論ずる集合知の起点をなしている。たとえば、論文「社会における知識の利用」[3]には、

　　「われわれは、各々が部分的な知識しかもたない人びとの相互作用に

---

[2] ハイエク（1944）訳書、第12章「ナチズムの社会主義的根源」参照。
[3] ハイエク（1945、530ページ）の原文は、引用冒頭の部分について "we must show how a solution is produced by the interactions of people each of whom possesses only partial knowledge." となっている。サイモン（1945）が限定された合理性と呼んだ人間の認知能力の限界と組織によるその克服と同じ論理である。

第1節 集団の愚かさと集産主義

よって、いかにして解決が生み出されるのかを示さなければならない。……(中略)……すべての知識が一個の知性に与えられていると想定するのは、想定によって問題を追い払うことであり、現実の世界において重要であり、意義のあるすべてのことを、無視することである。……(中略)……
　現象の本質的な部分というのは、人間の知識の不可避的な不完全さと、その結果として生じる、知識が絶えず伝達されて獲得されるための過程の必要性のことである。連立方程式を扱う数理経済学者の多くに見られるような、人々の知識が実際の事実に対応しているという想定から事実上出立する接近方法はどれでも、われわれが説明すべき主要課題であることを体系的に置きざりにする。」(ハイエク (Hayek, 1945)、訳書、74 ページ)

　ハイエクは人間が個人として持つ知識が「不完全」であり、継続的にコミュニケーションが行われ獲得されるものとして知識を捉えた。したがって、単一の個人 (a single mind) による計画経済は不可能であり、その意味での集産主義を否定した。ハイエク (1986) はカール・メンガーの著作を評価するなかで、方法論的個人主義とその結合の仕方について論述している[4]のだが、個人の行為の結合にさまざまな類型が存在することを認めている。つまり、ハイエクはミクロ経済理論を構成する主体の構造に安定的なものがあることを認めていたのであり、そこには個人の集合体が存在することになる。ハイエクのように方法論的個人主義を認めたうえでもなお、個人の行為がある安定的な一定の形態に結びつけられるという命題が提起されているとすれば、我々には、その類型の存在を検証するという作業が残されていることになる。
　本書によって示したいのは、ハイエクの論考が「真の個人主義」にもとづいた集合知の基礎となっている、というやや皮肉な、あるいは、複雑な結論であ

---

[4] ハイエク (1986) 訳書、第6章「経済思想史におけるメンガー『原理』の地位」では、個人の行為が結合してつくり出す複雑な構造の変化について注意を喚起している。そこでは、すべての個々人の行為類型が「安定的な構造の一定の諸型」にだけ結合されるのであって、その他の型には結合され得ない、と述べている。(ハイエク (1986) 訳書、177-178 ページ)。つまり、「安定的な構造の一定の諸型」が存在するのであれば、その諸型には個人の集合体が対応しているはずである。

る。真の個人主義と集合知とを結びつける鍵となるのは、自己組織化と創発の組み合わせであるが、その点については本章第5節において再び説明したい。

　メンガーやハイエクが活躍した時代以降の理論的な発展もある。序章において紹介したようにゲーム理論のなかの囚人のジレンマは、合理的に行動をするがゆえの愚かしさや、群集による殺到（herding behavior）をモデル化したものと理解されることが多い。人々の個人的な行動が集合的な現象となることをゲーム理論的な枠組みによって叙述したシェリング（Schelling, 1978）は、集合知研究に先行するとみなされうるかもしれない。ただし、シェリングは集団の賢さよりは愚かさを強調しているように思われる。たとえば、シェリングが講演を行った際に前列の何席かの座席が空席になったままであり、その理由を開催者に尋ねたところ、誰もその座席に座ってはいけないと決めておらず、ただ聴衆が自発的に前にこなかっただけであった、という逸話を記している（p.11）。

　生田目（2003）、高安（2003）のサーベイによれば、経済行動の場合には、集団的な知性が生まれることをモデル化したものはなく、せいぜいのところ「ランダムな場合よりも良い」、という結果が得られているにすぎない。こうした研究においては、集団であることの愚かさについて、ハーディング（herding, 群れを成して集まること）の例をあげて詳細に論じられている。すなわち、経済学の価格理論における均衡も集合的な行為の結果ではあるが、そこでは知よりもむしろ欲求がリザベーション・プライスとして順序づけられているのであって、知識が生まれる論理とは距離がある。もちろん、知性と愚かさの境界線も、実は曖昧であることに注意が必要である。「お笑い」と称されるコメディアンの言動は、人を笑いに誘うという行為のために、時に愚かしく、時に知性的であり、その境界線の曖昧さを利用したものである場合も多い。

　本書ではゲーム理論そのものについての立ち入った議論はしないが、第2章から第5章までの各章において、ゲームのルール自体が書き換えられていく状態を知ることができよう。非協力ゲームから協力ゲームへ、あるいは、不完備情報から情報のやりとりが組織目的に加えられた状態への転化を見ることになる。

知識を管理する経営

　個人が生み出す知識が存在することは疑いがない。しかし、経営管理の課題として重要なのは、集団が生み出す知識である。日本が世界第二位のGDP（国内総生産）を生み出す国となっている秘密は、この集合知の創造機能にあるのかもしれない。そうであるとすれば、逆に、集合知を創り出す仕組みが崩れれば、日本企業の優位はなくなる。集合知を創り出すための努力を怠れば、日本は経済的にも、文化的にも貧しくなるであろう。さらに、知識管理の方法への体系的な接近も重要である。

　本書において進めていく分析の前提をまとめておけば、以下のようなものである。

　第一に、集合知のパターンは集合戦略にしたがって決まる。どのような集合戦略を選択するかによって、集合知のパターンが決定する。個人が別の個人と関わりをもち、組織との関わりを持つとき、組織間関係と表現できる状態に近くなる[5]。

　第二に、どのような集合知を創造したいかに応じて、集合戦略の選択をする必要がある。経営者として理解するべきは、創造したい知識の形式と、そのための戦略である[6]。

　以下の各節において、この点についての学説をサーベイしておきたい。

---

[5]　本書序章に述べたようにピアニストは、優れた経営資源を抱えたワンマン企業の例である。しかし、同時に、商業的に成功したピアニストには、スケジュール管理と受注窓口となるタレント事務所、広告代理店、CD作成と販売を行う音楽会社、作曲家、他の楽器の演奏家とのネットワークが存在するであろう。

[6]　ペンローズ（Penrose, 1959）は『会社成長の理論』において、「経営資源」と呼ばれる資源が企業に蓄積されていくプロセスを論じた。会社の資金調達や取引における「信用」、従業員の1人ひとりに開示され教育された「作業方法」、特許やノウハウとして蓄積された「技術」、顧客の心のなかに刻まれた「ブランド価値」、会社内での管理手法、デザイン・広告・流通など外部の専門的な企業のもつ経営資源を利用するネットワークなど、個人が他者に開示し、他者がそれを理解するなかで蓄積されていくものが「経営資源」である。企業という組織に「経営資源」が蓄積されていけば、1人の企業家がなしうるよりも多くのことが同時に実行可能になる。こうしたプロセスを、集合知の累積プロセスとして再解釈することによって、知識管理の方法に新たな貢献をすることができるかもしれない。

第2節　集合戦略の先行研究と戦略類型

　集団の愚かさを強調する多くの研究のなかにあって、集団の持つ効力に着目した経営戦略論が現れたのは1980年代のことである。集合戦略は、生物学のなかの一分野である群集生態学やポピュレーション・エコロジーとも呼ばれる学問分野における研究成果を、人間の組織行動に類推的に適用しようとする人々によって提起されてきた。そうした研究では、アド・ホックに生物学的概念が導入されており、経営学における競争戦略論との対応関係は不明瞭なままに残されていた。また、競争概念については、ミクロ経済学の一分野である産業組織論による厳密な用語の定義と数理的分析がある。以下の課題は、経営戦略論・群集生態学・産業組織論を架橋しつつ、その相互関係を整理することである。

　集合戦略は、組織間関係の分析枠組みの1つであり、アストリー＝フォンブルン（Astley and Fombrun, 1983）およびアストリー（Astley, 1984）によって最初に主張された。彼らは、たとえば、ワニとサギのような共生関係を前提としたポピュレーション・エコロジーから経営戦略を類推するという発想を基礎としている。すなわち、組織の生態学という観点から、同盟（confederate）、接合（conjugate）、集積（agglomerate）、有機（organic）という4つの集合戦略の形態を分類し、合併、企業への役員派遣といった企業間関係の分析枠組みを提供してきた（第1-1表）。

　アストリー＝フォンブルン（1983）の研究は、すでに山倉（1993）において紹介されており、同盟型、集積型、接合型、有機型という訳語があてられている[7]。アストリー＝フォンブルン（1983）に従えば、もしも、片利共生的で直接的ならば同盟型、片利共生的で間接的ならば集積型、共生的で直接的ならば接合型、共生的で間接的ならば有機型である。参加者の相互依存の形態が異なるときに、得られる戦略的提携のタイプが異なると説明してい

7）　山倉（1993）、49ページにアストリー＝フォンブルン（1983）の説明があるが、山倉による同盟型 confederate と集積型 agglomerate の説明が逆になっているように思う。

第1-1表 アストリー=フォンブルン（1983）による集合戦略の類型

		相互依存の形態	
		片利共生的 Commensalistic	共生的 Symbiotic
提携のタイプ Type of Association	直接的 Direct	同盟 Confederate	接合 Conjugate
	間接的 Indirect	集積 Agglomerate	有機 Organic

（出所） アストリー=フォンブルン（1983）より引用。

る。アストリー（1984）は、集合戦略の適用領域が大きくなるに従って事業戦略、経営戦略、産業戦略（競争戦略）、集合戦略というタイプ分けが可能になることを示した。

アストリー=フォンブルン（1983）らの研究は、その後、一定の間隔をおきながら、しかし確実に継承されてきた。ドリンジャー（Dollinger, 1990）は、異なる組織の繰り返しゲームの結果として協力が生まれる、というアクセルロッド（Axelrod, 1984）の議論を援用して、集合戦略の生成を説明している。また、ブレッサー=ハール（Bresser and Harl, 1986）および光澤（1996）は、集合戦略がカルテルとして実体化するマイナスの側面に着目し、公共政策への含意を議論している。ブレッサー（Bresser, 1988）は、集合戦略には競争を安定化させる効果があり、競争戦略（competitive strategies）には競争を激化させる効果があるために、両者が弁証法的な発展をみせる、と論じている。

集合戦略の研究は、2000年代になってヨーロッパの研究者によって注目され、応用されるようになった。ヤミ（Yami, 2006）は、*Revue Française de Gestion*、（「フランス経営学評論」）の特集号において集合戦略についてサーベイし、フランスでの研究動向を紹介している。実証研究としては、ルロワ（Le Roy, 2003）があり、フランスにおける漁業共同組合の事例を集積戦略として解釈し、集合戦略の1つとして分析している。また、ミオーネ（Mione, 2006）は、商品規格（仏語でのnorme, 英語でのstandardization）の設定を集合戦略として捉え、マーケティング担当者と開発担当者にアン

ケート調査を実施した。その結果、開発担当者のほうが規格統一に熱心である、という事実を明らかにした。ドイツの経営学者、ハーク（Haak, 2004）は中国で展開されている国際合弁事業を集合戦略の事例として捉えて事例研究を行っている。

競争概念としての片利共生（commensalism）の意味

以上にサーベイしてきたように、集合戦略（collective strategy）の理論と競争概念は、経営戦略論[8]ないし競争戦略論とは独自に考えられ、また、独自の応用領域における実証研究として進められてきた。ポーター（Porter, 1980）による競争戦略の基本類型は、①コストリーダーシップ、②差別化（差異化）、③フォーカス（集中あるいは焦点）であった。つまり同一製品を競争相手企業よりも安くつくるか、同一価格で異なる付加的属性をそなえた商品を販売するか、あるいは、新たな市場の創造を行うことのできる製品をつくるか、という企業間競争を捉えたものである。

ゲーム理論に影響を受けた経営戦略論では、「競争の結果として何を得るか」が問題とされてきた。2企業による競争のモデルでは、両者がともに損害をこうむる状態として「囚人のジレンマ」を説明する場合が多かった。また、その逆に、提携関係にある2つの企業がともに利益を得る場合に、「ウィン・ウィンの関係」が成立することを説く場合も多い。

アストリー（Astley, 1984）自身は、こうした戦略分類を事業戦略、経営戦略、産業戦略（競争戦略）、集合戦略に対応させている。したがって、同種組織か、異種組織かという分類は、同一産業か、異なる産業か、というタイプ分けに対応しているようでもある。しかしながら、アストリー＝フォンブルン（1983）において採用されている片利共生的（commensalistic）という形容詞は、意味の深いものがあり、ここで若干の考察を加えたい。

---

[8] 経営戦略論に関する標準的なテキストとしては淺羽（2004）、バーニー（2002）がある。前者は経済学と経営学の双方を架橋し、後者は「創発戦略（emergent strategies）」という概念を提出している。三品（2004）第6章は、企業戦略論の系譜をまとめており、計画の戦略論、構成の戦略論、構想の戦略論、構造の戦略論、構築の戦略論、構図の戦略論と名づけて解説している。初学者向けのまとめとしては、洞口・行本（2008）を参照されたい。

第2節　集合戦略の先行研究と戦略類型　　　　　　　　　　　　　35

第1-2表　生物の共生パターンと経済関係

		プレーヤー B		
		双利共生 Mutualism +, + ウィン・ウィン	片利共生 Commensalism +, 0 正の外部性	寄生 Parasitism +, − ゼロサム・ゲーム
プレーヤー A		片利共生 Commensalism 0, +	0, 0	偏害 Amensalism 0, − 負の外部性
		寄生 Parasitism −, +	偏害 Amensalism −, 0	競合 Competition −, − 囚人のジレンマ

（注）　左側の符号はプレーヤー A の利得であり、右側の符号はプレーヤー B の利得である。
　　　＋はメリットがあること、0 は中立的、−は害があることをしめしている。
（出所）　ヴァンデルミーア＝ゴールドバーグ（2007）および三重大学山田佳廣准教授のホームページを参考に筆者作成。http://www.bio.mie-u.ac.jp/~yamada-y/ecology/animal%20ecology.htm

　生物学では、2種類の生物の間に存在する関係を第1-2表のように分類している。「＋」は相手から与えられる影響がプラスであることを意味し、「−」は相手からマイナスの影響が与えられることを意味している。さらに「0」は双方の影響が中立的であることを意味している。
　双方がプラスの影響を与え合う場合を双利共生（mutualism）という。片方から利益を得る動植物が、他方にマイナスの影響を与えていない状態を片利共生（commensalism）という。片方がプラスであり、その際に相手にマイナスの影響を与えることを寄生（parasitism）[9]という。片方がプラスを得ることはなく、相手にマイナスを与えている状況は偏害（amensalism）

9）　宮下・野田（2003）によれば、群集生態学において一方がプラス、他方がマイナスとなる関係には、寄生（parasitism）以外に、捕食（predation）と植食（hervivory）がある。ロッカ＝ボルテラ（Lotka-Volterra）による微分方程式によって共生のモデルを提示している。本書では、煩雑さを避けるために「＋，−」となる関係を寄生によって代表させたい。大企業が小企業を M&A（買収合併）によって取得したとき、表面的には捕食に近いように見えるが、買収された小企業が赤字を垂れ流していて大企業に補填してもらっているとすれば、寄生に近い。捕食が1回限りの行為であるのに対して、寄生は、ある時間的長さを持った状態を示しているように思われる。

といわれる。また、双方がマイナスの状況は競合（competition）である。

　経済学的にはゲーム理論とミクロ経済学の語彙によって対応する概念を見つけ出すことができる[10]。双利共生とはプラスサム・ゲームにおけるウィン・ウィン（Win-Win）の関係であり、寄生はゼロサム・ゲーム、競合は囚人のジレンマに該当する。片利共生は正の外部性が存在する状態であり、偏害とは負の外部性が存在する状態である[11]。

　群集生態学と呼ばれる学問分野に比較すると、経営戦略における競争の概念は、単純かつ素朴である。経営戦略論における競争概念は、お互いにプラスになるウィン・ウィンの関係と、一方が勝者になり他方が敗者となる対照比較と、双方がマイナスをこうむる破滅的競争（カット・スロート・コンペティション）に議論が集中しており[12]、片利共生の概念は、従来の経営戦略論には存在しなかった。第2章以下では片利共生の概念に着目して事例を紹介したい。片利共生の概念は集合戦略を論ずる研究者によって提起されてきたものである。

　経営学における競争戦略論では、上記のような分類を曖昧にしたまま、企業間競争と協力に関する議論が進められてきた。2つの企業が競争する状況は第1-2表の「競合」に該当し、2つの企業が協力してウィン・ウィンの関係を作り出す場合については双利共生が該当する。しかし、経営戦略において片利共生、寄生、偏害に該当する事例を意図的に掘り起こした研究はみあたらない。戦略的提携に参加する企業のなかには、アライアンスによって自らのコンピテンスを高めるという意味で片利共生となっている場合があるかもしれないし、また、成功しなかったジョイント・ベンチャーの事例のなかには、相手先企業からみると寄生や偏害になっていた場合もあるかもしれない。他方、人間以外の生物において共生や寄生、片利共生という現象がみられ、それを単純に応用しているという限りにおいて、集合戦略論は知識という視点がなくても成り立つ論理であることに注意を喚起したい。

---

10) ゲーム理論についてはギボンズ（Gibbons, 1992）、フーデンバーグ＝ティロール（Fudenberg and Tirole, 1991）、ミクロ経済学についてはクレップス（Kreps, 1990）を参照されたい。
11) 外部性については洞口（1997a）を参照されたい。
12) 経済学における競争の類型についてはシェアラー＝ロス（Scherer and Ross, 1990）を参照されたい。

第3節 集合知 (collective intelligence) に関する先行研究

　集合知 (collective intelligence) に関する先行研究には以下のようなものがある[13]。

　ブラウン＝ローダー (Brown and Lauder, 2000) は、集合知 (collective intelligence) を「共通の目標達成ないし共通の問題を解決するために知を蓄積し、展開することを通じた権限の付与である」(p.234) と定義している。彼らは、知 (intelligence) が社会的に構成されていることを重視し、人々が家庭や学校、職場やコミュニティでいかに知を結合させているかによって、個人と社会との関係が異なることを強調している。そうした意味で、ブラウン＝ローダー (Brown and Lauder, 2000) らの立論はソーシャル・キャピタルの議論に親和性が高い[14]。エイビス (Avis, 2002) はソーシャル・キャピタル、集合知 (collective intelligence)、拡張学習 (expansive learning) の三者を結びつけて、知識経済に移行した社会における新たな教育方法が要請されていることを議論している。

　池上 (2003) は、集合知 (collective intelligence) を知ないし行動様式の創発 (emergence) として捉えている。自己組織化が、ミクロの行動主体からマクロへの一方向的な流れを分析対象とするのに対して、マクロからミクロに与える影響を同時に考えることを創発として捉え、集合知には、そ

---

13)　属する社会によって個人の性格が形づくられることを重視した叙述にはリースマン (1952) がある。
14)　コールマン (Coleman, 1988) は、ダイヤモンドの卸売商人たちが相互にダイヤモンドの入った袋を確かめ合う姿や、女性がファッションを選択するときに友人の影響を受けるといった事例をあげて、人々が相互に影響しあって目的を達成しやすくすることを指してソーシャル・キャピタルと呼んでいる。パットナム (Putnum, 1993) は、イタリアの地方において市民のコミュニティ (civic communities) が形成されている地方では豊かであり、それがない地方では公共性が欠落して違法行為が増えるという悪循環に陥っているという。パットナムは、市民のコミュニティを支えるネットワークが相互に報酬を与え合うように依存しあう関係をソーシャル・キャピタルと呼んでいる。ソーシャル・キャピタルの概念は、シリコンバレーにおける起業家と投資家のネットワークを説明する際に応用された。

の双方向性があることを強調する。たとえば、蟻の行進がつくるパターンは自己組織化の例である。それに対して、蟻の行進がつくるパターンが個々の蟻の運動の仕方を制約することが創発であり、その場合にはマクロに出現したパターンを要素に分解しても、それらが果たす役割を理解できる、というものではない。ここではマクロとミクロの循環的な関係性を見出していくものとして集合知を捉えている。したがって、集合知の形成に着目することは、普遍性と個別性あるいは多様性の果たす役割を議論することにつながる。

　高玉（2003）は、集合知（collective intelligence）を「相互作用し合う多数の自立主体集団に生まれる知性」と定義する。その特性としては、①問題解決能力、すなわち複数主体の協力によって高度な仕事を達成する能力、②適応能力、すなわち主体間の役割分担、主体の追加が容易であること、③ロバスト性、すなわちある主体を集団から取り除いても、ほかの主体が代役をすることで集団全体の機能を維持すること、言い換えれば、耐故障性、頑健性、安定性、信頼性と表現できる特性を備えている、という。集団のレベルとしては、個体、グループ、組織といった様態があり、相互作用を規定する要素には、目的、コミュニケーション、情報共有がある、という。高玉（2003）が集合知の相互作用を規定する要素として指摘する要因が、バーナード＝サイモンの定義する公式組織の定義に近づいていることは興味ぶかい。

　スロウィッキー（Surowiecki, 2005）は、「群集の知恵（wisdom of crowd）」の特徴として、多様性、独立性、分散性、集約性という4つの特徴をあげており、集団が1人の個人よりも知的に優る事例として、認知、調整、協調の事例をあげている。スロウィッキー（Surowiecki, 2005）は、軽装版になった同書の「あとがき」[15]において、集団が優れた専門家よりも知的に優れているのは何故なのか、という問いに対し、「集団には素人とともに専門家が含まれている」（p.277）ことを回答している。そして、真の専門家を特定することが極めて困難である（p.278）ことも同時に指摘している。スロウィッ

---

15) "Afterword to the Anchor Books Edition" が同書における正式な章のタイトルである（pp.273-284.）。なお、同書の初版は2004年である。

キー（Surowiecki, 2005）の言う「集団」とは、知名度は低いものの精確な知識を備えた専門家を含む知的な集団である。

リャン（Liang, 2004）は、組織の内部において蓄積される集合知（collective intelligence）を重視し、その「知的組織（intelligent organization）」が、知識資源との相互作用を通じて拡張すると述べている。その意味で、組織は、高次の知的な適応を行う複雑系である、と指摘している。大向（2006）は、ウェブ上に構築されたサイトのコンテンツとして集合知（collective intelligence）を捉え、多様性、独立性、分散性、集約性といった特性を備えていることを指摘し、「Wikipedia（ウィキペディア）」、「人力検索はてな」などウェブ上のコミュニティにおける事例を紹介している。

集合知を論ずる研究者は、複雑系[16]、あるいは、ネットワーク理論[17]の影響を受けている場合が多い。福田・栗原（2003）は、ネットワークによって結ばれたスモールワールドによって、集合知のあり方が規定されていることを示唆している。彼らの定義によれば、「個々は単純であるにもかかわらず、互いの相互作用を通じて全体として知的行動が発生するときの知能」を集合知（collective intelligence）としている。本書第7章ではネットワーク理論を応用して生産数量の突発的な上昇をモデル化するが、その生産物をビット数で測定した情報量として解釈することができれば、知識の相互触発の前提条件を示すと解釈することが許されるかもしれない。

ボーダー（Boder, 2006）は電力供給におけるソフトウェア利用の事例、ジュネーブにおける糖尿病患者に対する医師、看護師、補助看護師、精神科医、栄養士の協力による科学的に裏づけられた知識の組み合わせを事例としながら、集合的な創造性（collective creativity）による問題解決の方法として集合知（collective intelligence）を論じている。

中小路（2001）は、他者の創り上げた表現を利用することによる個人の知的創造活動を「Collective Creation」として定義した。その事例としては、

---

16) アクセルロッド＝コーヘン（1999）では複雑系組織論が解説されており、多様性、相互作用、淘汰についてまとめている。本書では触れることができなかったが、組織の形成はその淘汰をともなうものであり、組織が解体されれば集合知も存続を許されない。洞口（1997b）を参照されたい。
17) ネットワーク理論については本書第7章を参照されたい。

研究論文作成支援システム、議論プロセスの整理、研究活動中に収集したメモを配置することによる研究遂行支援、製品とブランドイメージの配置による商品開発支援などが挙げられている。その特徴としては、① 問題領域の規定ができない、② 問題解決に必要となる知識や情報をあらかじめ規定することができない、③ 何が問題であるかという問題に対する理解と、それに対応する解がどうあるべきかという解に対する理解が相互依存しており、共に漸次的に進化する、という三点を指摘している。

集合知の応用領域としての経営

　高玉（2003）が自らそのように述べているわけではないが、彼が集合知（collective intelligence）の相互作用を規定する要素として指摘する要因が、バーナード（Barnard, 1938）、サイモン（Simon, 1945）の定義する公式組織の定義に近づいていることは極めて興味ぶかい。高玉（2003）によれば、集合知の相互作用を規定する要素とは、目的、コミュニケーション、情報共有であった。バーナード（1938）によれば、「組織とは2人以上の人々の意識的に調整された活動や諸力の体系」と定義され、公式組織とは、共通目的、協働意欲、コミュニケーションの3要素を満たしたものと定義された。したがって、その点からみれば、集合知の形成される場は、公式組織の定義を満たしていることになる。

　大向（2006）は、サイモン（1945）が述べた「限定合理性」を超える可能性を備えた仕組みとして、ウェブ上の集合知サイトを紹介しているが、その意味ではウェブ上のサイトは、公式組織の定義を満たしていることになる。ウィキペディアのようなサイトの存在自体が、そこに参加した人々の「知りたい」、「知っていることを説明したい」という知的欲求を満たすという共通目的をかなえている。そこでは知識を文字に転換するという協働意欲の結果として情報が蓄積され、そのサイトを閲覧し、書き換え、更新することでコミュニケーションが成立している。バーナードの公式組織の定義を受け入れる限り、ウェブ上のサイトは「組織」であることになる。

　この点は、データベースと集合知の違いを思い浮かべると理解しやすい。データベースとは、個別データの集積であって、その利用に関与する人がい

なければ、死蔵された数値と文字の山である。ウェブ上のサイトでは、そこに出現したマクロな構造が、個々の知識を表出するときの形式を定めているのであり、データの集積を創り上げるときのミクロな構造に及ぼすフィードバックがある。

　暗黙知と形式知というセットは、たとえば、情報と知識との違いを認識するうえで役立つ。文字にして表された形式知は情報と異ならないことになるのだが、その外側に、文字にならない暗黙知が存在すると仮定することによって、知識が情報の上位概念として存在することになる。集合知は形式知ないし暗黙知が結合した姿であり、その結合の方法はウィキペディアのような情報通信技術を前提にしたものだけとは限らない。後に本章第5節で述べるように、集合戦略の型が集合知の結合方法を定めるのである。

　集合知の結合パターンについて議論を進める前に、以下ではシュンペーターによる「新結合」の概念と知識との関係についてまとめておきたい。

第4節　新結合の源泉

シュンペーター体系の再検討

　シュンペーター（1926）は、マクロの国民経済における経済発展を議論していた。その契機として「新結合」を仮定し、その主体として企業家を想定した。シュンペーターにあっては、「企業者」こそが、「新結合の遂行をみずからの機能とし、その遂行にあたって能動的要素となるような経済主体」（訳書、198-199ページ）であった。

　シュンペーター（1926）は、個別的な単位としての経済主体が明確な経済を議論していた。いわば、組織と市場との境界線が明瞭な経済を前提としていた。しかしながら、もしも、そうした経済から、組織と市場の境界線が曖昧となり、経済主体間のネットワーク形成による協力が常態となった経済への変化があったとすれば、「企業者」だけが「新結合」を担う主体ではなくなっていることが考えられる。シュンペーター（1926）の論理構成に従って、この点をやや詳しく検討したい。

第 1-3 表　シュンペーター『経済発展の理論』の章構成

第 1 章　一定条件に制約された経済の循環
第 2 章　経済発展の根本現象
第 3 章　信用と資本
第 4 章　企業者利潤あるいは余剰価値
第 5 章　資本利子
第 6 章　景気の回転

（出所）　シュンペーター（1926）より引用。

　シュンペーターは、第 1 章「一定条件に制約された経済の循環」から発展を説こうとした。なぜシュンペーターが「経済の静態」（151 ページ）から『経済発展の理論』を開始したかったのか。その第一の理由は、経済発展と経済の外延的な拡大とを区別したかったのではないか、ということである。現代的な言い方では、経済発展（growth）と国際化（globalization）とは質的に異なるということである。もしも、経済の外延的な拡大が「発展」であるとすれば、経済発展とは即ち植民地の獲得である、ということになってしまう。したがって、ただちに第二の理由として技術進歩を経済発展の動力として捉えるという意図があるために、静態的な経済状態を理念的に設定するところに理論の出発点をすえたように思われる。

　ここで経済の循環とは、当時まだ完成をみていなかった産業連関表につながるような、経済の循環構造である。経済活動を人間の循環的な活動として把握する見方は、ケネーの『経済表』をはじめとして長い伝統がある。マルクスの再生産表式もその 1 つである。シュンペーターの経済学説史には、そうした学説が詳細に論じられているが、ワルラスの体系がシュンペーターの『経済発展の理論』の基礎にあると理解されることが多い。

　ワルラス（1900）の『純粋経済学』では、商品の交換から生産の理論、資本化および信用の理論、流通および貨幣の理論へと論考が進み、その章別編成はシュンペーターの『経済発展の理論』に酷似している。しかし、ワルラスはシュンペーターとは異なって、技術的進歩を捨象して議論を展開した。すなわち、

　　生産物の無限の増加は、狭義の資本用役を土地用役に代用することの可能性によって可能となる。この場合 2 つの場合が区別せられる。1 つは

第4節 新結合の源泉

地用の使用の減少と資本用役の使用の増加によってのみ製造係数の数値が変化する場合であり、これを経済的進歩と名づける。いま1つは生産用役を入れ替え新生産方法を採用することによって製造係数が変化する場合であり、これを技術的進歩と名づける。以下においては経済的進歩のみを考察するために技術的進歩を捨象することにする。」（訳書、208ページ）

ワルラスは一般均衡論の始祖であり、彼が自らの理論体系に技術的進歩を取り込むとすれば、彼の方程式体系は連立微分方程式体系として書き直されなければならなかったかもしれない。シュンペーターは、ワルラスが捨象した技術的進歩の領域に「発展」の原動力をみたことになる[18]。

経済を構成する生産要素の量が同じでありながら、なぜ発展が可能となるのか。この疑問に答えるために、シュンペーターは『経済発展の理論』第2章において「新結合」という概念を準備する。いわゆる、財貨、生産方法、販路、原料・半製品、組織の「新結合」である。ここで生産要素を新しく組み合わせることによって、革新が生まれることを説いた[19]。

新結合に成功する者は企業家であり、その企業家に対しては、第3章「信用と資本」が与えられる。そこで企業家としての活動が持続されていくならば、第4章「企業者利潤あるいは余剰価値」がもたらされ、その一部は第5章「資本利子」として資本を貸し付けた者に還流する。

「企業家は群生して現れる」という特徴をもつがゆえに、多数の企業家が現れる時期には好況となり、その好況の時期ののちに恐慌を境として不況が現れる。そのようにして、第6章「景気の回転」が説明される[20]。ここで

---

18) シュンペーター (1939) が議論の出発点で苦心しているのは、シュンペーター (1926) 以降に発展した寡占理論の取扱いである。ワルラス (1900) のような一般均衡論的な経済のモデル化は、規模の経済性など寡占の経済的特質が存在するときには成り立たなくなるからである。
19) タルド (1895) は石臼と水車の組合せ、印型と書籍の組合せ、車と蒸気ピストンの組合せという発明が、批判的な社会において大量に起こると論じている（訳書、222ページ）。シュンペーター (1926) は、その英訳注に、郵便馬車をいくら増やしても鉄道になることはない、と記している（訳書、180ページ）。この点は本書第5章で再論する。
20) シュンペーター (1939) 第5章ではコンドラティエフ循環、ジュグラー循環、キッチン循環を組み合わせたフーリエ解析を提唱しているのに対し、シュンペーター (1950) では景気循環から体制転換が論じられている。

シュンペーターは、企業家が群生して現れる理由として5つの理由を挙げている[21]。第一は先駆的な企業家が新結合の遂行における障害を除去すること、第二は、第一の理由によって能力の乏しい企業家も出現できるようになること、第三は、先駆者の現れた産業以外の生産部門にも革新と模倣が波及すること、第四は、先駆的企業家の持っていた指導者としての役割が不要になっていくこと、第五はこうした企業家の群生によって好況期がもたらされること、である。

ここでシュンペーター体系に関する第一の疑問が生まれる。すなわち、シュンペーターが観察した現象、「企業家は群生して現れる」のはなぜか、という問いに対する回答は、シュンペーターのそれで十分なのかという課題である。もしも同一の知識がスピルオーバーして模倣をした企業が増加していくだけであれば、企業間競争が厳しくなるだけで、企業が長期にわたって成長し存続し続けることはない[22]。先駆者による障害の除去とその模倣という上記5つの説明だけでは、「企業家は群生して現れる」のはなぜか、という問いに十分な解答を提供していないように思われる。この点については、本書第6章において再び立ち返る。

知識の排除不能性と非排他性（非競合性）

シュンペーターの新結合を支える生産要素の新結合について考察すると、第二の、単純ではあるが重要な疑問につきあたる。すなわち、ある生産要素が新しい結合のために利用されるとすれば、その生産要素がそれまで利用されていた分野から引き抜かれ、生産の水準は落ちるはずである。新結合として生産される財と、古い生産プロセスでの生産水準の減少とを相殺するとき、前者が後者を上回る条件が満たされなければ経済発展は達成されない。

この素朴な問いに対しては、知識を考察の対象に含めることで解答を得る

---

21) シュンペーター (1926)、訳書、218-222ページ。
22) シュンペーターの説明は、マルクス (1890)『資本論』における特別剰余価値の生産の論理に似ている。24時間という限られた時間のなかで労働時間を増加させる絶対的剰余価値の生産に対して、マルクスは相対的剰余価値の生産という論理によって資本の存続を説明した。模倣者が現われるまで獲得可能なのが特別剰余価値である。

ことができる。新結合において結びつけられる物質の背後には、それを可能にしている知識がある。そう考えることによって、ある製品から別の製品に生産要素が移転しても、生産水準が落ちなくてすむことが説明できる。

　まず、公開された形式知の持つ性質を確認しておくと、第一に、形式知には、その理解力を持つ人々の間において、公共財に類似した性質がある。経済学における公共財の典型例としては、電波の利用が挙げられる。公共財には、排除不能性と非排他性（非競合性）という性質が備わっている。

　排除不能性とは、特定の人間が利用できないようにしないことであるが、公開された形式知には排除不能性がある。非排他性（非競合性）を持つ財とは、利用してもその財が減少しないことを指すが、形式知が公開されたとすれば、それを理解することによって、誰もが形式知を手に入れることができ、そのことによって形式知は減少しない[23]。

　形式知に関する第二の特徴として、形式知の公開前と公開後の特徴の差異がある。事前的には、秘匿された情報であったものが、事後的には公開された情報となる。ノウハウが特許として販売可能になる場合や、特許の有効期限が切れて利用可能になる場合などが、この例に該当する。

　したがって、第三に、形式知の出し手と受け手の関係は、形式知が移転する前と後とでは大きく変化する。形式知を公開してしまった出し手からすれば、形式知とは情報の1つにすぎない。出し手の立場からすれば、その形式知はすでに理解し終わったものであり、新たな認識を付加するものではない。他方で、受け手の側からすれば、受け取った情報が知識となるかどうかは、受け取った本人の理解度に依存する。外国語で書かれた文書、ソース

---

[23]　たとえば店舗に並んだ商品は、その商品に関する情報と知識を潜在的な顧客に与えるという意味に限定したとき、排除不能性と非排他性（非競合性）を満たしている。誰かが商品を見ているときに自分も商品を見ることができ、誰かが商品を見たからといって商品の価値が減じることもない。「見くらべる必要性」のコストは移動時間に依存する。秋葉原の電気街や、新宿歌舞伎町の歓楽街も、この「見くらべる必要性」から説明できる。狭い街に店舗が集積することによって、価格探索のコストが低下する。電気製品の品質や性能、料理の内容やコストなど、多様な情報を手に入れることができる。知識が公開されていなければ、あるいは、暗黙知の形態によって公開することができなければ、排除不能性と非排他性（非競合性）は成立しない。知識を持つ者は持たざる者を排除でき、知識を持つものから知識が漏洩すれば、その価値は減少する。この点は、本書第4章で再び詳論する。

コードやプログラミング言語、音符や囲碁・将棋の棋譜など、受け手に理解力がなければ意味不明な文書の例を挙げることは容易である。公開された形式知であっても、その内容は受け手の理解度に依存して伝達される。すでに例として挙げたように、「$e^{(\mu-x)^2}$ を x で微分すれば、$-2(\mu-x)e^{(\mu-x)^2}$ になる」ことを情報として転記することができるだけの人と、そのプロセスを理解して検算できる人とが存在する。暗黙知の伝達、これは野中・竹内（1996）の用語法では共同化であるが、それが確実に行われているかどうかを確認する作業は、形式知の理解を確認する以上に困難な課題であるのだが、形式知の伝達、すなわち野中・竹内（1996）の用語法における連結化も、知識が複雑化すればするほど、かなりの時間を必要とする作業になる。「現場」に身を置くことは、この理解力を高めるうえで重要な学習機会を与える。

　こうした特徴を踏まえると、シュンペーターが述べた新結合の内的な構造を理解することができる。新結合は、知識の結合によって生み出される。原子核に陽子と中性子があるように、知識にも暗黙知と形式知という型があることが主張されてきた。しかし、その結合の仕方にどのようなパターンがあるのかは必ずしも明確ではなかった。ここでパターンとは、ハイエク（1986）の言う「安定的な構造の一定の諸型」である。知識が生産要素であり、かつ、組織内での公共財として機能していれば、知識を新たに結合したとしても何かが減少することはない[24]。

　ワルラスは技術進歩を捨象し、シュンペーターは新結合という概念でそれに代替した。本書は、技術進歩の背後にある知識の結合をいくつかの具体的なレベルで説明しようと試みるものである。その際に集合知に関する研究を参照し、その役割をタイプ別に示したい。シュンペーターは静態的な経済の循環を想定した。その論理的な帰結として、既存の生産要素を新たに組み合わせるという側面が重視された[25]。しかし、シュンペーターが例示した「新結合」以外のイノベーションの源泉もある。それが共生知の創造につな

---

24) クオーツや液晶といった要素技術が、時計や計算機のディスプレイに組み込まれてきた産業史は、知識を利用した一例である。前者については新宅（1994）、後者については沼上（1999）の研究がある。
25) プログラミング言語が存在するなかで、新たなサーチエンジンを開発する事例なども想起される。

がり、企業家の群生という現象につながりうる。

　意外なことであるかもしれないが、静態的な経済のなかで、シュンペーターが見落としていたのは、研究開発という活動である。『経済発展の理論』を注意深く読むと、「研究開発」という用語が登場しないことに気づく。なぜか。

　理由の第一は、「新結合」という用語のなかに暗黙のうちに研究開発過程が埋め込まれていると考えられることである。

　第二は、シュンペーターが議論していたのは「経済」の発展であり、技術の発展や、個別企業の発展ではなかった、ということが言える。

　第三は、「新しい発見」という表現は「新しい生産方法」のなかに見られるが、発明や発見が散発的であるということをも、同時に含意している。あるいは、シュンペーターが『経済発展の理論』を著した 1926 年は、世界大恐慌の前であり化学産業や製薬産業の勃興による組織的な研究開発という試みが稀であったことを反映しているかもしれない。大企業による研究開発の重要性は、後年のシュンペーターの著作にみられる特徴である[26]。

研究開発の経済的特徴

　研究開発は、投資の一種であるが、そのリターンは長期にのみ得られ、そのリスクは著しく高い。研究開発という活動は、道路をつくる公共投資よりも、成果の見えにくいものである。才能のある研究者によって研究開発資金が費消されたとしても、その成果は学術的な成果にとどまるだけの場合も多い。仮に無能な研究者によって費消されれば、研究開発資金は、失業者救済と同じ効果を持つにすぎない。

　シュンペーターが理論的な出発点とした「静態的な経済」のモデルに、もしも、研究開発活動を埋め込んだとすれば、その時点で経済は「静態的」であることを許されなくなる。研究開発にどこまで資金を投下するかの意思決定が企業家と経営者の役割となれば、そうした経済が「静態的」になりうるのは、研究開発活動の経済的な成功が、ある確率分布にしたがっており、か

26）　この点の指摘は清成（1998）に依拠している。

つパラメーターが安定的なときに限定される。

　シュンペーター（1926）第 2 章の新結合に成功した企業家に資金を供与していた資本家や金融市場は、いまや、第 3 章においては、成功をする前の企業家に貸し付けるか否かという判断に迫られる。第 4 章の企業家利潤あるいは余剰価値は企業家から生まれるのではなく、貸し付けられた研究開発投資のうちの本来的な研究開発活動の残余として分配されることになる。利益を生まない企業活動が存続するならば、第 5 章で示される資本利子はゼロの近傍に位置しておかしくない。第 6 章の景気の回転は、研究開発活動の成功にともなう好況期の到来か、研究開発活動の低迷にともなう累積債務の増大か、という岐路を描くことになろう。

　研究開発活動が成功した場合、新たな要素技術が生まれる。すなわち、外延的な経済の拡張を仮定しなくとも、一国経済に存在する生産要素が増加することになる。それは、新結合の可能性を、既存の生産要素の数だけ増やす。既存の生産要素の組み合わせが考えられているのならば、幾何級数的に新結合の「場合の数」を増やすことになる。

　シュンペーター体系への疑問をまとめておこう。新結合において結びつけられる物質の背後には、それを可能にしている知識があると想定されるが、その結合の仕方にはどのようなパターンがあるのだろうか。結合パターンを仮説として設定することによって、どのような分析的な洞察を得ることができるのだろうか。この点は、本書第 2 章から第 5 章にわたって詳論したい。各章では結合パターンを生み出す原理と、その事例を紹介することによって、将来にわたる企業戦略の指針となりうる含意をまとめたい。

第 5 節　集合知の循環

自己組織化と創発

　集合知をめぐる先行研究をサーベイすると、集合知形成による運動を理解することができる。集合知が提案される過程での自己組織化と、自己組織化が成り立ったのちの創発とが一体化していることがわかる。自己組織化と創

第5節　集合知の循環

第1-1図　集合知の循環

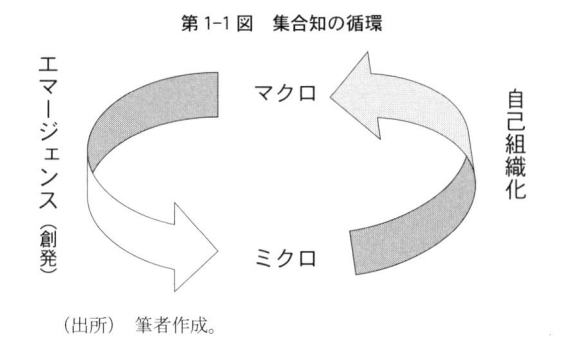

エマージェンス（創発）　マクロ　ミクロ　自己組織化

（出所）　筆者作成。

発については、それぞれ独自に議論が展開されてきたが、その両者の関係を集合知として理解することができる。

　第1-1図には、集合知の形成プロセスとしての自己組織化と創発との関係を示した。ミクロの主体が知識を提出し、それが集合されることによって自己組織化が行われる。その自己組織化された知識のあり方は、マクロのシステムとしてミクロの主体に制約を与える。

　自己組織化とは、一定のパターンが複製されていくこと、と定義できる。その形態には、さまざまなものがあるが、フラクタルとよばれる形式は、同じ形態をもった形が多数繰り返されていくことによって生まれる全体としての造形である。ある単一の形式が複製されていく、という過程は、我々の生活でも多数観察することができる。たとえば、駅前の町並みが類似したものに見えるのは、こうしたフラクタルの1例である。フランチャイズ・システムとよばれる同一店舗の展開も、その事例として理解することができる。こうした事例のあり方については、以下の各章で再論する。

　創発とは、進化の過程において突然変異した1つの種が、次世代以降に影響を及ぼすことを指す。この概念を、企業経営に援用すれば、創発とは、ある1つの新しい経営形態が以降の経営に影響を及ぼすことと定義できる。創発は、戦略と対比されるべき概念である。戦略が人間の意図によって生まれるものであるのに対して、創発は意図せざる結果として生まれる。それは進化の過程に生物の意図が反映されていないことに等しい。知識創造は目的意識的活動であるが、知識の創発には偶発的な発見や目的自体の変更を含む。

集合知の類型

　集合知に該当する英語の概念も、collective intelligence, collective knowledge, collective wisdom という3種類がある。本章第3節にサーベイしてきた研究は、主としてcollective intelligence として集合知を論じた研究であったが、collective knowledge によって集合知を論じた研究もある。

　ファン（Huang, 1997）はIBMコンサルティング・グループによる知識共有やチェスの世界チャンピオンに勝ったスーパーコンピューター・ディープブルーの例を挙げながら、集合的に組み立てられた情報とプログラムが、暗黙知に勝ることを指摘している。アントネッリ（Antonelli, 2007）は、企業がネットワークを形成することによって集合知（collective knowledge）を蓄積し、生産可能性フロンティアを変化させることによって不連続な技術進歩をなしとげる可能性を論じている。

　本稿では、以下、集合知と述べた場合、collective knowledge を意味するものとして議論する。それは形式知（explicit knowledge）、暗黙知（tacit knowledge）に連なる知識管理理論の系譜として集合知（collective knowledge）を位置づけたいからである。

　以上にサーベイしてきたように、集合戦略の理論と集合知の理論は、それぞれ独自に考えられ、また、独自の応用領域における実証研究として発展してきた。本書では、以下、集合戦略に依存して集合知の結合パターンが異なる、という命題を主張したい。

　アストリー＝フォンブルン（1983）による集合戦略には同盟型、集積型、接合型、有機型という4つの類型があった。筆者は、同盟型に対応する集合知のあり方を共有知（shared knowledge）、接合型を共生知（symbiotic knowledge）、集積型での結合パターンを現場の知（local knowledge）、有機型の場合をコモンナレッジ（common knowledge）と呼びたい（第1-4表参照）。以下にその論理の概略を説明するとともに、定義を述べる。

共有知

　同盟型集合戦略における知の結合を「共有知（shared knowledge）」と

第1-4表 集合戦略と集合知の類型

		相互依存の形態	
		片利共生的 Commensalistic	共生的 Symbiotic
提携のタイプ Type of Association	直接的 Direct	(同盟 Confederate) 共有知 Shared knowledge	(接合 Conjugate) 共生知 Symbiotic knowledge
	間接的 Indirect	(集積 Agglomerate) 現場の知 Local knowledge	(有機 Organic) 常識 Common knowledge

(出所) アストリー＝フォンブルン (Astley and Fombrun, 1983) をもとに筆者作成。

呼びたい。共有知とは、組織の構成員がもつ専門性を基盤として、その相互触発の過程から生まれる知識と定義できる。組織メンバー間における知識共有の事例としては、トヨタ生産システムを挙げることができる。トヨタにおける集合知の特徴は、生産技術者と作業者との同盟型集合戦略が成り立ち、固有の言語が開発されてきたことである。こうした事例を第2章において論ずる。また、企業の外部から観察可能な事例としては、国際航空会社のアライアンスのために構築された情報システムや、日本の四大新聞社がロイターからの配信を利用する状態にみることができる。本書第7章においてモデル化したときに念頭においたのは、こうした事例である。

共有知とは、同盟型集合戦略のもとで組織構成メンバーが具体的な知識を共有し、新たに創造していく過程で生まれる知のあり方である。したがって、同一産業における集合戦略として同盟型戦略が採用された場合、製造目的となる製品種類が明確に限定される。そのために、改良や改善、新たな機能を付加するといった持続的イノベーションが積み重ねられる場合が多い。野中・竹内（1996）による知識創造の事例研究は、ほぼこの類型に該当するものである。

共生知

接合型集合戦略とは、異なる業種・異種の組織に属する人々による直接的な協働作業を意味し、共生知（symbiotic knowledge）とは、その結果として生まれる集合知である。すなわち、共生知とは、合目的的な意図を有し

た異分野からの参加メンバーによって接合され創り上げられた知識のことである、と定義できる。共生知を生み出すことによって、参加メンバーは、より高い経済厚生を手にいれるか、あるいは、生存を確保する。本書第3章において共生知を論ずる。

現場の知

「現場の知（local knowledge）」とは、集積型集合戦略によって形成された知であり、特定の現場（local place）を認識しつつも契約を結んでいない参加者（habitant）が相互に行動パターンを模倣しつつ、新たな試みを創造するなかで生まれる集合知である、と定義できる。

集積型集合戦略のもとにおける「現場の知（local knowledge）」は、ソーシャル・キャピタルやクラスター形成の議論に親和性が高い[27]。あるローカルな地域に特定の産業集積が形成されているという事実は、マーシャル以来多くの研究者が指摘してきた。外部性の概念は、そうした集積の存在を説明するものであり、片利共生的でもある。集積型は、同盟型とは異なって直接の契約や提携関係がない状況で現場の知が形成されていく状態である。本書第4章において、これらの論点をさらに詳細に論じたい。

コモンナレッジ

「コモンナレッジ（common knowledge）」とは、特定の組織関係が希薄であり、社会のなかで内生的に伝播した知識である、と定義できる。

有機型集合戦略によって生まれる集合知は、コモンナレッジであり、共通知識、あるいは「常識（common knowledge）」とも訳されるものである。有機型集合戦略とは、産業連関表に示されるように、まったく関係のない産業が経済全体での投入・産出「関係」として結びつけられた状態、あるいは、携帯電話を利用する人々や企業のように不特定多数の産業による需要と供給とが結びついて内生的に成長する状態を意味している。本章第3節の

---

[27] たとえばケニー（2002）がシリコンバレーにおいて観察したのは、集積した産業において共通の指標をもちやすく、何について競争しているのかが明確である、という事実である。

サーベイに登場したように、インターネットを媒体としてウィキペディアに集積された情報もその端的な例として挙げられうる。さらに、神話や伝承、祭りや風俗・習慣なども多数の人々によって伝承されてきたという意味で集合知の一形態とみなされうる。本書第5章において、これらの論点を扱う。

　集合知（collective knowledge）は、リアルな社会にも、また、ヴァーチャルな世界にも存在する。言葉として表現された形式知をインターネット上のサイトに書き込み、閲覧することが可能な場合に、集合知は複数の人々によって共有される。また、インターネット・サイトにアップロードされた動画からは、暗黙知の共有も可能になっている。言葉にならない暗黙知を、ヴァーチャルな経験を通じて共有することが可能であろう。ポランニー（1966）による暗黙知の例示が「顔」の認識であったことに注意すれば、複数の人々が1つの画像をみて言葉にならない知識を共有することもできている。こうしてみると、集合知の概念は、形式知と暗黙知という二分法とは異なる次元を有していることがわかる。

相対化の必要性

　共有知・共生知・現場の知・コモンナレッジという4つの定義を行うと、その定義の段階で、ただちに集合知の結合タイプに応じた特徴があることがわかる。

　第一は、参加者の凝集性に差があることである。凝集（cohesion）とは、特定の集合戦略への参加メンバーが、その集団から離れようとするときに機会費用が大きい場合を指している。共有知を獲得する場としての企業という集団から去る従業員は、生活の糧を得る手段を失うという大きな機会費用に直面する。現場の知を獲得するための企業の立地選択も、いったん決定されたならば凝集性が高いものとなる。取引先企業に隣接した立地を選択した場合や、政府主導の産業誘致に対応して経済特区、輸出加工区、工業団地、リサーチパークなどに立地した場合には、ロックイン効果（非可逆的固定性効果）によって立地の移動には大きなコストがかかることになる。共生知を得るために組織間のプロジェクトに参加する場合、そして、コモンナレッジを獲得するためにインターネットに書き込みをするかしないかという判断をす

る場合の順に、特定の集合戦略への参加をやめることに伴う機会費用は少なくなる。

　第二は、参加者のコミュニケーション方法に差があることである。タルド（1901）は、肉体的な近接性をともなう可視化された人々の集まりを群集と呼び、新聞や世論によって動かされる人々を公衆と呼んだが、共有知、共生知においてはフェイス・トゥ・フェイスの意見交換が重要であるのに対して、現場の知では経済活動による取引関係、コモンナレッジではインターネットを媒介とした情報交換が重要になっている。

　第三に、専門性の違いがある。専門性の高さという意味からは、共有知と共生知とを分ける基準は明確なものではない。たとえば、自動車生産におけるエンジンの生産とシートの生産は、同一産業に属するという意味で共有知であるが、2つの財にまったく代替可能性がないという意味では共生知である。共有知と共生知を分ける基準は相対的なものでしかない。共生知を特徴づけるのは、専門分野の多様性であって、たとえば、映画監督とプロデューサーの行う仕事の違いは、共有知と共生知の違いに対応する。映画監督は映画という作品の制作に必要な人々を集め、全体を指揮する。映画制作という専門分野に特化した人々と共有知を持ち寄ることになる。プロデューサーには資金調達という重大な仕事があり、その意味で映画制作とは異種の専門性が必要になる。

　以下、第2章から第5章にかけて、4つの集合戦略とそれに対応した集合知の具体例を説明したい。それぞれの集合知のパターンが生まれる原理[28]を指摘し、その事例をとりあげる。それを踏まえたうえで新たに集合知を生

28）　ここで筆者がいう「原理」とはコトラー＝アームストロング（Kotler and Armstrong, 1996）がマーケティングの諸原理（principles of marketing）と表現するものと同じ内容である。同書には、各章においてマーケティングの実務に関連する多数の原理が記されており、それは場合分けされた局所的な知識の集合体である。そうした意味での「原理」とは、言語における熟語や言い回し、囲碁や将棋といったゲームにおける「手筋」や定石ないし定跡、高校野球での「セオリー」、数学の公式、化学の反応式といったものに近い。これは、言語における文法、囲碁・将棋・野球におけるゲームのルール、数学の演算規則と数の概念、化学の元素周期表と原子量といった基底的認識とは異なる。筆者は、ある限定された局面において目的に対する効果を高める方法の存在理由を説明するもの、といった意味で原理という単語を用いている。以下の各章では、唯一絶対のものとしてなんらかの原理を提示しているのではないことを強調しておきたい。

み出すための統御方法をまとめる。第6章において、ふたたび序章および第1章に紹介した集合知の議論を振り返り、本書序章および第1章で提起した疑問への解答を提示するとともに本書独自の発見をまとめる。第7章では補論として知識のコラボレーションに関する数理経済学的分析を提示する。

第 2 章
共　有　知

第 1 節　原　　理

組織化の必要性

　共有知は、組織に参加する個人が相互に知的刺激を与え合うなかで生まれる。ある個人が別の個人に対して与える知的刺激があり、それに対する知的な反応が生まれるときに、組織のなかに 1 つの文脈（context）が生まれる。こうした文脈を理解する複数の参加者が、特定の問題解決に協力したときに単独の個人では生まれ得ない新たな知が創造される。

　企業組織における特定の問題解決は、将来のビジョンを上位の目標として発想される。解決するべき業務上の課題、改善されるべき業務プロセスの発見、構想されるべき新製品や新たなシステムの開発目標といった課題は将来のビジョンに影響される。コスト削減や開発目標は知的刺激として機能する。知的な反応を支える要因は、自分が持っている知識を使う快感、組織に貢献して感謝される感覚、知識を用いたコミュニケーションによる帰属意識、職位に応じた義務（ノブレス・オブリージ）といった内的な充足感と、昇進への期待、褒賞金、表彰による名誉といった観察可能なインセンティブとに分けて理解することができる。

　知的刺激を与える人が誰になるかは、確定的なものではない。会社のトップ経営者が目標を提示する場合もあれば、現場の作業者が業務プロセスに疑問を提起する場合もある。ミドル・マネジメントが重要な役割を果たすのは、ラインの作業者による問題発見を無視するか、あるいは、組織的な課題として取り上げるかの判断が委ねられているからである。ミドル・マネジメ

ントがラインでの問題発見を無視し続ければ、問題を発見したライン作業者が離職して、問題を感じない作業者に置き換えられる可能性もある。その逆に、問題を組織としての解決課題として取り上げれば、問題発見をした作業者のモチベーションは上がる。どこまで些細な問題を組織的な課題として取り上げるのか、の判断がミドル・マネジメントの課題になる。

ミドル・マネジメントはトップの提示するビジョンを無視することもできる。逆にプライベートな時間を割いてビジョンを支持することもできる。ミドル・マネジメントは組織化のキーパーソンであり、同盟型集合戦略の強度を決定づける。

知的反応は、共有知の創発に限らず、一般的な人間の行動にみられる。これは、現場の知、コモンナレッジ、共生知のいずれの場合にも生まれている。知的反応は、自分の知っていることを問題解決に利用する、という快感に依拠している。パズルや知的なゲーム、推理小説などでは、この快感を得るために金銭の支出が行われている。人間は、お金を払ってでもパズルを解く快感を得る動物である。こうした快感をどのような「場」で組織するかによって集合知の四形態が生まれる。共有知は、凝集性と専門性が高く、フェイス・トゥ・フェイスのコミュニケーションのもとで創造される。

組織と共有知

共有知は、組織が形成されて、そこに参加する個人が相互に知的刺激を与え合うなかで生まれる、と述べた。知的刺激を与え合う環境では、多くの場合、組織が形成されている。むしろ、組織は知識なしには存立しえないとも言える。組織学習に関する研究がテーマとしてきたのも、個人の集合体としての組織がいかに集団としての優れた学習能力を発揮するか、という疑問であった[1]。バーナード（Barnard, 1938）は「組織とは2人以上の人々の意

1） リー＝ロス（Lee and Roth, 2007）を参照されたい。彼らも拡張学習の重要性を指摘する文脈でエンゲストローム（Engeström, 1987）を引用しているが、筆者も別の著作においてエンゲストロームの拡張学習に言及した。それは洞口編著（2008）であり、同書では筆者の奉職する大学における学部ゼミナールの運営方法を論じた。同書に記録したことであるが、学部ゼミナールにおいて筆者が学生諸君とともに得たものは、共有知の一形態であったのかもしれない。

識的に調整された活動や諸力の体系」と定義し、公式組織は、共通目的、協働意欲、コミュニケーションという3つの要因を満たしていると述べた。このように組織が形成されている状況のもとでは、組織に参加する成員の間には、「事前的」には共通した知識は生まれていない。共通の目的を持ち、コミュニケーションをしながら、ともに働くというプロセスを通じて、コミュニケーションのあり方に応じた暗黙知と形式知の双方が創造される。文字を使ったコミュニケーションによって形式知が生まれ、共通の体験によるコミュニケーションによって暗黙知が生まれる。

　しかしながら、このようにして生まれた共有知が、個人の作り出す知識よりも質的に高いものであるのか否かは、必ずしも自明ではない。単独での活動と比較して、共同作業の場合にはマンパワーが多い。3人の単独作業の合計と、3人の共同作業の合計とを比較しなければならない。さらに、創発を考察する場合には、3人の単独作業によって生まれた知的活動の成果と、3人の共同作業による知的活動の成果とが質的に比較されなければならない。

　実験的な空間を準備することによって、こうした条件をつくりあげようとしてきたのは認知科学の研究者である。植田・岡田編著（2000）は、実際の「協同」行為を行うグループと、機械的な集約のみを行うグループを比較し、必ずしも前者が後者を上回らない場合があることを示した複数の研究を収めている。同書に収められた三輪（2000）によれば、「一般的にみて、実験空間が共有されるだけでは、いかなる方略の組合せにおいても、創発は生じないばかりか、むしろ独立条件のほうが、協調条件よりも高いパフォーマンスを示す場合があることがわかる」（99ページ）としている。ただし、実験回数が多くなった場合には、創発の可能性があることを示唆してもいる（99ページ）。ここで確認すべき点は、共同作業が必ずしも共有知を生み出さないことである。

組織目的

　共有知は、目的意識的な活動によって生まれる。経営のリーダーシップをとるものが、組織のなかに知識を創発させうる活動を目的意識的に採用することによって、共有知を生みだす基盤が形成される。ただし、こうした基盤

があるだけでは、認知科学の研究者たちが指摘するとおり、生み出された共有知が高い水準のものであるとは限らない。

　企業内で生み出される共有知の水準が高いものになる理由は、以下の3点に求められる。

　第一に、企業は採用選考によって、より優れた人材を選択しようとしている。職務内容、賃金、職位、会社の知名度などの様々な条件によって優れた人材が特定の企業に集まり、そうした「ザ・ベスト・アンド・ザ・ブライテスト」が新たな技術開発を行う場合には、問題解決能力を備えた人材が企業に新たに加えられることになる。そうした企業で成功した技術開発が、イノベーションとして紹介されることになる。

　第二に、企業は適者生存の競争にさらされている。適切な共有知を生み出すことのできない企業は淘汰される。地方都市の国道沿いを車で走れば、閉鎖されたレストランやラーメン屋を見ることができる。その逆に、人々が行列をつくるレストランやラーメン屋もある。水準の低い共有知は、企業という組織によって永続的に伝達されることが許されていない。

　第三に、企業は特定目的のために外部の専門家を招くことができる。企業間取引、特許取得契約、専門的知識を備えたコンサルタントなどの経路を通じて、外部から共有知創発のために参加者を招くことができる。こうした活動の対象が、異分野に広がるときに、共有知は共生知へと転化するが、その点については第3章で詳述する。

分業 (division of labor) のもとでの知識の再統合

　多数の人間が異なる生産過程を担当し、生産性を上げる現象は分業 (division of labor) と呼ばれる。アダム・スミスによるピン（針）生産の事例がそれである。分業によって働く人々と、集合知にはどのような関係があるのだろうか。

　針の生産において、針金（ワイヤー）を切る人、焼き入れをする人、先端を尖らせる人、針の穴をあける人もまた分業をしている。作業者は、割り当てられた作業を作業時間の間に繰り返すことになる。その瞬間だけを捉えれば、そこに知的な活動が入り込む余地がない。つまり、静学的に捉えれば、

生産技術、生産管理、作業工程の管理という仕事は、職長をはじめとする経営側の仕事になる。こうした一方向のタスク決定では、作業者の発案を組織目的に取り込むことができず、タスク決定における作業者の自発性を促すこともできない。労働（labor）は苦痛であり、参加へのモチベーションは金銭的な報酬にのみ依存することになる。

共有知の創発は、分業が動態的にマネジメントされるなかで生まれる。逆説的ではあるが、分業が行われるときに共有知が創発される。その主体は、作業者である。個々の作業者が、自らの「現場」を持つことによって、ハイエクが指摘したように個別の知識を獲得することになる。もしも、職人による作業のようにすべての作業が1人で行われるならば、集合知が発揮される余地はない。そこには個人の知が存在するだけである。複数の作業者による同盟戦略（confederate strategy）が作業場で成立するためには、作業が分割されていなければならない。

静学的に叙述した場合の分業と、動態的にマネジメントされた分業には、多能化の可能性に限界があるか、ないか、という違いがある。1人の作業者が複数の生産工程を担当できるようになることを多能工の育成というが、そうした多能化によって従業員が担当できる職務が広がると、別の作業者のやり方を改善するアイデアを持つことができる。針の生産において多能化が実現すれば、穴をあける人がワイヤーを切ることもできるし、焼入れをすることもできる。すると、ワイヤーの切り方や焼入れの方法に改善の余地があるかないかを判断することができる。

分業のもとにおける共有知創発は、担当作業の割り当てが決まったのちに「工夫の余地」がどれだけあるか、によって生まれる。ピンの長さ、針の太さ、穴の大きさなどは、分業が行われる前に決定されており、作業者がそれを変更させることはできないように思われる。しかし、実際には、作業者はより正確な作業によって不良品を発生させないようにするという課題に応えるとともに、生産性を上げようとするインセンティブを持つ。経験曲線によって生産性が上昇すれば、作業者はその分の時間を自分自身の裁量のもとで利用することができる。また、他の作業者との競争に優れていることを示して昇進や賃金・ボーナスを得たり、自尊心を満足する場合もある。

ある作業者が慣習的に行ってきたやり方が手間のかかるものであったり、不正確なものであったりすることは、別の作業者がその職務を担当することで指摘可能になる。すなわち、それらの職務に固有な暗黙知を獲得する者が指摘できるのであるが、そのうえで、他の作業者のやり方を改善する機会が与えられる。それは、第一にはその作業者が昇進して、作業改善の権限を得て可能になるが、第二には日本企業に典型的にみられる改善提案制度によって可能になる。この点については、本章第2節において詳述する。

分業の初期段階では作業が割り当てられているが、共有知が創発されるような協働の現場では、参加者がそれぞれの知識を持ち寄って生産性を改善することが可能である。

第2節　事　例

競争力の決定要因

個人で活動する画家、小説家、音楽家は、世界各国に存在する。芸術家は、その国籍がどこであれ、世界を舞台に活躍する。陸上競技のような個人競技のアスリートたちがオリンピックで活躍する姿を見ても、彼ら・彼女らの国籍は世界各国に散らばっている。そうした個人の活躍に比較すると、産業の発達は、はるかに国ごとの偏りが大きい。なぜ国際的に通用する自動車を生産できる国が、世界の中でわずか数カ国に限られているのだろうか。自動車の設計・開発をリードするのがアメリカ、ドイツ、日本、フランス、イタリア、スウェーデンといった国の自動車メーカーであり、そうしたメーカーの自動車は世界各国で輸入されている。こうした国々から進出した多国籍企業が、受入国の企業と合弁生産をし、高い関税率に保護されてローカル・メーカーが国内市場向けに生産を行う国もある[2]。しかし、自動車の設計・開発能力を有し、国際的な市場シェアを獲得している企業と、その母国は限られている。

2）　アセアン自由貿易地域の影響については洞口・下川編 (Horaguchi and Shimokawa, 2002) を参照されたい。

第2-1図　共有知の循環—生産システムの事例—

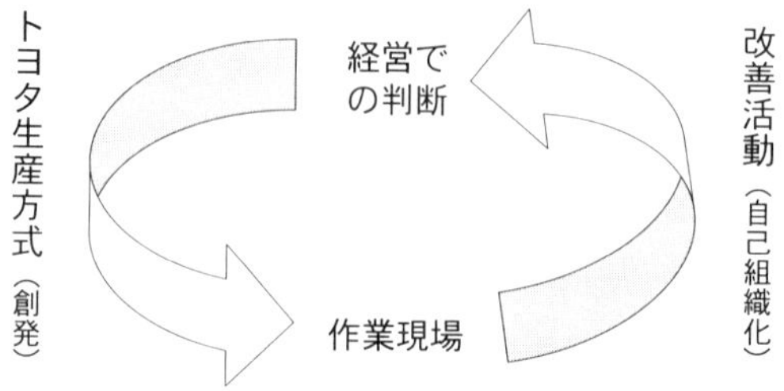

トヨタ生産方式（創発）　経営での判断　改善活動（自己組織化）　作業現場

（出所）　筆者作成。

　製造業は、多くの人々の協働によって成り立つ。その協働のあり方から、製造業に必要な知識が蓄えられ、企業の競争力が定まる。共有知を創り上げることの巧拙は、企業の競争力を定める。1つの目的のために集まった多数の専門家が、新たな知識を創り上げる。共有知の事例は、空間的に閉ざされたなかでの協業関係にみることができる。工場、大学の実験室、企業の研究所、レストランの厨房、事務所、音楽スタジオなどはその例である。空間的には隔たっていても、無線やインターネットで情報が行きかい、そこで知識として蓄積されていく事例もある。無線タクシーの配車、航空管制のノウハウ、インターネット・サイトでの物販、社内イントラネットによる情報共有と書き込み、といった例もある。登山隊や自動車組み立てラインでのグループ作業のように暗黙知を共有する場合もあれば、マニュアルの変更作業のように形式知が共有される場合もある。

生産システム

　日本企業は、製造業の分野で共有知を創り上げることに巧みであった。信夫（2003）は電機製造の分野におけるセル生産システムを調査・研究し、その特徴を自己集合とコーディネーションにあると指摘している（220ページ）。藤本（1997）は「摺り合わせ」と呼ばれる知識の結合を重視し、トヨタ自動車の製品開発組織を分析するなかで創発を強調した。トヨタ生産システムの進化プロセスにおける創発が重視されており、トヨタの工場内部で独自の知識が共有（share）されてきたことを示唆している。

三品（2006、79ページ）は、トヨタ生産システムを論ずるときに、部分と全体との関係に言及している。三品はトヨタのケンタッキー工場における長期の観察を通じて、全体を部分に分解してもトヨタ生産システムを「わかる」ことにならないことを強調した[3]。すなわち、トヨタ生産システムで創り上げられていたものは、マクロの自己組織系がミクロの作業活動のあり方を支配し、ミクロの作業組織からの改善提案がマクロの生産技術を進化させてきた創発の状態とみることもできる。

　生産システムの進化は、共有知の創発過程として理解することができる。共有知の創発過程として具体的に観察可能な形態としては、小集団活動や提案制度がある。自動車工場の生産現場では、こうした小集団活動の実績を知ることができる[4]。自動車組み立て工場を見学すれば、作業場の一角には改善前と後の状態を示したボードが設置されており、グループで工夫した結果であることが強調される。たとえば、組み立てラインではラインのスピードにあわせて移動する部品ラックが作業者たちの提案によって制作されたことが紹介され、溶接のラインでは溶接ロボットの生産効率を高めるためのジグが製造されたことが紹介される[5]。

　トヨタ生産システムにおける共有知の特徴は、作業者と生産技術者の同盟戦略が成り立っている場において固有の言語が開発されてきたことであろう。かんばん、ぽかよけ、あんどん、号口（ごうぐち）、外段取り・内段取りといったトヨタ生産システムにおける固有の語彙が創発されてきたことによって、作業

---

[3]　日米欧の自動車製品開発を比較したクラーク＝藤本（Clark and Fujimoto, 1991）第10章のサブタイトルも「部分と全体」である。トヨタ生産方式を稠密に観察した研究者らに、共通した感覚が生まれるのかもしれない。
[4]　1980年代後半から2000年代に至る期間に筆者が訪問し、工場を観察した自動車組立工場は、日本、韓国、台湾、中国、フィリピン、タイ、インドネシア、マレーシア、オーストラリア、アメリカ、ドイツ、スウェーデンである。東南アジアではトヨタ、日産、三菱自動車など日系メーカーであったが、韓国では大宇自動車、中国では長春汽車、アメリカではポンティアック、ドイツではフォルクスワーゲン、ダイムラー、BMW、ポルシェ、アウディ、スウェーデンではボルボといった現地メーカーを含む。日系自動車企業では、ほぼ例外なく改善活動が実施されていた。フィリピン、タイ、アメリカ、フランス、オランダ、スウェーデンにおける自動車産業の調査については洞口（1991、2000、2003）を参照されたい。また、巻末付録第2表には、2005年から07年にかけての日本とドイツにおける自動車産業の工場見学記録をまとめた。
[5]　2007年9月28日、および、08年2月6日、トヨタグループのセントラル自動車での工場見学による。トヨタ自動車元町工場には2005年6月28日、06年3月8日、07年3月16日に訪問した。

者が共有する暗黙知を形式知に転換する努力が払われてきたことがわかる。トヨタの工場内部では知識が共有（share）されている。ここでは暗黙知から形式知への転換が集合的に行われていることになる。

提案制度

製造業における共有知創造の方法として提案制度を挙げることができる。提案制度とは、作業場における改善提案を作業者が提案し、その解決策を作業組織のなかのグループを中心として解決する制度のことである。改善提案の重要度に応じて報奨金ないし奨励金といった名目での褒章が与えられる。提案制度は、小集団活動の一形態あるいはその構成要素として理解されることが多い。

提案制度について継続的な調査を行ってきた団体としては日本 HR 協会がある。同協会の 2007 年度調査に回答した事業所数は 593 事業所であり、各事業所での 1 年間の提案件数の合計は 1156 万 8489 件であった。第 2-1 表には、日本 HR 協会のアンケート調査および小集団活動と提案制度の歴史的データを分析した明石（1996）をもとに、その後 2007 年までの提案件数上位 10 社を掲げている。明石（1996）は、日本 HR 協会の集計するデータをまとめているが、その件数には毎年の増減がある。明石（1996）によれば 1980 年代後半に増加したのち 1990 年代には低下傾向にあった。第 2-1 表に明らかなように、1985 年度には上位 10 社のみで 2324 万件の提案件数、94 年度にも 1283 万件が記録されており、2007 年度調査による上位 10 社合計 515.6 万件を上回るだけではなく、上述した 593 事業所の総件数 1156 万件をも上回っている。

注目されるべきは松下電器産業（2008 年、パナソニックに社名変更）とトヨタ自動車が、第 2-1 表に掲載された 4 時点のすべてにおいて上位 10 位以内に顔を出していることである。1985 年度には松下電器産業が 664 万件で第 1 位の提案件数を記録しており、2007 年度でも 91.6 万件という水準を維持している。トヨタ自動車は 1985 年には第 4 位 245 万件であったが、2007 年には第 2 位となり 74.5 万件を記録している[6]。

6） なお、注意すべきこととして日本 HR 協会による調査方法がある。これは任意に回答を得る形式であるため、提案件数の多い企業ないし事業所が回答していないケースもあると考えられる。

第2節　事　例

第2-1表　日本HR協会調査による改善提案件数上位10社

(単位：万件)

順位	1970		1985	
1	松下電器産業	65.6	松下電器産業	664
2	住友金属	27.9	日立	433
3	神戸製鋼	17.7	マツダ	295
4	富士電機製造	12	トヨタ自動車	245
5	日本ビクター	5.8	富士電機製造	139
6	トヨタ自動車	4.9	日産自動車	129
7	日立造船	2.5	日本電装	120
8	東レ	2.3	アイシン精機	118
9	日本楽器製造	2.2	ブリヂストン	92
10	立石電機	2	キャノン	89
	上位10社合計	142.9	上位10社合計	2324

順位	1994		2007	
1	東芝	257	松下電器産業	91.6
2	松下電器産業	237	トヨタ自動車	74.5
3	マツダ	152	出光興産	69.1
4	中部コンピューター	118	矢崎総業	62.7
5	オーツタイヤ	117	グンゼ	46.6
6	出光興産	94	デンソー	41.8
7	トヨタ自動車	89	東海旅客鉄道	40.8
8	矢崎総業	81	ヤマハ発動機	34.5
9	三洋電機	76	富士重工業・群馬製作所	29.3
10	クボタ	62	小糸製作所	24.7
	上位10社合計	1283	上位10社合計	515.6

(注1)　1970年および2007年データについては、小数点第1位までのデータ。
(注2)　日本電装はデンソーの旧社名。松下電器産業は2008年にパナソニックに改称。
(出所)　明石 (1996) 第4表より1970、85、94年データを引用。原資料は日本HR協会『人と経営』、『創意とくふう』、『改善・提案活動実績調査レポート』各年版による。2007年度データは、日本HR協会、「2007年度改善活動実績調査実績レポート」http://www.hr-kaizen.com/jisseki.html より引用。

パナソニック、トヨタ自動車という日本を代表する企業の提案件数が多いことは、共有知を獲得するための古典的な方法として提案制度が機能してきたことを示唆している。インターネット社会における集合知創造の様式としてスロウィッキー（Surowiecki, 2005）が「群集の知恵（wisdom of crowd）」を議論するはるか以前から、日本では製造業の現場において共有知が創造されてきたことになる。593事業所での1年間の提案件数の合計1156万8489件という数字は、知名度の高いインターネット・サイトへのアクセス件数に十分に比肩しうる水準である。

提案件数が減少傾向にある理由としては、以下の要因が考えられる。

第一は、日本国内における事業所数の減少である。産業空洞化として知られる現象であり、製造業企業の多くが海外現地工場を操業し、日本国内の工場を閉鎖している。提案を行う従業員数が減少して、総提案件数が減少している可能性がある。

第二は、日本国内の事業所における派遣労働者の利用や構内下請けと呼ばれる作業プロセスのアウトソーシングが進んでいることである。将来にわたる雇用に不安を抱える派遣労働者には、改善提案に参加することがどのような意味を持つのか理解することが難しく、参加へのモチベーションが低くなる可能性がある。また、3カ月程度の短期間で雇用期間が終了してしまう場合、作業工程の理解をした時期には契約期間が終了してしまうことになる。

第三は、改善提案の重要性を吟味し、具体的な改善の方途を探し出そうとするミドル・マネジメントに、その時間的な余裕が与えられていない可能性がある。1989年にバブル経済が頂点に達したのち、低迷する経済状況のもとで人員削減が行われ、ミドル・マネジメント層には大きな職務上の負担がかかっているのかもしれない[7]。そうした状況のもとで、さらにラインから上げられる提案を選別し、解決策を練るためのコーチングをする余裕がない、という可能性がある。

---

7) クラーク＝藤本（Clark and Fujimoto, 1991）は、QCサークルは平常時に継続的な改善を行う場合には効果的であるが、ランプアップと呼ばれる新製品の生産立ち上げのような「有事（war time）」には意思決定が遅すぎるという問題点があることを指摘している。日本の場合には生産ラインの現場監督がワーカー、技術者、エンジニアを総動員して問題に対処するのに対して、欧米ではエンジニアが中心となってランプアップに対処するという（pp.202-203, 訳書、260ページ）。

第2節 事　例

　日本HR協会の2007年度調査には「1人あたり経済効果額（円）」が記載されており、回答企業の金額を並べることができる。トヨタ自動車や松下電器産業についてはアンケート調査への回答がなく、経済効果額の推定方法についても細かな記載はない。その意味で問題点が多いデータではあるが、回答した企業が一定の方法で推計を行った結果であることを評価するならば、経済効果の大きさを知ることができる。第2-2表には調査結果の概要をまとめた。

　第1位のアイシン軽金属では、759人の従業員によって14万7428件の提案があり、1人あたり経済効果額は639万2503円と推計されている。そのための「1人当たり奨金額」は3万0026円と回答されている。第2位は大同特殊鋼であり、経済効果額は534万8653円、奨金額は1万0107円、第3位のJALエンジンテクノロジーは、それぞれ462万9630円と3472円であった。

　このように回答された企業の「1人あたり経済効果額（円）」に「対象者数（人）」を乗じて各企業の合計を求めると1629億円であった。同様に各企業の「1人当たり奨金額（円）」に「対象者数（人）」を乗じた合計は30億円であった。単純に計算をすると奨金額に対して約54倍の投資効率があったことになる。約1600億円の純経済効果は、企業の持つ既存技術を改善した共有知のレント（差額ないし地代）である。

　共有知のレントは、提案[8]をした従業員と、その提案の意義を理解して実現した作業チームやマネージャー達から生まれる。たとえば、従業員1人あたり100件を超える提案を受け付けて、その優先順位を理解し、具体的な改善作業に取り組ませるように指示を与える作業は、負荷の大きなものである。そうした負荷をいとわないチームリーダー、グループリーダー、係長、課長、工場長といった集合知経営に携わる人々の活動がなければ、提案制度は維持できないように見えるが、その点は以下のように解決されている。

8）「提案」という単語は、企業経営という活動に対する別の表現とも解釈できる。市場が、企業の提案を受け入れれば、その企業は提案した商品やサービス、ソリューションを販売することができる。そのような理解のもとでは、市場が全体として集合知のあり方を決めている。市場システムは、ある文化的な結合をした範囲、つまり、典型的には1つの国における知識の水準を決定づけている。知識のあり方が市場システムの特性を決める自己組織化に類した側面と、創り上げられた市場システムが知識のあり方を決定づける創発の部分がともに存在する。こうした理解は開発途上国における市場システムの発達を支援するうえで重要であろう。

第 2-2 表　日本 HR 協会調査による 1 人当たり経済効果額上位 30 社

(単位：件、人、円)

	社名	改善・提案件数 (件)	対象者数 (人)	1人当たり改善・提案件数 (件)	1人当たり経済効果額 (円)	1人当たり奨金額 (円)
1	アイシン軽金属㈱	147,428	759	194.2	6,392,503	30,026
2	大同特殊鋼㈱	29,465	2,524	11.7	5,348,653	10,107
3	JAL エンジンテクノロジー㈱	575	648	0.9	4,629,630	3,472
4	㈱小糸製作所	246,574	3,784	65.2	4,571,786	11,636
5	㈱スタンレーいわき製作所	4,652	272	17.1	4,332,831	7,537
6	関東化学㈱草加工場	5,933	288	20.6	2,821,007	83,090
7	出光興産㈱	691,126	5,292	130.6	2,738,284	—
8	三協オイルレス工業㈱	4,196	333	12.6	2,234,985	8,168
9	㈱エイチ・アンド・エフ	21,320	335	63.6	2,227,463	14,149
10	豊臣機工㈱	10,436	953	11	2,227,377	3,778
11	㈱富士通ゼネラル一関・新庄工場	11,162	373	29.9	2,002,091	9,062
12	TCM ㈱滋賀工場	5,299	382	13.9	1,831,099	2,906
13	須山建設㈱	2,300	255	9	1,593,490	7,020
14	アイシン高丘㈱	40,993	1,714	23.9	1,581,593	8,057
15	日鍛バルブ㈱	61,313	668	91.8	1,525,539	13,159
16	アイシン精機㈱	141,615	8,850	16	1,494,473	7,608
17	長野電子工業㈱	27,832	459	60.6	1,486,819	25,664
18	トピー工業㈱豊橋製造所	15,162	613	24.7	1,386,444	56,117
19	㈱富士根産業本社工場	903	80	11.3	1,375,000	375
20	アイシン新和㈱	7,296	362	20.2	1,265,193	4,972
21	㈱プラノ	253	49	5.2	1,264,898	12,653
22	アイシン・エィ・ダブリュ㈱	103,383	9,004	11.5	1,220,878	5,342
23	万有製薬㈱妻沼工場	2,776	214	13	1,213,692	12,850
24	ゾーモックスジャパン㈱	420	25	16.8	1,200,000	122,000
25	サンデン㈱	50,031	1,951	25.6	1,167,319	6,750
26	大阪有機化学工業㈱大阪工場	1,396	99	14.1	1,141,616	12,525
27	オムロン山陽㈱	2,292	134	17.1	1,137,910	11,269
28	アイシン・エィ・ダブリュ工業㈱	21,141	1,380	15.3	1,051,826	5,761
29	王子特殊紙㈱江別工場	2,750	234	11.8	1,028,120	14,402
30	アイシン機工㈱	13,466	962	14	996,611	10,717

(出所)　日本 HR 協会、「2007 年度改善活動実績調査実績レポート」http://www.hr-kaizen.com/jisseki.html よりデータを整理して引用。

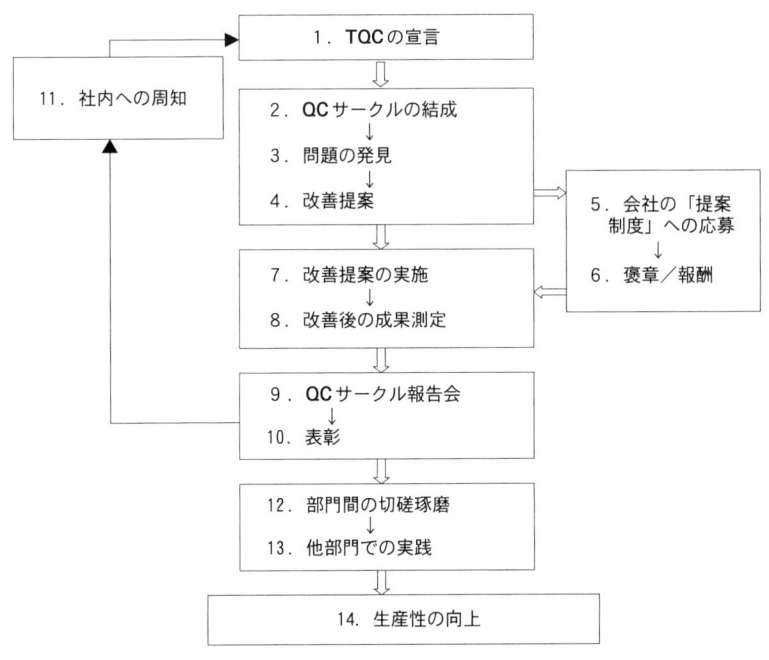

第 2-2 図　小集団活動による改善提案のプロセス

```
        ┌─────────────────┐
        │  1. TQCの宣言   │←──────────┐
        └────────┬────────┘           │
                 ↓                     │
┌──────────────┐ ┌─────────────────┐  │
│11. 社内への   │ │ 2. QCサークルの │  │
│    周知      │ │    結成         │  │
└──────┬───────┘ │     ↓           │  │
       ↑         │ 3. 問題の発見   │  │
       │         │     ↓           │  │    ┌─────────────────┐
       │         │ 4. 改善提案     │──┼──→ │ 5. 会社の「提案 │
       │         └─────────┬───────┘  │    │    制度」への応募│
       │                   ↓          │    │     ↓           │
       │         ┌─────────────────┐  │    │ 6. 褒章/報酬    │
       │         │ 7. 改善提案の実施│←─┼────└─────────────────┘
       │         │     ↓           │
       │         │ 8. 改善後の成果 │
       │         │    測定         │
       │         └─────────┬───────┘
       │                   ↓
       │         ┌─────────────────┐
       │         │ 9. QCサークル   │
       │         │    報告会       │
       │         │     ↓           │
       │         │ 10. 表彰        │
       │         └─────────┬───────┘
       │                   ↓
       │         ┌─────────────────┐
       │         │ 12. 部門間の    │
       │         │     切磋琢磨    │
       │         │     ↓           │
       │         │ 13. 他部門での  │
       │         │     実践        │
       │         └─────────┬───────┘
       │                   ↓
       │         ┌─────────────────┐
       └─────────│ 14. 生産性の向上│
                 └─────────────────┘
```

（出所）　筆者作成。

小集団活動に埋め込まれた提案制度

　集合知を機能させて共有知を獲得しようとする場合、小集団活動と提案制度という2つの改善活動の関係を整理しておくことは重要であろう[9]。端的に言えば、小集団活動が提案制度を包含する関係にあり、その逆ではない[10]。

9）　日本の小学生が学ぶ歴史には、すでに徳川家八代将軍、徳川吉宗による目安箱の設置が解説されている。農村支配の方法として五人組という制度が創出されたのも江戸時代のことである。製造業企業の生産現場においてみられる小集団活動と提案制度が、日本人の精神構造に深く根ざした方法として適用されてきたと結論づけたくなる誘惑にかられるが、あるいは、両者の間には全くなんの関係もないのかもしれない。目安箱とは密告奨励につながる統治手法であったかもしれず、五人組とは逃散を防止するための相互監視システムであったのかもしれない。
10）　竹川（2001）は小集団活動と提案制度との関係を調査したケーススタディである。たとえば、2000年当時、自動車メーカーC社の提案への報奨金は特級の30万円から9級の1500円と10級の0円という区分に分かれており、QCサークル活動と提案実績が人事考課の対象になることを記録している。

小集団活動が根づいていなければ、提案制度は適切に機能しない[11]。第 2-2 図には小集団活動による改善提案のプロセスをまとめた。個人による提案よりも、QC サークルといった小集団による提案活動が、より有効に機能する理由として、以下の 3 点が考えられる。

　第一は、提案をスクリーニングし、評価し、改善を実行するために評価者が必要になるためである。評価者としてミドル・マネジメントの役割は重要であるが、その段階に至る前に小集団が自ら評価者として機能しうることが重要である。それは言わばピア・レビュー（peer review）であり、仲間による相互評価である。第 2-1 表にあるとおり、2007 年度の実績で上位 10 位各社には 91 万 6000 件から 24 万 7000 件の提案があった。それだけ多数の提案になればミドル・マネジメントが直接に評価するのではなく、小集団活動の内部で提案の実行可能性や改善効果を議論するスクリーニングのプロセスが重要になる。

　第二として、小集団活動はブレーン・ストーミングの役割を果たして「モノを言いやすい」雰囲気を作ることに寄与するという理由がある。小集団を作ることによってコミュニケーションがはかられ、孤独な作業から改善という共通目標を持った「組織」への転換が図られる[12]。

　第三の理由は、小集団のなかで職場の先輩をロール・モデルにすることによって、提案活動の効果を昇進との関わりで知ることができることである。職場のなかで有能な提案者というロール・モデルが生まれると、それに追随する新たな提案者は、小集団活動による提案経験者とのコミュニケーションを通してキャリア開発への意欲を触発されることになる。

---

11)　松島・尾高編（2007）では 1956（昭和 31）年から 1991（平成 3）年までトヨタ自動車に勤務し、理事であった熊本祐三のオーラル・ヒストリーを作成している。それによると、トヨタにおける TQC の開始は 1961（昭和 36）年ごろであり、日科技連の強い影響があった、という。熊本からは、「会社の経営方針から始まりまして、開発・研究、生産技術、生産、財務、品質、営業、人事、会社の全ての組織に渡っての活動です」（55-56 ページ）、という証言を得ている。TQC の下位に生産職場での小集団活動が位置づけられる。提案制度は、さらに、その小集団活動の下位に位置する構成要素である。
12)　小集団活動は世界各国の製造業におけるデファクト・スタンダードにはなっていない。マレーシアの製造業企業における観察結果については洞口（2001b）を参照されたい。

要素技術開発―MEMS の事例―

　共有知に関する第二の事例は、製品開発の領域に求めることができる。一企業内における複数の研究者と開発者による新製品の開発事例として MEMS（micro electro mechanical system）を挙げることができる。要素技術開発に求められる専門性が高いために、組織内での知識の共有が重要な基盤となる。MEMS の 1 例である DMD（digital micromirror device）はプロジェクターに用いられる要素技術であり、アメリカ、テキサス・インスツルメンツ（TI）社の中央研究所においてラリー・ホーンベック（Larry J. Hornbeck）を中心として 20 年以上にわたって開発されてきた商品として知られている[13]。

　MEMS（micro electro mechanical system）は、駆動部分を有する半導体である。2003 年における市場規模は 7000 億円、年率 20 パーセントでの成長を期待する見方もあった[14]。産業分野において、すでに応用されている MEMS には、① インクジェット・ヘッド、② 圧力センサー、③ 加速度センサー、④ 角速度センサー（ジャイロ・センサー）、⑤ 光 MEMS といったものがある[15]。

　① インクジェット・ヘッドは、プリンター用の印字面に必要となるデバイスである。2001 年から 02 年にかけては、リコー、セイコーエプソン、京セラなどが、多くの関連特許を出願している[16]。電圧をかけることによって形状を変化させる金属によって微小なポンプを形成し、そこから紙にインクを塗布するのが、インクジェット・ヘッドの機能である。

　日本ガイシは、2005 年 9 月、ハードディスク・ドライブ（HDD）の磁気

13）　日経マイクロデバイス・日経エレクトロニクス編（2005）、147-169 ページ。
14）　日経マイクロデバイス・日経エレクトロニクス編（2005）、12-13 ページ。
15）　日経マイクロデバイス・日経エレクトロニクス編（2005）、28 ページ、図 3 による。
16）　独立行政法人・工業所有権情報・研修館 http://www.ncipi.go.jp/ による特許流通促進事業 http://www.ryutu.ncipi.go.jp/about/index.html では、「特許流通支援チャート」を作成している。MEMS については、2002（平成 14）年度および 2004（平成 16）年度の 2 回「特許流通支援チャート」が作成されている。http://www.ryutu.ncipi.go.jp/chart/H16/kikai07/frame.htm を参照されたい。

ヘッドの位置決め精度を高めるための圧電マイクロアクチュエーターを開発し、スライダー駆動型として世界初の実用化に成功した。同製品は、磁気ヘッドメーカー向けに量産出荷されており、米国の大手ハードディスク・ドライブメーカーが発売予定の業界最大容量（500GB）のハードディスク・ドライブなどに搭載される、という[17]。

　②圧力センサー、③加速度センサー、④角速度センサー（ジャイロ・センサー）は、アメリカ、アナログ・デバイス社の得意分野である。これらのセンサーは、自動車のエア・バッグに用いられるほか、カメラ付携帯電話、デジタル・カメラの手振れ防止装置として用いられる。業界の最大手はアナログ・デバイス社である。筆者らが、シリコンバレーにあるアナログ・デバイス社の支社を訪問したのは、2004年9月7日であった。そこではドットコム・バブルがはじけ、景気が低迷するシリコンバレーにあって業績が好調であることが強調されていた[18]。

　⑤光MEMSの代表は、すでに紹介したとおりアメリカ、テキサス・インスツルメンツ社のDMD（digital micromirror device）であり、ビデオ・プロジェクター用のチップである。DMDを組み込んだビデオ・プロジェクターは、DLP（digital light processing）という名称で販売されている[19]。日本においても、オムロンでは、滋賀県甲賀郡・水口工場でバイポーラICといった半導体を生産しているほかに、マイクロマシン、液晶プロジェクターに用いられるマイクロレンズアレーを生産している[20]。

---

17) 日本ガイシ、ホームページ http://www.ngk.co.jp/news/2005/0921.html による。それに先だって2004年7月27日、日本ガイシ本社、研究開発本部中央研究所長および中央研究所主任研究員からのインタビューを行った。その記録は、洞口・柳沼・松島・金・近能・天野・行本・李（2007）にまとめた。
18) 2004年9月7日、アナログ・デバイス（Analog Devices）社、同社副社長（Vice President）、デザイン・エンジニアリング・マネジャーからのインタビューにもとづく。詳細は、洞口・天野・金・近能・柳沼（2005b）にまとめた。
19) 日経マイクロデバイス・日経エレクトロニクス編（2005）、196-197ページによる。
20) 2005年6月17日、オムロン・技術本部先端デバイス研究所、マイクロマシニンググループからのインタビューによる。

アライアンス

　共有知（shared knowledge）に関する第三の事例を、複数の会社間における形式知の共有にみることができる。情報システムを利用した発注システム、日本の四大新聞社がロイターからの配信を利用する状態や、国際航空会社のアライアンスのために構築された情報システムは、形式知についての共有知の事例である。

　ERP（Enterprise Resource Planning）と呼ばれる企業の在庫管理・販売実績・財務管理の統合システムは、多店舗展開をするフランチャイズ・ビジネスの各店舗からの情報を連結する手段である。小売店舗からの売れ筋情報が本部によって集約されることによって、棚割りの優先順位が決まる。

　新聞という活字媒体も、巨大な共有知の産物であることがわかる。記事を書く記者、それを編集する編集者、カメラマン、そのトリミングを行う専門家、記事の校正、印刷といった作業を経て1つの記事ができあがる。ロイターのような契約通信社からの記事も同時に編集される。それらが全体として新聞という1つの商品になる。雑誌についても、同じことが言える。

　「戦略的提携」と呼ばれる経営戦略にはプロジェクト・ベースでの業務提携、出資関係がない技術供与、さらには、2社間でのライセンシング契約がない共同研究開発などもある。共同してブランドを立ち上げているケースとしては、全日空が加盟するスターアライアンスが成功事例として挙げられる。1997年5月14日 エア・カナダとルフトハンザ・ドイツ航空、スカンジナビア航空、タイ国際航空、ユナイテッド航空の5社がスターアライアンスを設立し、その後、1999年に全日空が正式メンバーとして加わった。2007年現在では、世界17の航空会社が加盟している。国際線においては、以遠権によって国内への同一会社による乗り継ぎが困難であったが、このアライアンスによって、世界の各都市が結ばれることになった。マイレージ・プログラムの共通化、共同運航便による顧客の利便性確保などのメリットもある。

　こうした事例では、ネットワークの形成が知識のあり方を定めている。本書補論・第7章において詳しく説明するが、知識の共同利用をすることに

よって、同質的な条件のもとで活動する企業のなかから、突出した生産高を生み出す企業が発生する状況をモデル化することができる。

第3節　共有知の統御方法

マネージャーの役割

　起業というその瞬間から、複数の人間による集合的な思考がはじまる。それを管理するのがマネージャーの役割である。マネージャーによる知識管理は、企業の知識管理のうちの伝統的な方法である。どのような条件を満たしたときに、マネージャーという知識管理の責任者が生まれるのだろうか。

　マネージャーは、ある一定の能力を備えた人々を集める役割を負っている。マネージャーが従業員に対して行うべき作業を割り当てることは就業初期の段階での指示にすぎず、多くの場合、従業員は自律的に考えることが要請される。考えた結果はマネージャーによって定期的に評価され、従業員は、その間に多くの暗黙知と形式知とを職場で身につける。

　共有知を創り上げることは、1人ではできない。しかし、多数の提案がランダムに提出されるような状況では、どのような提案を採用するべきなのか、わからないことになる。多数の作業者からの提案を、選別し、実行する一群の人々が必要になる。すなわち、共有知のあり方をコントロールするのはマネージャーの役割である[21]。マネージャーは共有知を前提に意思決定をする。

　企業のなかの改善提案を却下する役割を、誰かが負わなければならない。あるいは、優れた改善提案を表彰する役割を、誰かが果たす必要がある。作業者が賞品をねらって多数の提案を出しすぎる傾向にあることを理由として改善提案自体を廃止してしまうことも可能である。

　ドイツ自動車メーカーのマネージャー達は、トヨタによるハイブリッドエンジンの開発を軽視した。技術的な困難さのためというよりも、開発思想や

---

[21]　ミンツバーグ（1973）では、知識管理への視点は明示的ではない。

社内の政治的力関係のためであったという[22]。エンジンとバッテリーとを組み合わせることによる燃費よりも、エンジンそのものの燃費効率、とりわけディーゼルエンジンによる燃料費を基準にした効率を重視したためであると言われている。こうした判断は、ときに企業のなかでの「政治的な判断」とも呼ばれる。将来についての推測が必要な場面で正解を見通すことができないときに、社内のマネージャーたちの多数派の意見として採用されるからである。

　マネージャーが接することのできる共有知は、企業内部における最新の情報にもとづいた知識である。この点に、マネージャーの権限が発生する。もっとも新しい情報を解釈し、意味を与え、社内に配信するとともに自らの知識として蓄えることができる。

人事制度

　共有知の創造のためには、社員からの参加意欲を高めることが必要である。そのための条件がいくつかある。

　第一は、慎重な採用プロセスである。集団に知識を提供することを善であると理解できる社員を集める必要がある。これは、日本企業が大学、高校からの新卒採用に力を入れていることを説明する原理でもある。もしも、個人としての力量を高めるために、組織から得られる知識を吸収することにのみ力を注ぐ従業員がおり、もしも、すべての従業員が組織から得られる知識を求めるのみで自らの持つ知識を出し合うことがなければ、組織は知識の意味で「太って」いくことがなく、やせ細っていくことになる。知識を得た従業員が離職し、その知識を利用して転職していくことが当然の組織風土になっていれば、その企業は従業員にとっての踏み台となる。その場合、勤務経験の長い者が自らの業務知識を新人社員に教えるインセンティブはなくなる。その逆に、知識の伝承によって企業が成長してきたことを教え、先輩社員が後輩に仕事を教えること自体を勤務評価の対象とするならば、新人社員もま

---

22)　2006年9月および2007年1月におけるドイツ自動車産業工場見学におけるインタビューによる。訪問企業については巻末付録第2表を参照されたい。

た将来には業務知識を社内で広めようとするかもしれない。

　社内公募制度は、参加意欲のある従業員を選別するためには有効な方法である。参加意欲のある従業員は、自分にとって不足する知識を吸収しようとして自ら社内に「師」を求めているとみなすこともできる。社内公募制度は新たなプロジェクトに対してやる気のある人間を集め、その従業員の持つ知識を集合する。

　第二に、小集団活動に組み込まれた提案制度が機能するためには、提案の結果として作業現場の人員削減が起きないという信頼関係が成り立っている必要がある。提案が昇進に結びついており、人員削減には直結していないことを具体的な実例として示す必要がある。そのためには、小集団活動や提案制度に対する表彰制度や、生きた現実の事例として昇進した従業員を紹介する必要もある。学歴や職歴にかかわらず、提案による改善の成果が平等に評価されるという意識を植え付けることが望ましい。

　第三に、派遣社員、契約社員が正社員に登用される道が残されていることである。派遣社員・契約社員と正社員との間に線引きをすることは、派遣社員や契約社員の持つ知識を利用できない、という大きなデメリットを持つ。たとえば、派遣社員は職場の改善方法に気づいていても、それを指摘することが正社員の面子をつぶすことになる場合には、黙っていることがある。派遣社員が気づいている事実について、それを引き出す工夫が必要になる。派遣社員から定期的に「改善提案」を提出させて、優れた改善提案を積極的に提示する派遣社員を正社員にするべきである。また、小集団活動や改善提案は日本のオフィス・ワークでの実践として、さらに活用されるべきである。派遣社員・契約社員の能力を集合させるべき場は、製造現場だけではない。

持続的イノベーション

　共有知は知識の新結合をもたらす。新結合について、シュンペーター（1926）は、財貨、生産方法、販路、原料・半製品、組織という5つの側面で起こることを強調した。共有知の創造も、これらの5つの側面で行われうる。ただし、以下の諸点に注意が必要である。

　第一に、シュンペーター（1926）による5つの側面のうち、「生産方法」

ないし「半製品」の新結合においては、要素技術開発が先行することが考えられる。生産方法や半製品からみて要素技術とみなされうるものについて新結合が進んだとき、それは次の生産プロセスに伝播していく。要素技術の元をたどっていくと、素材の開発に行き着くことが多い。21世紀初頭の日本では、リチウムによる二次電池、液晶、青色LEDなど、素材のレベルでの「混ぜ合わせ方」が、新製品につながった事例が多い。この意味では、「新しい発見」であることと、「初めてつくりだされ」たことが追求され、特許の取得につながりやすい。特許は、その新規性の証明である。

　第二に、シュンペーターは「組み合わせ」の新しさを強調する。シュンペーターは科学技術にもとづいた新発見ないし新発明と、そうではなく、「組み合わせとして新しい」ものの存在についての議論を、包括する形で議論を展開している。シュンペーターが「半製品」について強調しているのは、その新しい製法ではなく、むしろ、その「供給源の獲得」である。

　第三に、シュンペーターによれば、「新結合」を推し進めるのは起業家である。要素技術開発を進めるのは、起業家というよりは、むしろ、企業の技術者であり、企業の研究所における研究者である。その意味では、起業家と技術者を区別するものは、新結合を求めるか、要素技術開発に専心するか、という行動特性に依存する。

　第四に、要素技術開発は、シュンペーターの指摘する5つの側面に、独立に働きかける。たとえば、第5章で詳しく紹介するレーザー溶接という「新しい生産方法」は、自動車という製品の属性を新しくするものではない。しかし、自動車の強度を高め、安全性を高めるかもしれない。MEMSを用いた圧力センサーという「半製品」についてみれば、それを利用した商品を利用する消費者からみて、「新しい財貨」とみなされているとは限らない。しかし、自動車に搭載されたエアバッグには圧力センサーが必要である。消費者は、むしろ「圧力センサー」が利用されていることすら知らない可能性が高い。

　第五に、クリステンセン（Christensen, 1997）による「持続的イノベーション」と「破壊的イノベーション」という二分法は、イノベーションが起こってからのちに判別される。すなわち、事後的な概念であることに注意が

必要である。ある技術標準を満たさずに開発された製品が、新たな顧客層を獲得し、従来の製品分野のシェアを侵食する。それが「持続的」となるか、「破壊的」となるかは、顧客層がどこにシフトするかという結果に依存するのであって、意図されたものではない。事後的にのみ判定可能という意味において、シュンペーターによる「創造的破壊」[23]のプロセスも同じである。

持続的イノベーションは、過剰品質となりがちな製品開発の分野を端的に示している。その意味で、「要素技術のイノベーション」を単線的に続けていくのみであれば、新たな製品開発のチャンスを逃すことにもなるかもしれない。要素技術のイノベーションは、一義的には、持続的イノベーションとして機能する。たとえば、インクジェット・プリンター、レーザー・プリンターといった紙媒体のためのプリンター開発は、それ自体、持続的なイノベーションに分類できる。

破壊的イノベーションとは、たとえば、紙という媒体そのものから離れた電子書籍の開発かもしれないが、その場合にも、異なる要素技術が必要となる。「要素技術のイノベーション」は、電子書籍という紙媒体に対する破壊的イノベーションの普及に必要な条件である。仮に、その現象を「破壊的イノベーション」と呼びうるのであれば、「要素技術のイノベーション」は、「破壊的イノベーション」でも必要条件となっているのである。

共有知の限界

共有知のマネジメントには、いくつかの限界がある。

第一は、優れた専門性を備えた従業員を十分に集めることのできる企業は多くない、という事実である。会社が上場したり、テレビコマーシャルをするのは優れた従業員を集めるためでもあるが、それができる企業は数千社にすぎない。すぐれた従業員を集めることができなければ、社長みずからが会社の知識の上限になる。自らの上限を超えた従業員を採用できないときには、外部との連携を図る必要があり、それは接合戦略による共生知の創造と

---

[23] こうした用語法は撞着語法（oxymoron）と呼ばれる。「公然の秘密」などがそうした用法であり、科学的というよりは文学的な表現である。

いう新たな課題につながることになる。

　第二は、社内での慣行が腐敗したときに外部からチェックする方法がない、という点である。これは、会社内での不正が長期にわたって隠蔽されるメカニズムと同じである。共有知を組織構成員の暗黙知に留めておいては、それが腐敗した時に外部からチェックするタイミングが遅くなる。

　第三に、共有知の偏重は、組織構成員の視野を狭窄させがちである。時代遅れとなった慣行の優先、自社製品に関する不備の擁護、開発者の技術水準を上げないままの製品開発、といった現象は、自己変革のできない組織構成員の存在が原因となる。正社員のなかにも共有知の創造に寄与できない者がおり、派遣社員のなかにも大きな知的創造を行う者がいる。視野の狭窄したマネジメントは共有知の水準を劣化させる。

　第四は、共有知のマネジメントから導かれるビジョンの失敗があり得ることである。自己組織化よりも高い次元にあって、組織目標を示すという役割がマネージャーにはある。自己組織化された組織の方向性が誤っていれば、それが集合知として形成されたものであっても、多様な変化を続ける市場で生き残ることはできない[24]。

共有知の悲劇

　共有知のマネジメントがうまくいった場合にすら、その先鋭化には、いくつかの問題が内包されている。

　第一は、量的な比較が優先されがちなことである。たとえば、自動車の生産であれば、どれだけ部品在庫を減らしたか、どれだけ品質不良を減らしたか、という量の削減によって共有知のあり方が測られることになる。

　第二は、学際領域といった言葉で表現されるような、特定の専門以外の領域との知的な交流が乏しくなることである。学際領域という言葉は、学者と

---

24) アフリカ大陸で巨大な蟻塚のまわりを1週間回り続けた蟻の大群が、そのまま餓死してしまったという逸話がある。経営者の指し示す方向が誤っていれば、巨大組織も崩壊する。2008年9月にはアメリカの投資銀行リーマンブラザーズが破綻したが、投機的資金への投資機会を探し続けるという経営方針は持続可能なビジョンであっただろうか。インベストメント・バンクが破綻したのは、投資対象となった企業の持続的成長をサポートするという経営目標を掲げなかった経営者の責任であったかもしれない。

学者がそれぞれの研究領域を超えて交流することを意味しているが、学者と企業、異業種間の企業といったように、交流することの稀な主体が協力して問題解決をはかるべき事例があっても、共有知のマネジメントだけを重視するマネージャーのもとでは、それらは無視されがちである。日本の自動車生産現場に対しては、とりわけ欧米の研究者たちから女性従業員の数の少なさが指摘されるが、そのことの意味を日本の自動車メーカーが理解して改善してきたとはいえない。その逆に、日本の銀行業における窓口業務の大半が女性によって占められているのも奇異な慣行である。

　第三は、特定の専門領域では解決できないような、複雑な問題が社会問題として迫ってきても、共有知の先鋭化ではそれに対応できない。自動車の例であれば、交通渋滞や騒音、酸性雨などの問題がある。日本には、それ以外にも高齢者社会の到来、化石燃料からの脱却、二酸化炭素排出量の削減、といった長期的な課題があり、さらには国債残高の累積、社会保険制度の維持といった経済的な問題が生まれている。後二者は経済的な問題ではあるが、経済学者によって解決されるとは誰も信じていない。問題の発生自体が経済的な要因のみではないのであり、そうであることを直観すれば、その解決は経済学者だけでは不可能であろうことは容易に想像がつく。国債発行を決定する政治・行政システムや保険制度を支える情報システムの開発といった個別の課題を解決する必要があり、狭い範囲で活動する専門家による共有知の創造という枠を超えた新たな知の創造方法が要請される所以である。

第4節　共有知経営へのインプリケーション

国際経営戦略としての同盟戦略

　共有知の創造は日本の製造業企業の得意領域である[25]。小集団活動や提

---

25)　筆者は、アメリカの製造業における小集団活動の実態と提案制度の数などについてのデータを得ることはできなかった。アメリカに進出した日系企業にアンケートをとれば、かなりの程度で小集団活動が導入されていることを確認できるかもしれないが、本章のデータと対比するためにはアメリカ人資本による経営を行っている企業に関するデータを得る必要があろう。

案制度に積極的に取り組んできた企業は多い。そうした企業のなかには世界的に有名な大企業もあり、知名度は低いが真摯に「ものづくり」を探求している中小企業もある。有名企業は海外に工場を建設し、多国籍企業として活動するなかで小集団活動や提案制度を導入し、受入国への技術移転に貢献している。

　日本企業は、将来にわたって「考える組織」としての強みを継続的に伸ばしていく必要がある。そのための方途を以下にまとめておきたい。

　第一に、マネージャーが、組織構成員から学び続けるシステムを構築する必要がある。マネージャーが、職務（タスク）を割り当てていては知識の流れは一方向的である。マネージャーは専門的知識の意味で万能ではなく、現場での詳細なノウハウは日々進化している。マネージャーが学び続ける方法の1つが小集団活動であり、現場との対話である。現場との対話は、創造的な知識の構築よりも、日々の活動への愚痴を聞く場になりがちである。従業員の愚痴を聞き、コミュニケーションを良くすることは無意味ではないが、知識創造とは距離がある。現場からの共有知を生み出すためには、個別の課題を掲げたタスクフォースを組織することが有効である。従業員もまた、自らの隣に働く組織構成員から学び続けるシステムに参加する必要がある。

　第二に、情報のフィードバックが行われるシステムを構築する必要がある。顧客から販売担当者へのフィードバック、販売担当者から開発者へのフィードバック、生産現場から開発・設計へのフィードバック、経理処理から予算支出者へのフィードバックが成立するように情報の流れを設計しなければならない。顧客からのクレームを開発担当者にまでフィードバックする仕組みが必要である。

　第三に、従業員のグループによる問題発見と解決の試みを知るプレゼンテーションの場を設けるべきである。一部の製造業ではQCサークルの発表会が定着しているが、サービスや知識を扱う産業ではこうした試みが少ない。問題が定量化しにくいという理由があるにせよ、マネージャーの意識のなかにグループによる問題解決を動機づけることの重要性が明確に認識されていないのかもしれない。

　第四に、何かを覚えている人よりは、何かを発見できる人を従業員として

採用するべきである。共有知の創造に必要なのは、問題発見と問題解決の能力である。暗記をして穴埋め問題に正解を記入するという大量生産型の知識に優れた人が、問題発見とその解決に情熱を発揮するとは限らない。問題発見能力を鍛えるための訓練を社内教育に取り込むべきである。そして、それが得意な人間に、自由な発言の場を設定する必要がある。

　第五に、問題を発見できる人の数は、問題を解決できる人の数よりも多い。発見された問題を解決するための能力を備え、具体的な行動をとることができる人は、マネージャーに昇進させるべきである。マネージャーとは、本来的に、そうした活動をするために新たな組織を創り上げる人にほかならない。問題発見をしており、潜在的にはその解決能力がありながらも、組織へのコミットメントが低いためになんのアクションもとらない人がいる。そうした人が存在するのは、組織内の処遇に過去からの慣性が働いているからかもしれない。

　第六に、数多くの問題のなかから、何に優先順位を与えるかを明確にできる人が共有知のマネージャーである。「ひとづくり」や研究開発といった長期の課題と、日々のオペレーションという短期の課題とのバランスをとり、顧客・従業員・株主からの信頼を獲得する、という地味な作業が、共有知創造のための組織づくりの本質である。

　以上を要するに、「考える組織」を作るためには、むしろ「行動する人」を育て、適切に処遇し、経営陣がバックアップする必要がある、といえる。本章の事例は「ものづくり」に関わる事例に偏っていたが、むしろ、サービスマネジメントの側面で「考える組織」と「行動する人」の重要性が認識されるべきであろう。国際的な競争力を持っている製造業を手本として、金融・保険・証券・公務といったサービス分野での質と生産性を高めることが顧客の利便性を高めることに異議を唱える人は少ないであろう。

第3章
共 生 知

第1節　原　　理

新たな次元を付加する必要性

　共生知とは、異なる次元の知識を結びつけて問題解決を試みた結果として創造される知識である。高い専門性を備えていながら、かつ、まったく異なった種類の知識を総合することによって、新しい何かが創造される場合がある。それまで不可能だった問題が解決される場合もある。異なった種類の知識とは程度の問題でもあるが、それを知識の次元と呼びたい。異なる次元の知識が組み合わせられることで新たな創造が可能になる。

　人間が理解できる理論には限界がある。医学者が機械工学を理解することは困難であり、文学者が分子生物学の実験を構想することも困難であろう。それは、1つひとつの専門分野に投入する時間が専門性の高さを定めるからである。どれほど優れた能力を備えた人であっても、高い専門性を手に入れるためには、特定の課題に専心する時間を必要とする。

　異なる次元の知識を結びつける必要性は、解決されるべき課題が複合的な要因からなり、解となりうべきものが茫洋としているからである。何が解であるのかを事前に特定することが困難な課題をどう解くのか、という問題に対応する1つの方法として共生知の創造がある。たとえば、医学と工学とが連携することによって新たな製品開発が行われたり、分子生物学を駆使して生まれた化粧品のキャッチコピーを考える文学的才能を持つ人がいるという組み合わせは、その事例である。そのようにして生み出された知識を、本章では、共生知と呼ぶ。

不確実性への対応

「何が解であるのかを事前に特定することが困難な課題」のことを、経済学では不確実性と呼ぶ。不確実性は、確率分布が既知であるリスクと対になった概念である。たとえば、自動車の損害保険のように、自動車事故という特定化された事象については、事故確率を計算することができる。それがリスクである。しかし、「卵3つと調味料を使った料理」のように、何が作られるのかを定義すること自体が難しい課題がある。スクランブル・エッグ、ゆで卵、目玉焼き、といった名前のある料理だけでなく、名前のない料理が新たに作られる場合もある。事前に定義不可能な解を求めることは、不確実性に対応することである。

不確実性への対応を行うのが企業家の役割であることを説いたのはナイト（Knight, 1921）である。しかし、企業家以外にも不確実性に対処する人はいる。グループとしてそれを行う人々もいる。さらに重要なのは、そうしたグループを創り上げる人がいる、という点である。それは、「プロデュースする」活動とも言える。たとえば、「卵3つと調味料を使った料理」を新たに創り出すために日本料理の料理人とイタリア料理のシェフとが協力する場を作り上げる人がいれば、その人が共生知を生み出す場のプロデューサーである。

ドメインの連結

企業には自らの戦略領域（ドメイン）が存在する。企業家は、何をするために会社を設立したのかを定款に書く。彼らにとって、どのような活動から収益を得ているのかは自明であり、その活動を熟知する経営者層がいなければ会社は存続を許されない。この事実は、医学者や文学者が自らの研究領域を持っていることに対応する。

共有知が企業内の分業を前提として成り立っていたように、共生知は社会的な分業を前提として成り立つ。企業は社会的な分業を担っており、その専門性によって組織として存続する。共生知は、専門分化した知識の高度化を達成した社会を前提として、その再統合によって創造されうる。再統合の中

心となって求心力を持つのは、利潤の獲得を目的とした企業の場合もあり、また、政府や地方自治体の場合もある。後者の場合には、技術開発と企業活動の振興を通じて雇用を創出したり、地球環境問題に対応するといった人間生活の持続可能性に関わる目的が掲げられる場合もある。

第2節　事　例

「知的クラスター創成事業」政策の性格

　文部科学省による「知的クラスター創成事業」は、12地域において2002（平成14）年から実施され、03年に3地域、04年に3地域を追加して、それぞれ5カ年計画で実施されてきた。「国際的な競争力のある技術革新のための集積（知的クラスター）の創成を目指し」て、1地域あたり年間5億円程度、5年間で約25億円を補助する政策である。18地域合計の補助金総額は約450億円になる。① 知的クラスター本部の設置、② 科学技術コーディネーターの配置、弁理士などのアドバイザーの利用、③ 産学官共同研究による特許取得、④ 研究成果の発表のためのフォーラムの設置といった事業を遂行してきた[1]。2007（平成19）年からは第Ⅱ期が開始されて6地域が指定された。08年度には3地域が追加指定となり、9地域合計で年間75億円の予算が配分されている。

　この政策は、特定産業に焦点を絞った保護ないし補助・育成政策としての産業政策とは異なっている。「知的クラスター創成事業」には、科学技術政策と地域振興政策という2つの側面がある[2]。補助金支給の対象となる中心的機関が大学であるという意味では、「知的クラスター創成事業」は科学技術政策の一環と捉えることができる。その一方で、18地域の指定対象に

---

1)　文部科学省科学技術・学術政策局地域科学技術振興室『知的クラスター創成事業　平成18年度版』パンフレット、3ページ参照。このパンフレットは、上記、文部科学省科学技術・学術政策局地域科学技術振興室から入手可能である。
2)　技術政策については、後藤・小田切（2003）、小田切・後藤（1998）を参照されたい。地域振興政策には観光から農業に至る幅広い視点があるが、地域産業政策については清成（1986、1990）、清成・橋本（1997）を参照されたい。

東京やつくば研究学園都市といった既存の集積地域を指定していないという意味で、地方都市を中心とした地域振興政策としての側面がある。首都圏を例外とした科学技術振興が、事実上、追求されていることになる[3]。

「知的クラスター創成事業」には、クラスターという単語が含まれている。クラスターの意義については第4章で詳細に検討するが、「知的クラスター創成事業」と「クラスター」との関連は微妙である。第一に「知的クラスター創成事業」によってクラスターが形成されるかどうかは不明であって、実証的な評価が定まっているわけではない。第二に、「知的クラスター創成事業」で採用されている政策手法が、クラスター創成という政策目的に照らして有効な方法であるのかどうかも明確ではない。その理由を以下にまとめておきたい。

「知的クラスター創成事業」の政策手法を図式化したのが第3-1図である。産業クラスターが形成されるときのプロセスを図式化した第3-2図と比較して説明したいのは、求心力（centripetal force）と遠心力（centrifugal force）の違いである。

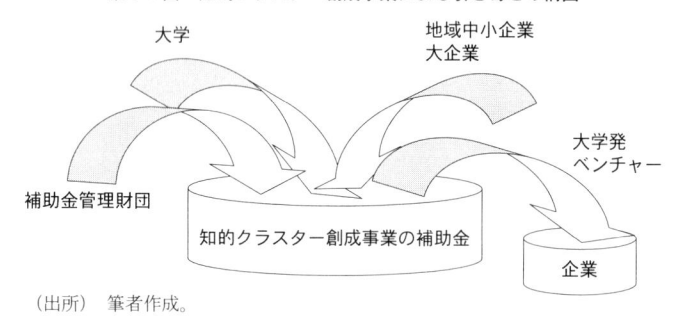

第3-1図　知的クラスター創成事業による引き寄せの構図

(出所)　筆者作成。

---

[3] 2004年4月、日本において国立大学が独立行政法人の一種である国立大学法人となり、産学連携が進められる制度的基盤が変化した。それ以前の知的財産制度および特許については後藤・長岡（2003）が詳しく、かつ、包括的である。産学連携における基本的な問題点とは、大学教員の利益相反問題と呼ばれるものであり、自らの研究成果にもとづいてベンチャービジネスを立ち上げたときに大学の資産を利益追求のために利用していることになる、という論難である。また、ベンチャービジネスを立ち上げたことによって大学で行うべき教育・研究・管理運営の責務がおろそかになる状態を指して、責務相反ともいう。やはり国立大学法人化前の論考であるが、伊地知（2000）がこの点について国際比較を行っている。

「知的クラスター創成事業」の政策手法は、補助金支給による求心力が中心である。1年あたり5億円という研究開発補助金がなければ、プロジェクトへの参加者を集めることはできない。補助金支給の条件として産学官連携が求められており、指定されたプロジェクトの構成をみると、文部科学省による日本の国立大学法人支援という色彩が強いようにも思われる。

アメリカ・シリコンバレーにおけるクラスター形成は、遠心力を有している。つまり、フェアチャイルド社やヒューレッド・パッカード社のように、数多くの企業家を輩出した母体となる中核的企業があり、その企業が従業員に与える高い水準の知識をもとにスピンオフが生まれてきた。それを支える社会制度が産業クラスターの形成を特徴づけている[4]。

第Ⅰ期「知的クラスター創成事業」のなかには、5年計画の2年目にコーディネーターが辞任してしまい、研究プロジェクトの事業化パフォーマンスが低いままに終わった地域もあり、さらには、その辞任したコーディネーターを「外部評価委員」として招聘している別の地域が存在するという例もある。つまり、コーディネーションも、外部評価と呼ばれる評価手法も、何が望ましい姿なのかが明確ではない。新規技術の開発とその製品化には5年

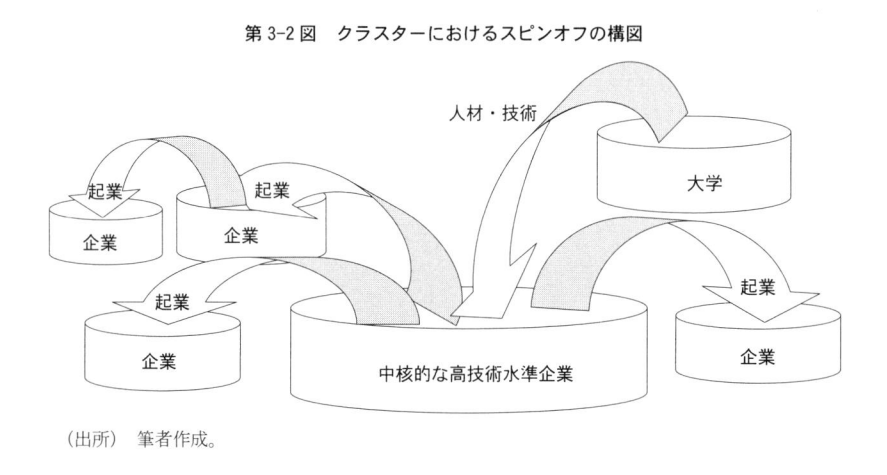

第3-2図　クラスターにおけるスピンオフの構図

(出所)　筆者作成。

---
[4]　歴史的展開についてはレクィエ (2000) を参照されたい。なお、この論点については第4章で再度詳論する。

という期間でも十分とは言えないのであって、高度な技術評価能力を有したコーディネーターを任命することがプロジェクトの成否を決める。短い年数でコーディネーターが入れ替わっていては、研究開発費は試験・測定用の機材購入に費やされるのみであって、創造的な新規技術開発に結びつきにくい。

筆者は2003年から09年にわたって「知的クラスター創成事業」第Ⅰ期の指定地域をすべて訪問し、補助金受け入れの中心となる法人（財団ないし株式会社）と大学研究室、大学発ベンチャー、新規事業プロジェクトについてインタビュー調査を行った。その概要は本書巻末付録第1表にまとめた。これらの事業地域は、社会科学的には得がたいサンプルであって、都市の規模、参加大学の数など初期条件の違いはあるものの、イノベーション政策とイノベーション・マネジメントの関係を観察するうえで重要な事例である。あたかも18個の卵が孵化器に入れられているのを観察することに等しく、ある種の社会実験を目の当たりにしたことになる。

本章末尾には、第Ⅰ期のコーディネーターに対して行ったアンケート調査の統計的分析をまとめた。アンケート調査の概要については洞口（2007）にまとめたが、単年度予算の執行、プロジェクトの選定と評価、「出口」と呼ばれる製品化を見通した研究開発の難しさ、大学発ベンチャーをになう人材の不足など、いくつかの共通した問題点を認識することができた[5]。こうした観察事例のうちで、もっとも「知的クラスター創成事業」の政策目的に近い成果を生み出していたと思われたのが富山・高岡地区であった。

富山・高岡地区におけるバイオチップ開発プロセスの事例[6]

富山・高岡地区の「とやま医薬バイオクラスター」が立ち上げられたときは、副本部長兼事業統括となる南日康夫氏と富山医科薬科大学（当時）の村

---

5) 洞口（2004a, 2006, 2008）、洞口・天野・金（2005a）、洞口・柳沼・松島・金・近能・天野・行本・李（2007）には、「知的クラスター創成事業」の観察事例をまとめた。
6) 本章以下の内容は、洞口・行本・李（2007）に依拠している。筆者らは、2006年7月、10月および12月に日本において文部科学省が主導している「知的クラスター創成事業」に関するフィールド・リサーチを行い、富山県におけるリンパ球解析のためのバイオチップ開発のプロセスを記録した。

口篤教授とで、どういうシーズがあるかを議論した[7]。南日氏をコーディネーターとして、石川県の北陸先端科学技術大学院大学マテリアルサイエンス研究科・民谷栄一教授（当時）が加わり、富山ではじめる新しい事業のアイデアを 2002 年に議論した[8]。

「知的クラスター創成事業」は、2002 年に 12 地域を実施地域として開始されたが、同年には 6 地域を予備的スタートとして指定しており、富山・高岡地区もその 6 地域の 1 つであった。したがって、富山・高岡地区では「知的クラスター創成事業」の試行地域であった期間があり、その年には 1 億円の予算が支出された。2003 年から富山・高岡、名古屋、徳島の 3 地域が 1 年遅れの実施地域としてスタートしたので、これら地域では 2007 年にプロジェクト期間を終了した。なお、岐阜、石川、宇部の各地域は 2004 年に実施地域となった。

「知的クラスター創成事業」では、各地域のクラスターに名称がつけられている。富山・高岡地区では、「とやま医薬バイオクラスター」という名称が使われている。2006 年時点では、① 細胞チップの開発、② 漢方薬・桂枝茯苓丸（けいしぶくりょうがん）の効く人、効かない人に関するたんぱく質のプロテオーム解析によるデータベースの作成[9]、③ フェニルケトン尿症を含む尿症の検査キット開発[10]、④ 酸化酵素処理による茶カテキンの高機

---

7) 2006 年 7 月 28 日、富山大学副学長兼大学院医学薬学研究部・クラスター本部研究統括、村口篤教授の説明による。富山医科薬科大学は、2005 年 10 月、富山大学に統合された。また、06 年 7 月 27 日および 28 日には、科学技術コーディネーター、東保喜八郎氏からも説明を受けた。
8) 民谷教授には、2006 年 12 月 22 日、インタビューを行った。南日康夫氏によるコーディネーションによって、「知的クラスター創成事業」に参加した経緯を確認できた。
9) 富山大学（旧富山医科薬科大学）・和漢医薬学総合研究所所長、済木育夫教授が進める研究である。2006 年 7 月 28 日にインタビューを行った。たんぱく質のプロテオーム解析によるデータベースの作成では、糖尿病の血糖値異常が発現する前に変動するたんぱくを探している。もしも、それがわかれば予知マーカーとなり、糖尿病の予備軍を判定できる。
10) 富山県立大学生物工学研究センター所長・工学部生物学科、浅野泰久教授が中心となって進める研究である。我々のインタビュー当日は浅野教授が不在であり、富山県立大学・米田英伸講師、富山県立大学ポスドク・㈶富山県新世紀産業機構派遣研究員・橘信二郎氏に説明を受けた（2006 年 7 月 28 日）。モデリングしたたんぱくの立体構造から近傍のアミノ酸配列を探し、抜粋されたアミノ酸約 20 個の組み合わせをかえ、ロボットを使って機械的に配列をかえてかけあわせる作業を行う、という。人の手では 1 日あたり約 400 サンプルのスクリーニングしかできないが、ロボットによって 1000 から 2000 サンプル程度のスクリーニングが可能になった。ロボットは「知的クラスター創成事業」の予算で購入した。

能化[11]、といった研究が進められている。

　②③④の研究に共通するのは、探索的な研究方法が採用されていることである。すなわち、糖尿病のマーカーとなるたんぱく質の発見、尿症のマーカーとなる酵素の人工生成、糖の合成など、研究の目標は明確であるが、その目標に到達する手続きは探索的であり、試行錯誤を必要とする。「科学技術」という表現における「科学」に大きな比重のかかるプロジェクトである、とも言えよう。

　本章では、こうした複数のプロジェクトのうち、①細胞チップの開発に焦点をあててインタビュー記録をまとめる。その理由は3点ある。第一に、「とやま医薬バイオクラスター」でのインタビューにおいて多くの人々によって最も熱心に語られていたこと、第二に複数の専門分野にわたる大学研究室・公設試験機関と企業との共同作業が成立していたこと、第三に大学発ベンチャーが生み出されていたこと、がその理由である。いいかえれば、「科学技術」という表現において、まさに、科学と技術の新たな結合がみられた事例である。

　この「知的クラスター創成事業」のもとでの「とやま医薬バイオクラスター」は富山県知事を本部長として発足した。これは、富山大学大学院医学薬学研究部、同理工学研究部、富山県工業技術センターと地元企業（㈱スギノマシン、㈱リッチェル）、そしてコーディネーターが協力して大学発ベンチャー（エスシーワールド㈱）を設立した事例である（第3-1図参照）。「知的クラスター創成事業」は5年間で25億円の予算規模であり、「とやま医薬バイオクラスター」には3名の「科学技術コーディネーター」がいる。

11）　富山県立大学工学部生物工学科・生物工学研究センター、伊藤伸哉教授による研究である。2006年7月28日にインタビューを行った。伊藤教授は、2004（平成16）年に知的クラスターに加わった。済木育夫教授がリーダーとなっている富山医科薬科大学のプロジェクト・「漢方方剤テーラーメード」のサブテーマとして加わった。植物、食品由来の新規機能性化合物の分析システムの構築と開発を行っている。このテーマが採用された理由としては富山県に医薬品の中小メーカーが多く、新薬の開発を自社でできないところがあり、その一方で機能性食品にかなり力を入れているという事情がある。伊藤教授自身は酵素をつかったバイオコンバージョンの専門家である。その応用は主に化学工業中心であったが、その手法を食品にひろげようと考えている。ポリフェノールの分析からはいり、今は、酵素をつかってポリフェノールの機能性をあげる機能性食品関連の研究をおこなっている。伊藤教授からは、2006年12月にインタビュー内容についてのチェックをして頂いた。

大学と工業技術センター──設計を行うユーザー──

　富山大学大学院医学薬学研究部の村口篤教授と岸裕幸助教授（当時）らの研究チームが所属する村口研究室は 10 人からなり、抗体の遺伝子解析、リンパ球の解析を研究テーマとしている[12]。その研究成果は *Journal of Immunology* や *Blood* という学術雑誌に掲載され、分析方法については特許出願中である。従来、単一細胞で解析するという意味では電子顕微鏡での解析があった。しかし、細胞チップを使うと 10 万から 20 万単位の細胞のデータが一挙にとれる。細胞チップは 1 センチ角の中に 25 万個の穴があり、そこに細胞がひとつずつはいる。リンパ球の解析は、カルシウムの動きをシグナルとして、細胞内の分子のリン酸化を追跡する。同じ方法で、細胞の増殖や抗体の分泌などを観察することも可能で、細胞表面の新しいタンパクの発現も観察できる。現在の細胞チップで、たんぱくの発現・分泌や脳のなかのサイトカインの機能に関する研究もはじまっている。

　感染症などの抗原に特異的に反応する細胞のスクリーニングのためには細胞チップに B リンパ球を入れて抗原で刺激し、反応した細胞を取り出す。抗体を作り出すことのできる細胞は 25 万個のうち数個の割合であり、従来の方法ではこうした数少ない比率の細胞を探すのはむずかしい。抗原特異的な細胞の検出は診断に応用でき、ソフトウェアの開発を進めれば、結核、肝炎、インフルエンザ、リューマチなどの診断に使える。2006 年現在、取得した抗体のクローニングを行い、ヒト肝臓をもったマウスに注射して評価している。

　東保喜八郎コーディネーターは、富山県工業技術センターの所長であった。現在、富山県工業技術センター・機械電子研究所の所長は藤城敏史氏[13]であり、東保氏との繋がりから細胞チップのプロジェクトでの共同開発が進んだ。そのために、細胞チップの開発が「数ヶ月で成功した」という[14]。細

---

12) 2006 年 7 月 28 日、村口篤教授および富山大学大学院医学薬学研究部、岸裕幸助教授（当時）からのインタビューによる。06 年 12 月に岸助教授よりインタビュー内容のチェックをして頂いた。
13) 2006 年 7 月 27 日、富山県工業技術センター機械電子研究所所長・藤城敏史氏、機械電子研究所・角崎雅博氏からのインタビューにもとづく。
14) 2006 年 7 月 27 日、㈶富山県新世紀産業機構・科学技術コーディネーター、東保喜八郎氏からのインタビューにもとづく。06 年 11 月から 12 月にかけて内容のチェックを受けた。

胞チップの研究は現在第三世代のものになっている。

細胞チップ研究の課題

　細胞チップの研究には、たくさんの課題が残されている[15]。① チップに細胞をのせる、② 載せた細胞の解析、③ 欲しい細胞をとりだす、④ 抗体遺伝子を増やす、といった、それぞれのプロセスに課題が残っている。

　① 細胞をチップにのせるプロセスで、効率が良くない。富山県工業技術センターと議論はするが、突破口になるような技術が発見できていない。

　② 細胞の解析という面では、CCDカメラを搭載した装置を使っている。その解析のプロセスで、ノイズが出る。1万個、10万個に1個しかない細胞を見つけるためには、ノイズの除去が重要になってくる。さらに、細胞自体を解析するというプロセスでもノイズの影響が大きくなり、そのノイズをいかに無くすかが大きな課題になっている。

　③ 欲しい細胞をとりだす、というプロセスも自動化されつつあるが、それが100％満足いくレベルに達しない。

　④ リンパ球から抗体の遺伝子を増やすのも、まだ、満足できる水準に至っていない。

　装置に依存する部分は、工学関係の教授に考えてもらう必要がある。富山の外では、産業総合研究所に相談にいく。新しい装置は産業総合研究所も参加して開発する。産業総合研究所とは、お台場とつくばにある研究センターでの研究をもとに立ち上がったベンチャーと共同研究をしている。また、広島地区の知的クラスター創成事業とも共同研究をしている。富山・高岡地区のシステムで取り出した抗体が、B型肝炎ウィルスの人肝細胞への感染を阻害するかを広島地区の研究プロジェクトに委託してチェックする。B型肝炎ウィルスは人やチンパンジーの肝細胞にしか感染できないウィルスであるが、チンパンジーでの実験は動物愛護上の問題もあり、一匹あたりの値段も

---

15)　富山大学大学院・岸裕幸助教授は、大阪大学の基礎工学部、生物工学科の出身であり、電気生理、生化学、情報、電気工学など、多様な分野を学び、その後、医学部の修士課程、博士課程に進んで博士号を取得した。従って、「工学部の先生と話をして違和感はなかった」、という。従来、免疫学は専門の研究室でやるものだったが、富山では工学部や富山県工業技術センターなどと連携して、「免疫学だけではできないことをやらせてもらえるようになった」、という。

高い。広島地区の「知的クラスター創成事業」で、マウスに人の肝細胞を移植しているので、そこで解析をしてもらっている。

日立ソフトウェアエンジニアリング㈱、ナノシステムソリューションズといった企業との連携があり、北陸先端科学技術大学院大学の民谷栄一教授（当時）、富山大学大学院の鈴木正康教授とは連携している。こうした企業や研究者との連携で、測定装置ができあがってきた。

細胞チップのハードウェア

鈴木正康研究室では、バイオセンサーの研究をしてきた[16]。バイオと工学技術を組み合わせた研究であり、ここ20年、バイオセンサーの微小化、集積化を行ってきた。2000年に富山大学に移り、そのときに「知的クラスター創成事業」の前の研究として、細胞チップの研究に加わった。バイオセンサーの微小化、集積化の経験をもとに研究を開始した。

「とやま医薬バイオクラスター」事業では、細胞チップや装置関係の仕事、つまりハードの部分を担当した。簡単なチップは、鈴木研究室の実験室で作成できる。実際のシリコン加工は富山県の工業技術センターに依頼する。設計では細胞が一個入るだけの穴（well）に関して、計測機能を織り込むことが大きな比重をしめている。PDMSという樹脂、つまりシリコーン・ゴムの一種で出来た10ミクロンの穴がならんでいて、そこに細胞をいれる。穴の底にはセンサーを付ける。

㈱リッチェルでは射出成形でシリコンとほぼ同じ、遜色のないチップができる。射出成形する型にシリコンをつかっている。特許をとった材料は、ポリプロピレンに添加物を加えた樹脂である。リッチェルではポリプロピレンの食器、バケツ、園芸用品や、携帯電話の筐体などを作っている。樹脂で微細なチップを作るのは、ここ数年技術的なテーマになっている。アクリル系の樹脂で研究されてきたのでうまくいかなかったが、やわらかい樹脂で成功した。富山県工業技術センターには材料に詳しい人がいて、その特許は「知

---

16) 2006年7月28日、富山大学大学院理工学研究部、鈴木正康教授からのインタビューにもとづく。聞き手は、洞口、李であった。なお、本稿のもととなった草稿には2006年12月、鈴木教授から内容のチェックをして頂いた。

的クラスター創成事業」がはじまる前に出願した。特許がとれているのは3つである。

　バイオセンサーでタンパク質をみる場合には、底のところに試薬を介して抗体分子を結合させた金属薄膜の表面に、測定対象のタンパク質分子を結合させ2次元SPR（Surface Plasmon Resonance）センサーで見る。細胞の活性をはかるためのセンサー基板の場合は、細胞を入れて蛍光強度がかわるところを計測する。センサーには、計測用に新たになにかを加えることはない。細胞を1個ずつ入れるには穴の大きさで規定する。なるべく細胞に近い幅と高さに設計すると、上のものは流れおちていく。細胞の大きさには分布がある。Bリンパ球の場合、平均7ミクロンである。数多く細胞をみてきたが、きれいな形をしており、ほぼ同じ大きさである。

　細胞1個を「入れて、取って」という話は、なかなか誰でも使えるというレベルに到達していない。入れるほうは、流し込んでいれる。細胞チップの構造との組み合わせで、細胞を入れる技術が異なる。細胞の量が多いと流し込むことができる。人の血液から直接とると、サンプル量が限られるために自然に入らない。その問題をどう解決していくかが技術的課題である。電気泳動などが提案はされているが、10ミクロンのマイクロアレイだと難しい。第二世代の細胞チップは強制的に引き寄せる方法を採用した。

　細胞の回収は、予想以上にうまくできた[17]。

---

17)　本章において富山の事例を高く評価するのは、第一世代における開発が成功したのち、第二世代への開発に着手していたからである。プラン・ドゥ・チェック・アクションというPDCAのサイクルを回していると評価できる。粗雑な運営をする「知的クラスター創成事業」の場合には、補助金の配分を決めただけでコーディネーターが離職してしまったり、1回限りの「成果発表会」によって研究室での試作品を展示するだけで、なんら改良の余地のない場合もある。つまり、最終年度にぎりぎり間に合わせて試作品を作れば、改良のための努力をしなくてもすむことになる。富山の場合にそうした状態にならなかったのは、主たる研究者が医学部におり、ユーザーとして製品開発者たちに要望を述べる立場にたっていたからではないか、と推測される。フォン・ヒッペル（2006）の言うユーザー・イノベーションは、製品の製作者側に時間管理の主導権を握らせず、常に急がせるという特徴がある。それに対して、もしも主たる研究者が工学部の教授だけであり、自分の研究関心にあわせて補助金の支給を受けるとすれば、最適な支出の方法とは、研究期間内をいっぱいに使って論文や研究成果報告に時間を割き、最終的にひとつの試作品を作るという行動パターンになる。実用にならない試作品を1つ作ることと、実用にたる製品を開発するために改良を続けることを比較すれば、後者のほうがはるかに難易度は高い。

細胞の回収は富山県の工作機械メーカー㈱スギノマシンが開発した DNA のスポットマシンを応用・改造した装置を使って吸い取る。毛細管現象を応用して細胞を吸引できるが、溶液の粘性が高くなると弱い力でひいてやる必要がある。正確にその場所にもっていくことも難しいが、それはできている。人工ルビーのノズルで吸い込む、という方法を採用している。実際やっているスギノマシンの開発担当者は苦労が多い。鈴木研究室で担当していた大学院学生は、3 年間担当し、最後の 1 年でようやくできるようになった。それを引き継ぐのはたいへんであり、新しい担当者が 2 回やって 1 回とれる、という感じである。

企業―解析機器とチップの製造―

　株式会社スギノマシンには精密位置決め技術があるが、その背景をまとめておこう。スギノマシン[18]は拡管工具、高圧ポンプ、高圧洗浄機、自動ドリリングユニット、小型マシニングセンタ、原発向け保守機器を製造している。資本金は約 23 億円、売上高は 189 億円、従業員数は 673 名（2006 年 3 月現在）である[19]。研究開発部には 14 名のスタッフが在籍している。また、各事業部に応用開発部隊があり、それぞれ 5 名ずつ在籍している。同社は 6 事業部で構成されており、開発担当者は全社合計で 40 名強である。1936 年に大阪市において創業し、空気圧、水圧チューブクリーナの専門製作工場を立ち上げた。

　2005 年度に直接取引のあった企業数は 5000 社程度になる。そのうち日本国内は 75% を占める。売上高で見ると 8 割は国内である。製品によっては間接的に海外で使用されることがある。原子力、食品、化学プラント、造船、電子部品、土木、建設など非常に多様な産業分野と直接取引をしていることが特徴である。中国・常熟には生産拠点、上海、広州、シカゴ、タイ、シンガポール、プラハなどにサービス販売拠点があり、これらを経由して輸

---

[18]　2006 年 10 月 27 日、㈱スギノマシン・早月事業所にて、執行役員・研究開発部長、村椿良司氏よりインタビューをした。06 年 12 月、㈱スギノマシンより内容のチェックを受けた。
[19]　同社のホームページアドレス http://www.sugino.com/menu/menu_index/profile/idx_profile.html を参照した（2006 年 11 月現在）。

出を行っている。欧州の販売サービス拠点はドイツにあったが、顧客の拠点が西欧から東欧へ移動するのに伴いプラハへと移転した。

スギノマシンの商品分類別の出荷比率であるが、ウォータージェット洗浄切断装置32％、CNCマシニングセンタ22％、精密ドリリングユニット19％、特殊工具14％、特殊作業ロボット11％、その他2％である[20]。特殊作業ロボットとは、主に原子力発電所向けに納められている検査、補修、メンテナンス関係のロボットである。

これまでの補助金事業

文部科学省、経済産業省などの補助金事業には以前から関わっていた。1970年頃、ロボット開発事業を旧通産省から受託したことがある。与えられた課題は、オールエア制御式のロボット開発であった。当時、現在の川崎重工やIHIが手掛けたバーサトラン・ユニメート型ロボットは海外メーカー製であり、国産メーカーは少なかった。演算機能も空気で制御し、空気の流れでデジタルの信号を送って記憶させる仕組みである。フリップフロップなどフルイディスクという素子を使用していた。エンコーダも空気制御である。空気のチューブをロボットの駆動部分に取り付けていた。

エアによるロボットの動作は可能になったが、安定性の問題、空気の管理が困難で事業化には結びつかなかった。しかし、同社内にいろいろなノウハウが生まれて、それらは継承、蓄積された。名古屋大学の福田敏男教授[21]はロボット工学が専門で、スギノマシンのエア制御型ロボット事業を聞いて驚いたという。福田教授はソニーのアイボ、ホンダのアシモの開発に携わったという。

超高圧技術に関しても国の補助金を受領している。これまでの経緯から優先的に事業を受託してきたといえる。富山県内において様々な依頼、勧誘を受けてきた。そのため、非常に多様な分野の開発に取り組んできたといえる。たとえば、独立行政法人新エネルギー・産業技術総合開発機構（NEDO）

---

20) ㈱スギノマシンのパンフレットによる。
21) 名古屋大学大学院工学研究科マイクロナノシステム工学専攻バイオ・ロボティクス講座教授。

や経済産業省の事業でリハビリの機械開発も行った。

　2005（平成17）年度の地域新生コンソーシアム研究開発事業で、マイクロアレイチップを用いた細胞スクリーニングシステムを開発している。富山大学の岸裕幸助教授の研究室にある細胞スクリーニングシステムは、日立ソフトウェアエンジニアリングなどと共に機器開発を行っている。この成果の1つとして、細胞自動回収装置「セルポータ」の商品化にも目処が付いた。

　富山県と共同でバイオクラスター事業に関する「地域結集事業」を行ってきたが、その関係で「知的クラスター創成事業」参画の依頼が来た。その依頼に基づいてバイオチップ作成装置商品名「ピコスポッタ」やマイクロウェル偏心回転反応装置（PCR装置）を開発してきた。

　ピコスポッタやマイクロウェル偏心回転反応装置は北陸先端科学技術大学院大学の民谷栄一教授から依頼があり、共同で開発した。富山大学の鈴木正康教授にもピコスポッタを使用していただいている。正確な開発費は分からないが、2人の技術者が2年間を費やしている。1名はソフト開発を担当、もう1人は機械技術者である。ピコスポッタの材料費は1000万円程度である。試行錯誤の段階で廃棄する部品も含むとかなりの金額になる。

　スギノマシンの技術との関連で言えば、ピコスポッタは精密な位置決めが必要なので小型マシニングセンタに関わる技術との関係が深い。ノズルの技術も開発の半分を占める。人工ルビーのノズルで吸い込む、という方法を採用している。流体技術を長年、研究してきたので、その技術を応用し、ピコスポッタでは毛細管現象を使って吸い上げる仕組みである。毛細管現象は細ければ細いほど吸水力は高まる。圧力によって吸い過ぎないように、あるいは適量を滴下できるように制御している。ノズルは超音波で洗浄している。細胞自動回収装置・商品名「セルポータ」も同様の構造を採用している。細胞を1つずつ滴下していく仕組みは硬貨計算機と同じ原理である。分注率の向上が1つの課題であり、5割をなかなか超えることが出来なかった。チップ自体の表面状態の問題があり、表面処理に工夫をしている。現在は、6～7割ぐらいの分注率を達成している。

　「セルポータ」の開発は2005年である。05年に技術はほぼ完成したが、06年にかけて商品に仕上げる作業と新しいニーズへの対応作業を行ってき

た。知的クラスター創成事業以前に県内大学の教授との交流はほとんどなかったが、参画してからは様々なネットワークを構築することが出来た。しかし、事業化して利益を生み出すレベルには至っていない。

　特許は年間平均で 30 件程度出願している。クラスター事業では共同特許になるが、基本的にスギノマシン単独の特許が多い。スパロール関連、ドリルユニット、ねじ立て機械、ウォータージェット、高圧洗浄など事業部商品に関連した研究が行われている。2006 年度、ドリルユニットの発明では富山県発明協会から表彰を受けている。

　材料研究も行っており、湿式超微粒化装置・スターバーストシステムと呼ばれる装置を開発している。高圧技術を応用して原料（超微粒子）をぶつけあって細かくする仕組みである。用途としては燃料電池、キャパシタ、化粧品などである。また、電子部品であるコンデンサなどの材料にも応用されている。国内大手化粧品メーカーも興味を示しており、化粧品製造への応用を検討中である。ナノレベルの粉体製造は別の方法で行われるが、その微粒子がすぐに固まって大きな粒子となってしまう。凝集する力の強い材料をほぐすというのが狙いであるが、かなり困難である。キャパシタに使用される材料の微細化にも使用されている。従来はローラーミルで加工していたものである。ヨーロッパやアメリカで昔から行われていたが、高圧技術を応用した企業がなかった。

株式会社リッチェルと樹脂製細胞チップの開発[22]

　㈱リッチェルの前身である「シルバー樹脂工業所」が創業したのは 1956（昭和 31）年であった。プラスチック成形事業を開始したが、昭和 30 年代にプラスチック産業は富山県の基盤産業・奨励産業に指定され、補助金制度も適用されるという時代背景があった。1960（昭和 35）年には「シルバー樹脂工業株式会社」を設立して、プラスチック成形メーカーとして株式会社化した。創業者は、現在名誉会長となっている渡辺信安氏である。創業者の

---

[22]　2006 年 10 月 26 日、㈱リッチェル・マイクロチップ事業開発室室長、宮本満氏からのインタビューにもとづく。06 年 12 月、同社より内容チェックを受けた。

父親がプラスチック成形事業を始めて、渡辺氏がそれを引き継いで会社を設立した。

リッチェルが1956年に創業した当初は樹脂で子供用食器を製造していた。当時の成形技術は射出成形（injection molding）ではなく、圧縮成形（compression molding）であった。リッチェルはNHKから人気番組「ブーフーウー」の版権を取得して、それを子供食器にプリントして販売し、大ヒットした。全国市場に販路を広げることに成功し、その後、介護用品やペット用品などをホームセンターや園芸専門店で販売している。家庭用品はかつて150億円を超えたが80億円程度まで落ちてきた。携帯電話の筐体も製造しているが、この事業は約40億円の売上を挙げている。2006年度、会社全体の売上は120億円前後である。

国際展開

リッチェルが国際展開を始めたのは1992（平成4）年ごろであった。1994年に米国の家庭雑貨大手ラバーメート社の日本法人・ラバーメート・ジャパンとアメリカで合弁会社を設立し、自社の家庭雑貨事業をすべてこの合弁企業に移管した。この頃から海外販売に取り組み始めた。ラバーメート社の主力製品はプラスチック物置や台所用品、ペット用品などであった。数年前にラバーメート社はどこかの会社に買収されたらしいが、今も存続しており、大きなプラスチック製の物置を製造販売している。

4年後にこの合弁企業を清算した。合弁企業を解散したのは、技術吸収という当初の目的をほぼ達成したと判断したからである。その後、2001年に独自にアメリカのテキサス州ダラスに「Richell USA Inc.」を設立し、北米での販路拡大に取り組んでいる。

1995年に中国の広東省で東莞華宇塑膠製品有限公司（以下、東莞工場と略）を設立した。商社との合弁企業である。主にコストダウンのための進出であった。当時からリッチェルと同じようなプラスチック成形メーカーはコスト削減のために積極的に中国に出て行った。最初は金型を日本で製造して搬送したが、船賃を加算してもコスト的に日本で成形するより安くなった。その後、金型も現地で起こすようになると、金型費だけで10分の1になり

大きなコストダウン効果が得られた。この工場にいま6、7人の社員が出向している。また、2005年に独資で中国・昆山に工場を設立した。2006年11月に稼動した。予定よりやや稼動開始が遅れた。ここは小型射出成形機を設置しており、主に携帯電話の筐体を製造する拠点である。2006年現在、金型も現地で起こすように準備を進めている。顧客企業はNECに限らず、現地系や台湾系の携帯電話メーカーも視野に入れている。

　家庭用品はいま、本社工場（水橋工場）、大沢野工場と中国の東莞工場の3拠点で製造しているが、ほかにOEM（海外）生産も利用している。国内製造比率は金額ベースで約55％であり、アイテム数は約1000ある。携帯電話の筐体は富山県の上市工場で製造している。1993年に同工場内に金型工場を建設し、筐体製造用の金型はほとんど内製している。家庭用品製造用の金型はほとんど外注で賄っている。知的クラスター創成事業参加で証明されたマイクロチップ製作技術をベースに、精密成形によるマイクロチップ事業を軌道に乗せることを目指している。これを支えている精密金型（精度1/100ミリ以下）を製造する技術を持っており、また、精密加工を可能にする工作機械がある。

工業技術センターへの研究員派遣

　「とやま医薬バイオクラスター」に関わったきっかけは、富山県の工業技術センターへの研究員派遣であった。「知的クラスター創成事業」の前の「地域結集事業」などにはまったく参加しておらず、大学との連携もほとんどなく、経済産業省や文部科学省の助成金事業に関わった経験もなかった。当時、新しく冷蔵・冷凍・レンジ加熱に適するタッパウェアのような食品容器を開発するために、高い透明性と耐熱性（130℃以上）のある素材の研究開発に取り組んだ。その一環として、初めて1人の技術者を富山県の工業技術センターに派遣し、センター技術者との共同研究を開始した。

　新しい家庭用品のための素材研究は失敗した。目指した透明性と耐熱性は一応達成したが、出来あがった素材の表面に細かい傷がたくさんあり、商品化が困難だったからである。傷の原因は、金型の表面にある細かい凹凸（傷）を、成形するときに丸ごと製品に転写してしまうことにあった。ところが、

この失敗の経験が「とやま医薬バイオクラスター」のプロジェクトで活かされた。細胞配置のためのシリコン・マイクロチップを開発していたが、シリコン素材では細胞採集の高価な針がシリコンのチップに接触すると折れやすいというコスト高の問題があり、かつ、分離した血液が流れにくく、リンパ球の採集が困難である、などの問題があった。そこで、コーディネーターを務める富山県工業技術センターの東保氏が、リッチェル派遣の研究員に「樹脂で精密成形ができるか」と相談した。その研究員は失敗したプラスチックの表面に細かい凹凸があるという特性が生かせるのではないかと思い立ち、実験したところ成功した。高い透明性と耐熱性を持つ樹脂で、チップの表面にミクロン単位の穴ができ、細胞を穴に比較的スムーズに注入できた。

　リッチェルをはじめとして、参画企業は資金を自己負担して知的クラスター創成事業に参加している。リッチェルは上市工場の中にレベル3000以下のクリーンルームを新たに整備した。上市工場では携帯電話の筐体を製造しているため、もともと工場全体がクリーンルームとなっているが、その中

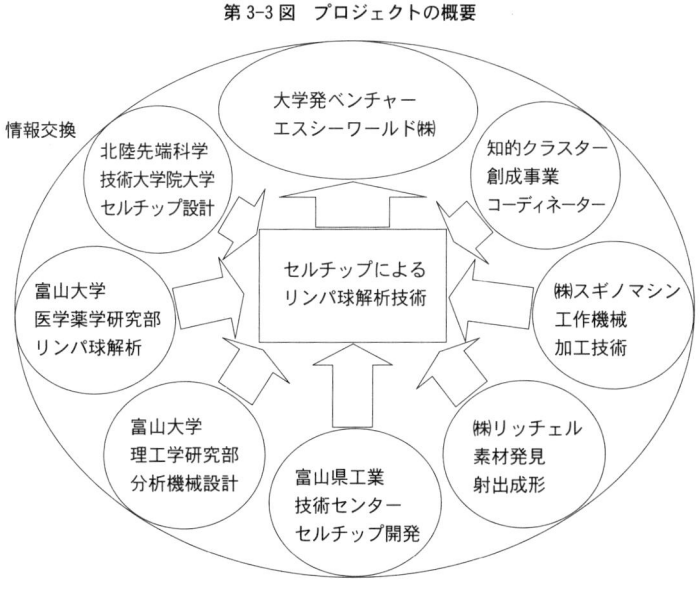

第3-3図　プロジェクトの概要

(出所)　筆者作成。

にさらに約3000万円をかけてレベルの高いクリーンルームを設置した。転写性に優れた樹脂組成物には特許が成立した。この特許はリッチェル、富山県、富山大学の三者がそれぞれ65％、30％、5％ずつ保有するという形になっている。リッチェルは富山県・大学との間に実施契約を締結して製造販売を行う。年間売上に応じて、一定の配分率で富山県と大学に配当金を振り込むという形を採っている。2005年の売上げから、富山県に344円の配当金を支払った。また、チップへの細胞注入・採集に関しては富山大学が特許を持っているため、この細胞チップを富山大学以外に販売することはできない。2006年現在、特許はエスシーワールドに移管されている。

有望視される樹脂マイクロチップの応用領域として、マイクロ燃料電池の分野が挙げられる。細かい流路が配置でき、液体（メタノール）が自然に流せ、また、流路を積層化することによって、電池の効率をさらに向上させられる。積層化技術は特許取得済みである。燃料電池はPEFC方式（水素利用）とDMFC（メタノール利用）方式があるが、後者に応用できる。すでに他の大学発ベンチャーからの依頼を受けて、六層構造の流路を張り合わせるチップを製造した。

クラスター発ベンチャー—新製品の販売—

エスシーワールド㈱・代表取締役社長末岡宗廣氏[23]はインテック社の経営企画部長であった。営業歴は約20年、商品企画・システム開発も行った。末岡氏はインテック・ウェブ・アンド・ゲノム・インフォマティクス㈱（以後IW&G社）を東証マザーズのバイオベンチャーの第一号として上場させた経験もある。末岡氏自身も富山県の出身であり、インテックグループの会長と富山県知事からベンチャー立ち上げの依頼を受けて、「断りきれない話」になった。2005年、関係する教授陣と有志でエスシーワールドを立ち上げた。細胞チップに関する基本特許は3件とれており、一連のシステムとして権利を確保している。富山大学の村口教授が同社の会長を務め、IW&G社の社長であった末岡氏を社長に迎えた。

---

23) 2006年7月27日、末岡氏からインタビュー。同氏からは06年12月、内容のチェックを受けた。

エスシーワールドでは 2005 年 7 月にはじめて 1 人、治験のリーダーをリクルートできた。経済産業省のスタートアップ補助金、約 4500 万円を受け、富山医科薬価大学の一室をかりてラボ（研究室）を 05 年 10 月にオープンした。ラボで実験ができはじめたのが 05 年 12 月頃からである。細胞チップで直接抗体をつくるという作業を進めた。一体型細胞スクリーニングシステムのプロトタイプが 06 年 3 月にできた。06 年 7 月現在、抗体を採るための努力をしている。06 年 4 月から営業マンを採用しており、「BIO2006」というイベントでアメリカにパネル出展し、約 20 社と情報交換した。06 年 5 月には日本で国際バイオエキスポに出展した。ベンチャー企業のプレゼンテーションではお客さんが立ち見になった。名刺を置いていかれた企業が連絡をしてくる。抗体ビジネスに存在する既存の利権をスキップして、抗体に関する新たな特許獲得をし、「抗体ビジネスに後期参入できる」という感覚でアメリカでは受け止められたと思う。

抗体事業ではまだ売上は上がっていない。「機械装置の単価が 1500 万円は高い」、という反応である。1000 万円を切る原価にしないといけない。営業員は 2 人であり、末岡氏自身をいれて 3 人である。システムの販売、抗体の事業と治験の事業推進、抗体の取得業務がある。2005 年 6 月に 1 億 5000 万円増資した。パートナーからの出資である。更に 05 年 12 月に 2 億円、複数のベンチャー・キャピタルから出資を受けた。機械装置のソフトウェア製造を委託している日立ソフトウェアエンジニアリング㈱からは OEM 提供を受けており、いわば総代理店である。富山大学のインキュベーション施設には 07 年 4 月からエスシーワールド㈱も入居する予定である。

ケースのまとめ

「とやま医薬バイオクラスター」の事例において、参加メンバーは次のような役割を果たした（第 3-3 図参照）。大学はリンパ球の解析と解析装置の顧客としての要望の提示、㈱リッチェルは精密金型製造・射出成形・新樹脂素材の開発、工業技術センターは新樹脂素材による細胞チップの試作、㈱スギノマシンはマシニング装置用位置決め技術および流体ノズル技術を提供した。それらの技術によって開発された機械装置が「ピコスポッタ」や「セル

ポータ」であり、それらはベンチャー企業・エスシーワールドの提供するシステムとなった。

　本章でみた産学官連携においては、企業・大学・コーディネーターが異なる専門的知識と技術・能力を結集させて新製品開発を行っていた。これは接合型集合戦略が採用された事例とみなすことができる。異なる専門的知識と技術・能力によって、研究開発のための多様な次元が付与された。付加された次元とは、たとえば、① 研究開発の目的と対象の設定、② 構想・設計段階における要素技術の存在に関する知識、③ 試作・製造・検査における異なる産業分野からの技能・技術の利用、④ 新材料や新しい製造方法に関する科学的知識と発見、⑤ 開発目的とする商品の利用方法や市場の存在に関する知識などである。

　接合型集合戦略のもとでリンパ球解析装置と細胞チップの開発を支えた知識は、参加者が創造した共生知とみなすことができる。この事例において共生知は、仕様（スペック）の伝達という形式知の連結と、要求性能の目標値をクリアするためのノウハウという暗黙知を組み合わせて創造された。「1センチ角の中に25万個の穴」をあけた細胞チップの製作という仕様（スペック）が形式知として与えられ、その仕様を満たしたうえで100パーセントの分注率を目指した「表面処理の工夫」を行うための暗黙知が探求された。

　本章の事例は、また、共生知創造のために多様な専門的能力を持った参加者を増やしていくことが有効であることを示唆している。そのためには、第一に参加者の勧誘と選別、第二に参加プロセスの継続可否による選別という2つの方法がある。これはポピュレーション・エコロジーにおける適者生存のプロセスにも類似している。共生知は、そうした適者生存の過程で接合型集合戦略を継続した参加メンバーによって生み出された知識である。異なる専門分野を持つ大学の研究者と企業とが接合型集合戦略を採用したことによってリンパ球解析技術の開発が進められた。コーディネーターが、リッチェルを接合型集合戦略の参加メンバーとしてみなしていなければ、同社が透明性・耐熱性のあるタッパウェア開発に失敗した、という記録が残されたのみであったろう。

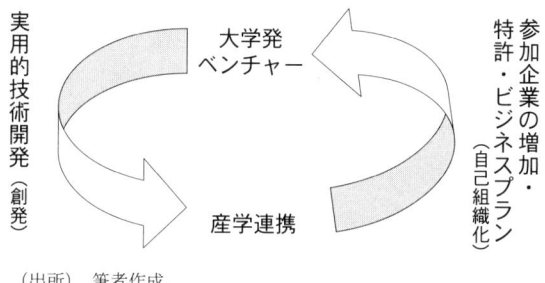

第3-4図　共生知の循環―産学連携の事例―

大学発ベンチャー → 産学連携 → 実用的技術開発（創発） → 参加企業の増加・特許・ビジネスプラン（自己組織化） → 大学発ベンチャー

（出所）筆者作成。

　逆に言えば、共生知創造の限界は、誰を組織に加えるかによって定まる。誰をメンバーとして迎えいれるかという選択が、共生知の創造に決定的に重要な役割を果たすのである。接合型集合戦略とは参加メンバーを誘引し選別する戦略でもある。その意味で、コーディネーターの果たす役割は大きい。コーディネーターが参加を認めたメンバーのなかの誰かが与えた知識によって新たな応用、新しい発想、過去に解けなかった課題の解決が行われ、それは共生知として共有される。

　このプロジェクトの副産物としてリッチェルによる燃料電池開発も進められた。共生知創造の威力は、燃料電池開発といった副産物の生成にみることもできる。リッチェルは、細胞チップの開発を行うことによって、細かい流路を製造するという技術を手にいれた。リッチェルが開発することになった精密金型技術は、リンパ球解析という狭い利用範囲だけではなく、当初の目的を超えた燃料電池開発へとつながったのである。これは、共生知が、異なる事業や研究分野に携わる専門家の接合によって創造されるものであるがゆえに、当初の目的を超えた利用法に応用されうる、という特性に関わるものである。多様な潜在的応用範囲を備えた技術開発は、イノベーション発生の起点となる可能性をもつ。その意味において、共生知創造プロセスの探求は、イノベーション発生の起点を理論的に説明するものとなる可能性を有しているかもしれない。

第3節　共生知の方法

コーディネーターの役割

　第4章に詳しく述べるが、クラスターはメッカとなる企業を中心として、そこから噴水のように経営方式が広がっていくことによって成立する。クラスターの構造は中心から遠心力を持って広がっていく力を背景としている。

　産学官連携の場合には、コーディネーターによる求心力が必要不可欠である。「その連携に参加したい」、「その連携に参画することでメリットが得られそうだ」という企業のマインドを形成する必要がある。クラスター形成の論理とは全く逆の構成原理が働いていると仮定することによって、産学官連携の抱える問題点と将来の課題とが明確になる。

　接合戦略の特徴は異業種の組織が共同行動をすることにある。「知的クラスター創成事業」に参画する企業、大学、第三セクターは、どのような要因によって結びつくのだろうか。

　接合を可能にしているものを列挙すれば、① 補助金の支出による学術研究での先端性の維持、② 補助金を獲得しているという社会的な高い評価、③ 新技術に関する情報の入手、④ 新製品製造・新技術に関する特許・ノウハウの創造、⑤ 地域への貢献と郷土愛、⑥ 組織目的と予算の獲得・維持、などが考えられる。

　補助金や外部資金の支給を受けた場合には、最終評価の段階を想定して参加をするという意味で、後ろ向き帰納法的な発想が必要になる。最終評価段階での成果に自信のない企業は接合戦略の採用を見合わせるであろう。同じことは大学の研究者についても言える。一定期間ののちに必要となる研究成果を生み出す自信のない研究者は、補助金を得ようとはしないであろう。また、過去の研究業績が十分ではない研究者が補助金を申請しても、審査段階でふるい落とされるであろう。

　産学官連携を支える中心的な利害関係は、技術への関心にある。官すなわち政府からの補助金が交付されることから、表層的には補助金の分配を目指し

て産学連携が行われるように見える。しかし、補助金を獲得する能力自体、ある特定技術の蓄積にある。大学の研究室において実績のある技術の蓄積がなければ、補助金獲得のスクリーニング（選別）をくぐり抜けることはできない。

　大学と企業との連携は、特定の技術に対する共通の関心がある場合に成立する。大学の研究者、企業の経営者と技術者がともに関心を寄せる新たな技術がある場合には、コーディネーターがいなくとも、連携は成立する。日本の経営史に範を求めれば、御木本幸吉の真珠、鈴木三郎助の「味の素」、本田宗一郎と浜松高工（現・静岡大学工学部）との関係など、起業家が大学教授の知識に自発的に頼った有名な歴史的事例がある。

共生知とイノベーション

　共生知がイノベーションの基盤になると考えられる理由は以下のとおりである。

　第一に、接合戦略から生み出される共生知のあり方は、接合の仕方に大きく依存する。その多様性は接合されうるノードの数とハブとなっている主体、つまり、コーディネーターによって結び付けられた大学研究者と企業の活動に依存する。シュンペーター（1926）のいわゆる「新結合」が行われうるときに、結合される生産要素の選択の幅が広くなる。機械加工メーカーには樹脂の成形技術はなく、樹脂の成形メーカーにはリンパ球の測定技術はない。

　第二に、参加者の能力が、技術開発の可能性（フロンティア）を明確に決定づける。新たに参加を勧誘された者の能力が高いか、あるいは、異質な能力を備えていることによって、技術開発の可能性（技術フロンティア）を広げることができる。集団は限定された参加者によって構成されるので、ウィキペディアのように「埋もれた専門家」が自発的に参加することは期待できない。しかし、集団のなかに不足した能力がある場合に、それを外部から調達することは可能であり、新たな参加者が、他の参加者に与える影響は大きい。異種の主体を接合することに成功した場合、要素選択の幅とともに共生知にも大きな多様性が生まれる。

接合型集合戦略の問題点

　接合型集合戦略には問題点もあり、それが共生知の限界を画することになる。
　第一に、異種組織間であるために、目的が不明確になりがちである。接合戦略ではノルム（規範）が、参加者ごとに異なる。いいかえれば、参加者によって目的が異なり、参加者にとっての利得には多層性があるためにフリーライダーを生みやすい。利得が多層的であるがゆえに、組織内のスラックが生まれ、利益を食い物にする参加者が生まれるかもしれない。
　第二に、暗黙知は各主体が保持するが、接合戦略に参加する異種の主体は明確に定義された言語やデータによってコミュニケーションせざるを得ない。インターネットの発達によって、情報交換が目的であれば近接する必要はないが、物理的な確認を必要とする場合に近接性のある接合が要求される。異種であることのメリットが活かされなければ、接合戦略はコストパフォーマンスの悪い同盟型あるいは集積型の集合戦略となる。それは、接合戦略を構成するメンバーの選択を失敗したときに生まれる損失と言うこともできる。新たな次元を加えるべき参加メンバーにその能力がないと、参加者数のみが増大するが「新たな」なにごとも加えられない可能性がある。
　第三に、成果の配分が曖昧であることから、負担のおしつけあいが生まれやすい。明確な成果が得られるまでは、参加メンバーの誰もが負担を感ずる「三方一両損」となり、成果が得られたときには、その分割のルールを定めることが難しい。接合戦略の参加メンバーから明確な貢献が期待できない場面もある。接合戦略を主導するリーダーは参加メンバーを比較的自由に選択できるが、新規参加メンバーの貢献が優れたものであるか否かは一定の時間を経ないと判断できないからである。補助金支給期間が明確である以上、ある種の製品を補助金最終年度に完成させたとしても、その製品に関する利用者からのフィードバックを得て改良する時間がない試作品が大学の研究室でできあがる場合もある。

第4節　共生知経営へのインプリケーション

国際経営戦略としての接合戦略

　共生知を創造するうえで最も重要な要因は、多様性を許容することである。本章では科学技術に立脚した事例をまとめたが、大学・企業・工業試験場といった組合せだけではなく、より多様な人々の意識によって製品の用途開発が行われることがある。たとえば、子供をかかえた主婦、身体障害者、老人、外国人からの要望を経営のヒントに加えることによって、それ以前には認識できなかった問題を発見することが可能になる。

　共生知の創造を促進する第二の要因は、コーディネーションという行為の重要性と価値を理解することである。コーディネーションは組織化の活動として企業内のマネジメントと共通する側面を持つが、一方では企業のマネジメントとは正反対と言ってもよいほどの対照性を有している。本章の事例に現れたようなコーディネーションという活動では、昇給・昇進といった評価を得ることはない。優れたコーディネーションに貢献しても、それを行わずに凡々たる日々を過ごしても、処遇に差がつくことはない。また、企業のマネジメントとは異なって、利益や収益性という概念でコーディネーションの良し悪しを評価することもできない。研究開発活動のパフォーマンス評価は可能であるが、その収益性を評価できるのは、コーディネーションの活動を終えた、はるか将来の課題である。

　昇進・昇給・収益性に関係のない活動としてのコーディネーションは、献身と尊敬というバランスで成り立っていると理解すると、その機能を説明できる。多様性のある参加者を集め、研究開発活動に貢献してもらうには、そのコーディネーター自身がプロジェクトに献身している必要がある。献身の理由は、地域への愛情や、プロジェクトの責任者としてのプライドなどがありうるが、プロジェクト参加者からの参加意欲を引き出すには、将来に向けた無償の貢献をしていると周囲の人々に認めてもらう必要がある。

　コーディネーターという仕事の専門性を認め、専門家としての役割を再定

義し、そうした人材を育てる必要がある。人的なネットワークを持つことが重要であるという点で、高齢であることが有利に働く仕事でもある。企業の外にでて、多様な人々とつながりを求め、高い専門的知識を持つ人を選択する目を持つ人が共生知のコーディネーターである[24]。

政策的含意

本章にまとめたインタビュー調査から明らかになった現実的な諸問題は、イノベーション政策としての科学技術政策に対する若干の含意を持つものである。それは次のようなものである。

第一に、「知的クラスター創成事業」において良好なパフォーマンスを示している富山地区の大学発ベンチャーは広域に活動している、という事実である。つまり、イノベーション政策の企画立案の段階から、その参加者を特定地域に限定することなく、広域連携による予算責任範囲を設定したほうが、知的生産物のパフォーマンスが良くなる可能性が高い。地域指定による「知的クラスター創成事業」には、その点での限界がある[25]。

地方都市の科学技術振興政策とイノベーション政策とは、その目的と手法の点において異なっている。イノベーションは、「どこでイノベーションが生まれるのか事前には確定できない」、という特徴がある。富山をはじめと

---

24) たとえば、異なる業種の集まる商店街の個別店舗が協働して参画する商店街活性化策、地球温暖化などの環境問題を解決するために異分野の専門家や政治家が意見交換をして共同のアクションをとる事例などが接合戦略の事例であり、そこで生まれる知が共生知である。企業・大学・コーディネーターからなる産学官連携も、異種事業分野による協働作業である。各主体がそれぞれの得意分野で貢献し、新しい発明と発見が行われる。接合型集合戦略とそこで生まれる共生知の場合には製造された製品の用途も多様であり、思わぬ利用法が発見される場合もある。それは、新たなイノベーション発生の起点となる可能性を持つ。

25) ポーター (Porter, 1998) は、「事業拠点のあいだが 200 マイル以下程度」(訳書、114 ページ) をクラスターの地理的限界の指標の 1 つとしている。200 マイル、すなわち、320 キロメートルは日本人の感覚からすれば広域であるかもしれない。名古屋から東京までの新幹線での距離が約 366 キロメートル、あるいは、名古屋から富山までが約 316 キロメートルである。ポーターのクラスター理論を日本に適用して、政策を立案しようとするときの限界がここにある。日本のクラスターは、はるかに狭く定義され地理的に凝集している。その原因は、都道府県に分割された行政区分に起因しており、その制定は明治時代にさかのぼる。したがって、都道府県を単位とした「知的クラスター創成事業」の認定は、地理的範囲として狭すぎる可能性が高い。この点は、すでに天野・金・近能・洞口・松島 (2006) において指摘した。

して「知的クラスター創成事業」に指定された各地域は、要素技術開発に取り組んでいるが、その要素技術がどのように応用され、用途を開発されるかは自明ではない。たとえば、エスシーワールドに移管された細胞チップの解析技術がどのような用途で利用されるのかによって、技術の伝播の度合いが決まる。アメリカでビジネスチャンスを得て広範な社会的影響を持つ場合もあれば、狭い専門家のニーズに応えるだけで終わる場合もある。また、異なる地域に先端技術が移動していく可能性もある。そのため、イノベーションを創出していくには、異なる地域における先端技術を取り込む必要があろう。「知的クラスター創成事業」で指定された地域間、あるいは、指定されていない地域との連携が認められなければならない。

　第二に、「知的クラスター創成事業」における成果を、より広範な用途開発に結びつける積極的な努力が必要である。用途開発のためには、マーケティング部門との情報交流が必要であり、製品化でのリスクを背負う必要がある。たとえば富山地区の現状では、この課題は「出口」としてのエスシーワールドによってリスクが担われているのだが、より広範に地域的限定を超えて、積極的に多数の企業を巻き込む努力が必要となろう。この意味で、「知的クラスター創成事業」の広域連携が具体的な課題であり、本章に紹介したように、富山と広島との連携の将来展開が注目される。

　第三に、イノベーション政策と、単年度予算主義とは相容れない。指定地域に支給される5億円という金額には、さして大きな根拠はない。別の言い方をすれば、年間5億円という金額が毎年経常的に支出されることと、イノベーションの創出とが結びつくものとは考えにくい。単年度予算主義とイノベーション発生の不確定性とを政策的に結びつけるには、政策の予算措置期間を超えて、支給金額を財団の基金に組み入れるという措置も考慮すべきであろう。

産学官連携の問題点

　本章では、接合戦略の典型として日本における産学官連携をとりあげてきた。そこには、いくつかの問題点も残されている。

　第一は、分散性が低いことである。日本における産学連携は、産学官連携としての側面が強い。本章の事例も、文部科学省の主導による科学技術政策

であった。政府から中立的であり、かつ、より多様な主体による産学連携が企画されてもよいはずであるが、そうした財団は少ない。日本の民間財団は、研究助成金として資金を配分する機能はあるが、コーディネーションを行うことは少ない。接合戦略を採用する主体の分散性確保とは、産学官連携における官からの脱却と言い換えられる。

　問題点の第二は、産学官連携における外部評価の不十分さである。産学官連携では、官の存在によって、共同研究の内容を外部に公表し、評価を受ける仕組みが整えられている。しかし、何を評価するべきかについては、外部評価委員にとっても明確ではない。特許数や論文数を名目的に増やすことは一定以上の能力を備えた研究者にとっては困難なことではない。重要かつ困難なのはむしろ、その事業化である。異種組織間であるために参加者によって目的が異なるのであり、異なる目的にそって行動する参加者が協力をしなければ、研究補助金は有効に利用されない。

第3章補論
コーディネーションに関するアンケート調査の分析
―努力の方向性について―

第1節　アンケート調査の概要と変数

　文部科学省による「知的クラスター創成事業」の第Ⅰ期指定地域に対してアンケート調査を行った。指定地域の総数は18であった。18地域に送付したアンケートのうち、16地域から回答を得た。アンケートは2006年6月16日に配布し、同年7月14日に回収締め切りとした。「知的クラスター創成事業」のパンフレットに記載された「クラスター本部」のコーディネーターに宛てて郵送で質問表を送付した。この質問調査は、コーディネーターがどのように効果的に地域の参加者を「接合」しているかを知るために設計された。地域の参加者とは、大学教授、准教授、助教、博士課程の学生、研究所の研究者、ハイテク・スタートアップの起業家、企業の研究所に勤務する研究員、地元の県知事、県庁・市役所の職員、公設試験場の研究員などを指す。

　質問調査票は18の質問項目からなる自由記述方式であり、各地域のコーディネーターに記載してもらい、郵便ないしe-メールによって返送してもらった。筆者が質問に対するアンケートの回答を読み、判別条件に対して肯定的な回答をしている場合には1を、また、否定的な回答には0の数値におきかえることによって、ポワソン・リグレッションを行った[26]。ポワソン・リグレッションを採用したのは、「知的クラスター創成事業」において

26）　ポワソン・リグレッションについてはグリーン（Greene, 1993）を参照されたい。分析にあたっては統計解析パッケージ・プログラムSTATAを用いた。

潜在的なプロジェクトの数が多数あり、そのなかから少数のプロジェクトが具体的な成果を出すと考えられるからである。

以下は、共生知を創造するための接合戦略の理論的考察から導かれた仮説である。

仮説1．産学連携のコーディネーターが活発に活動するほど、より多数の事業化のための計画が生まれる。

仮説2．コーディネーターが満足した活動をしている地域では、産学連携のプロジェクトは数多くの事業に結実する。

仮説3．産学連携の行われる地域の経済規模が大きいほど、接合戦略の結果として生まれる事業数は多くなる。

以上の仮説を検証するために、以下の説明変数と被説明変数およびコントロール変数をアンケート調査結果から採用した。

被説明変数：
  BusA ：質問調査の時点で事業化されたプロジェクトの数。
  Bus5 ：質問調査の時点から5年以内に事業化されると期待されるプロジェクトの数。

説明変数：
  Wide ：もしもクラスターが「時速80キロメートルの高速道路で1時間程度」の範囲を超えたところにある企業を参加させている場合には1の値をとり、参加させていない場合には0の値をとる。1の値をとったときには、クラスターはより広域に活動していることになる。
  Call ：もしもクラスターのコーディネーターが他のクラスターから研究者やコーディネーターを招いていれば1であり、そうではない場合とそれ以外の記述の場合であれば0の値をとる。
  Out ：もしもクラスターのコーディネーターが他のクラスターにおいて

どのように組織活動が行われているか見学に出かけていれば1、そうではなければ0の値をとる。

Exi： もしもクラスターのコーディネーターがクラスターへの参加を増やすために展示会を開いていれば1、そうでなければ0の値をとる。

Agg： もしも「知的クラスター創成事業」が伝統的な産業集積と歴史的な連続性を持っているとコーディネーターが認めた場合には1、そうでなければ0の値をとる。

Inc： 「知的クラスター創成事業」にインキュベーション・マネージャーがいる場合には1、そうでなければ0の値をとる。

Sat： 各地域のインキュベーション施設の現状についてコーディネーターが満足している場合には1であり、そうでなければ0の値をとる。

Prac： もしも「知的クラスター創成事業」による特許が産業化されるために十分実用的だと判断される場合には1、そうでないと判断される場合には0の値をとる。

Fund： 「知的クラスター創成事業」による研究が、いわゆる基礎研究であると考えられる場合には1、そうでない場合には0の値をとる。

Cord： もしも大学教授、企業の研究者、公務員という三者間の調整に問題があるとコーディネーターが判断する場合には1、そうでない場合には0の値をとる。

Bug： もしもコーディネーターが年間予算を使い切るという執行の方法によってなんらかの予算上のロスがあると感じた場合には1、そうではない場合には0の値をとる。

Ven： もしも「知的クラスター創成事業」に参加する教授の大学研究室における博士課程の学生が大学発ベンチャーの社長となっている事例をコーディネーターが知っている場合には1、そうでなければ0の値をとる。

以下のコントロール変数は「知的クラスター創成事業」のパンフレットおよび統計資料から集めた。各地域の初期条件をコントロールするためである。

Pop： 参加している地方自治体の人口合計。もしも人口が多ければ、被説明変数も大きな値をとると考えられる。

Uni： 参加大学数。参加大学数が多ければ、被説明変数である事業化されたプロジェクト数も多くなる。

Year： 各地域において「知的クラスター創成事業」が行われた年数。アンケート調査時点で3年の地域、4年ないし5年目の地域があった。年数が長いほど、被説明変数は大きな値をとる。

　以上の3つの変数は、規模と経験年数の効果を示す。「知的クラスター創

付表第3-1表　アンケート調査に関するポワソン・リグレッションの結果
―被説明変数 Bus5―

	推定値	標準誤差	z	P>|z|
Wide	−1.635962	.9045719	−1.81	0.071
Call	−1.842763**	.5601328	−3.29	0.001
Out	−2.996145**	.7385951	−4.06	0.000
Exi	−.4760456	.4226983	−1.13	0.260
Agg	1.665521**	.6360508	2.62	0.009
Inc	.7971039	.4658868	1.71	0.087
Sat	2.052094**	.4848901	4.23	0.000
Prac	1.667146*	.7365967	2.26	0.024
Fund	.0317821	.4328245	0.07	0.941
Cord	−1.268370*	.6466512	−1.96	0.050
Bug	.7694866	.4959993	1.55	0.121
Ven	−.5306217	.3766186	−1.41	0.159
Pop	.0007370*	.0003611	2.04	0.041
Uni	−.4826261**	.1508763	−3.20	0.001
Year	−1.829666**	.5893387	−3.10	0.002
cons	13.01710	3.188632	4.08	0.000

サンプル数：16
対数尤度：−34.261842
尤度比検定（χ二乗検定）51.00**
修正済決定係数：0.4267
** は1パーセント水準で有意、* は5パーセント水準で有意。

成事業」に参加している都市のサイズには大きな違いがあり、成果にも影響を与えていると考えられる。ここでの分析目的は、コーディネーションの方法が、被説明変数で計られた成果にどのような影響を与えるかである。これは、集合戦略で言えば、接合戦略におけるネットワーキングのスキルをみていることになる。被説明変数で計られた成果は、接合戦略の結果として生み出された共生知の代理変数である。

第2節　分析結果

　BusA、すなわち、「質問調査の時点で事業化されたプロジェクトの数」を被説明変数にしたときには、参加している地方自治体の人口合計（Pop）以外は統計的に有意にならなかった。各地域における経過年数に違いがあったために、そうした結果になったものと思われる。18地域のすべてが5年間の期間を終了するのは2009年3月であり、その後、半年から1年以内に終了評価報告書が作成される。そうしたデータによって再度、効果を測定する必要がある。

　Bus5、すなわち、「質問調査の時点から5年以内に事業化されると期待されるプロジェクトの数」を被説明変数としてポワソン・リグレッションを行った結果を付表第3-1表にまとめた。

　興味深い結果は、CallとOutという2つの変数から得られた。これら2つの変数は1パーセント水準で統計的に有意な負の係数となった。つまり、他のクラスターから研究者やコーディネーターを招いている場合（Call）や、コーディネーターが他のクラスターにおいてどのように組織活動が行われているか見学に出かけている場合（Out）には、「5年以内に事業化されると期待されるプロジェクトの数」（Bus5）は少ないことになる。仮説1は必ずしも支持されなかったことになる。「知的クラスター創成事業」が開始されてから、横並びの発想で他の地域の運営方法を学んでいては、事業化できるプロジェクトを育てる能力がないことになるのかもしれない。コーディネーターには、コーディネーターに就任する前に豊かな人的ネットワークを

培っておく必要があることになる。また、クラスターの内部において連携を密にする活動は、海外視察旅行をするよりも重要であることが示唆される。

　Sat は 1 パーセント水準で統計的に有意となった。つまり「各地域のインキュベーション施設の現状についてコーディネーターが満足している場合」には「5 年以内に事業化されると期待されるプロジェクトの数」は多いことになり、仮説 2 が支持される。

　コントロール変数である Pop は 5 パーセント水準でプラスに有意であったが、Uni、および Year はそれぞれマイナスで統計的に有意な係数となった。参加大学の数が多いほど将来事業化されると期待されるプロジェクトの数は少ないことになり、また、経過年数が短いほど事業化されるプロジェクトの数は多いことになる。これは、多数の大学をまとめて事業化の対象となるプロジェクトを発見することが難しいこと、あるいは、経過年数の短い地域ほど将来の事業化を楽観視していることを意味しているのかもしれない。これらの変数はコントロール変数としての役割よりは、むしろ被説明変数を説明する変数として取り扱われるべきかもしれない。いずれにしても、「知的クラスター創成事業」への参加大学の数は、事業化の水準にまで到達するプロジェクトの多寡を決定する要因とは言えないことになる。

　こうした分析結果はプロジェクトの進行中に行われたものであり、最終的な成果を比較するという作業が残っている。プロジェクトの進行中にアンケート調査が必要なのは、プロジェクトが終了してしまうとコーディネーターが引退したり、元の仕事に戻るという状態になってアンケート調査を行うことが困難になるためである。

第4章

現場の知

第1節　原　　理

目的の共有と分散

　合目的的（ごうもくてきてき・purposefully）という単語がある。共有知・共生知と現場の知を分けるのは、この属性を備えているか否かにある。共有知（shared knowledge）の場合、参加者は限られている。トヨタの工場で提案制度に参加できるのは、トヨタの従業員に限られている。その意味で合目的的なのである。共生知も、コーディネーターに参加を促された人々が、特定の目的のために集まることを前提としている。何が生まれるかについては共有知ほど明確ではないが、何を生み出そうとしているかについては共通の認識がある。そうした意味で、やはり合目的的な活動である。

　現場の知（local knowledge）とは、ある地域に根ざしてはいるが、必ずしも特定の目的のために集まったのではない人々によって支えられている知識のことである。したがって、なんらの強制力もないにもかかわらず、人々によって支持されている知識が現場の知（local knowledge）である[1]。その意味で合目的的な知識ではない[2]。

　本書第1章で述べたように、現場の知（local knowledge）は集積戦略（agglomerate strategy）から導かれた。その意味で、現場の知（local

---
[1]　ここで言う現場とはlocalの訳である。localは、時に局所的とも訳され、また、特定地域の、とも訳される。現場の語感から認識される場の広さは人によって異なるが、ここでの現場は、以下に述べる産業集積やクラスターの議論を包括する広い地理的面積を意味している。
[2]　次章で述べるように、コモンナレッジも合目的的な知識ではない。該当例を参照されたい。

knowledge) は産業集積やクラスターから創発される知識のあり方である。特定の地域において創発された現場の知は、さらに次の世代の産業集積やクラスターを支える知識のあり方となる。産業集積やクラスターが生まれるのは、ある特定の場に身をおくことで、視覚や体験の補助を得て理解可能な範囲での知識を入手することができる、というメリットがあるためである。産業集積やクラスターの生成は、人々の自発的な活動によるのであって、職場の同僚からの無言の圧力（peer pressure）によって小集団活動に参加するといった同盟戦略のメカニズムとは大きく異なっている。

産業集積

産業が地理的に集中して発達することを指摘したのはマーシャル（Marshall, 1920, Book II, chap.10 and Book III, chap.11）である。同一の地域に産業が立地することによって、技術の伝播や部品・半製品への需要増加がみられるという効果を指して正の外部性と呼び、経済学ではマーシャル的外部性と呼ぶ場合もある。正の外部性が発生する要因は、マーシャルによれば、従業員の転職による情報の拡散であり、近接した立地によって同業他社の動向を観察可能なことである。

マーシャル（1920）にはじまるとされる「産業集積」の研究について、学説史を辿って解答することは困難である。たとえば、スミスの国富論（Smith, 1776）にも都市の成長についての2つの章がある[3]。企業活動の空間的な凝集という事態に「最初に」着目したのかは誰であったのかについて確定的な回答を得ることは難しいのは、その答えが「産業集積」や「クラスター」の定義に依存することはもとよりであるが、極論すると「経済学」の定義にまで立ち返る必要が生まれるからである[4]。総じて古典的な「産業集積」という概念に共通する傾向として、大学や公的研究機関による研究と企業の研

---

3) 第III部、第3章、Of the Rise and Progress of Cities and Towns, after the Fall of the Roman Empire, および同、第4章、How the Commerce of the Towns Contributed to the Improvement of the Country.

4) 資本の「集中」と「集積」という概念の峻別を説いたのはマルクス（Marx, 1867）、『資本論』であった。つまりは、古典派経済学にも空間的次元がとりこまれていたことになるのだが、マルクス（1867）を社会思想の著作として理解し、「経済学」としては認めない立場をとる経済学者も多く存在する。

究所による製品開発活動が地理的に結びついてきたことを強調する論者が少ないことは認めてよいように思われる。それは、「産業集積」という用語が、多くの場合、大企業から中小企業に至る企業群の密接した立地という現象に注目してきたからである。たとえば、北イタリアの産業集積を観察することによって中小企業を中心としたフレキシブル・スペシャライゼーション（柔軟な専業化）の可能性を論じたピオーレ＝セーベル（Piore and Sabel, 1984, chap.11）の研究などは、その代表と言えるかもしれない。

産業集積に関する学問的な関心はポーター（Porter, 1990）によるクラスターの概念によって再興された。その後、アメリカ、ボストン周辺のルート126とサンフランシスコからサンホセをつなぐルート101周辺、いわゆるシリコンバレーを比較することによって、国防軍事予算主導の前者と民間ベンチャーキャピタルに主導された後者とを対比したサクセニアン（Saxenian, 1994）の研究によって、大学と企業との連携が注目された。サクセニアン（1994）は、産業集積ないしクラスターに着目することによって特定産業が地理的な近接性を保ちながら発展してきたという実態を強調している。

ポーター（Porter, 1998）は、「クラスターとは、企業、専門化したサプライヤー、サービス事業者、関連産業の企業、（たとえば、大学、標準認証機関、輸出組合などの）関連組織、が協調しながら協力するという特徴を備えて相互に連結された地理的な集中である」（原著 pp.197-198）と述べている。ポーター（Porter, 1990, 1998）の研究を出発点として、その後、多数の研究が提出されている[5]が、ポーター（1990）がクラスターを論ずる際に示している「ダイヤモンド」のモデルは、需要条件、要素条件、企業戦略と競争環境、関連産業・支援産業という4つの要因であるから、経済学そのもの、あるいは、産業研究において考察される標準的な思考枠組みの図式化で

---

[5] ポーター（1998）には詳細な関連文献リストが収められている。石倉他（2003）第1章第3節は「クラスターのメカニズムを詳細に説明し」（2ページ）ているというが、その説明のほとんどはポーター（1998）の要約と解説に等しい。石倉他（2003）第1章においてポーター（1998）と異なる点は、文部科学省の主導する「知的クラスター創成事業」と経済産業省の主導する「産業クラスター政策」の紹介が「メカニズム」の説明に滑り込まされていることであり、経済学的ないし経営学的な説明にはなっていない。本書第3章および第4章に詳述するように、クラスターとクラスターの名を冠した政策とは、まったく異なるメカニズムによって成り立っている。

あったと言える。そうであったからこそ、政府の政策、ソーシャル・キャピタルなど、ポーター（1990）に示されたオリジナルな「ダイヤモンド」では説明されていなかった要因を、ポーター（1998）において、改めて詳しく取り上げることになったのかもしれない。ポーター（1990）が経済学的要因に傾斜していたのに対し、ポーター（1998）は、経済政策と社会・文化的要因を追加したことになる。

ソーシャル・キャピタルの概念はコールマン（Coleman, 1988）によって提示された。コールマンは、人間の社会的な活動の結果、当事者の意図せざる結果として生まれる副次的な関係を指してソーシャル・キャピタルと呼んでいる（Coleman, 1988, S118）。カソリック系私立、無宗教の私立、公立の高校生を比較し、カソリック系私立の退学率が最も低いというデータをもとに、親と子供が宗教というネットワークのなかに結び付けられていることを、その理由としている。また、コールマンは、人々のネットワークにおける閉包（closure）という概念を重視する。コールマンの定義する閉包とは、ネットワークに連結されているノード（端末点）が、他の1つのノードだけから連結されているのではない状態を指している。たとえば、三角形は閉包であるが、ツリー状の連結は閉包ではない。人間個々人が、閉包によって連結されているときには、連結された人間からの圧力が強いのに対し、閉包ではなくオープンな連結の場合には、それぞれの個人が独自の人間関係を持つという[6]。

シリコンバレーを典型としたクラスターの成立がソーシャル・キャピタルと呼びうる重層的な人間関係によって支えられているという見解がある一方で、マーチン＝サンレイ（Martin and Sunley, 2003）が批判的にサーベイしているように、クラスターの概念にも不明確な部分は多く、クラスター政策と呼ばれる政策誘導になるとさらに疑問は多い。その疑問は、単純な指摘

---

[6] 本書第7章で説明する洞口（Horaguchi, 2008a）では、スケールフリー・ネットワークの形状に結びつけられたクールノー競争において、端点解をともなった驚異的な水準の均衡生産数量が生まれることを報告しているが、スケールフリー・ネットワークはコールマン（Coleman, 1988）の定義における閉包である。また、洞口（Horaguchi, 2008a）ではハブ・アンド・スポークの形状に結び付けられたネットワークでは低い水準の均衡生産数量しか生まれないことを報告しているが、ハブ・アンド・スポークの形状は閉包ではない。

である。すなわち、どのくらいの面積の地域に、何社の企業が集積したときにクラスターと呼ぶことができるのか、という基本的な数量把握の問題に、経済学者も、経営学者も、社会学者も答えてはこなかったのである。この点については、本章の事例分析と第6章の考察において改めて論ずるが、以下ではクラスターとしての「現場」が生成する原理について若干の考察を加えたい。

取引費用

　一般に、取引費用が低ければ低いほど、供給部品が軽ければ軽いほど、設計変更の可能性が低ければ低いほど、立地は分散する傾向があると言える。取引費用（transaction cost）という概念は、1994年にノーベル経済学賞を受賞したロナルド・コース（Coase, 1937）によって提起された。ウィリアムソン（Williamson, 1975, 1985）はコースによる取引費用の理論を応用して、労使関係や独占禁止法などのさまざまな領域の研究に応用してきたが、こうした学者の学説を総称して「取引費用の経済学」と呼ぶ。

　取引費用とは、我々が市場と呼ぶものを利用するときに必要となるコストのことと定義される。第1は価格探索の費用である。たとえば、新築のマンションと中古のマンションのどちらを買うかについて、不動産屋まわりをして物件を比較すれば、その時間に獲得できたはずの収入を捨てていることになる。

　第2番目の取引費用は交渉費用である。マンションを言い値で買うのか、安くしてもらうように交渉するのか。入居可能な日をいつからにするのか。数日入居を早くできるということは、ホテルに住んでいることを考えれば、数万円の金額を稼いだことになる。それは交渉に時間をかけることで手に入れることができる利得である。

　第3番目の取引費用は、契約の履行を確実にするためのコストである。これは、市場を機能させるために社会全体で負担しているコストということもできる。すなわち、法律の制定であり、司法制度や警察による取締りである。不動産取引の事例であれば、ある物件を探し、その物件を買うために交渉をして、そこで契約書を作成する。日本の場合であれば、作成した契約書が守られるように宅地建物取引主任者が売り手・買い手の双方に重要事項の説明をしてから契約書に印鑑を押す作業を補助する。これも取引費用の1つである。

第4番目の取引費用は、税金、とりわけ市場を利用したときにかかる消費税である。ある商品を買うときに消費税を支払わないですます1つの方法は、その製品を販売している会社そのものを買収してしまうことである。M&A（買収合併）によって工場を手に入れて、市場を通さないで製品を手に入れれば、取引費用としての消費税を支払う必要がなくなる。

　取引費用を下げるためには企業組織を拡大すればよい。しかし、逆に組織を肥大化させて組織維持のコストがかかれば、その企業はアウトソーシングすることによって企業組織を小さくすることになる。組織を肥大化させると組織内の調整にコストと時間がかかる。そうした場合には、業務をアウトソーシングして取引費用を支払うことによって組織化のコストを下げることになる。

　取引費用があるがゆえに存在している業態としては、不動産仲介や総合商社がある。総合商社は、価格探索を行い、交渉を行い、契約を確実に履行させ、関税支払いを最小化するという作業を国際的に、かつ専門的に行っている。多国籍企業が自社で海外子会社を設立して組織を拡大したときの組織化の費用と比較して、取引費用を安くするというサービスを提供することによって、業務をサポートしている業態が総合商社である。

　取引費用の経済学からは、産業集積の効果を部分的に説明できる。地理的な近接性によって、細目にわたる交渉を容易に行うことができ、契約の履行は確実になる。しかし他方では産業集積が形成されなくとも取引が行われることを説明する原理としても取引費用の概念は有効である。インターネットの発達によって価格探索の費用は低下を続けている。自動車産業を典型とした製造業における部品取引については、1000キロメートルを超えた距離からの広域ロジスティックスと、最終組み立てメーカーに隣接した立地とが共存している。隣接した立地が選択される背景には、バンパーやシートなど輸送コストが高い部品の工場である場合も多い。産業集積やクラスターと呼ばれるある地理的な限定性が生まれることを説明するには、価格探索と呼ばれる行為の意味をさらに詳細に検討する必要がある。

見くらべる必要性

　現場（locality）が何故生まれるのか、を説明したい。ここで言う現場と

は地理的に近接した企業経営の現場であり、1日以内に往復できる距離的範囲に存在する生産の現場、販売の現場、購入の現場、研究開発の現場を意味する。地理的に近接した現場が重要性を持つのは、「見くらべる必要性」があるためである。確認の必要性、あるいは、目視の必要性と言ってもよい。見くらべる必要性は、品質の差に起因する場合もあり、本来的な財の属性に依存する場合もある。見くらべる必要性は、経営活動がかかえる問題の原因を推定するために生まれる場合もある。

　市場（いちば）は、この「見くらべる必要性」から生まれたものだと言ってよい。築地の魚市場では、ペルー産のタコと明石産のタコとを見くらべることができる。南アフリカのまぐろとインド洋のまぐろとを比較することもできるのである。花卉や緑茶、果物や野菜など、見くらべることのために市場が機能している例は多い。

　「見くらべる必要性」が薄れれば、「場」としての市場（いちば）の必要性は無くなる。物理的な場から「概念」への移行があり、市場（いちば、marketplace）は市場（しじょう、market）と呼ばれる存在に変化する[7]。市場（しじょう）には、物理的な場を確保する必要がない。証券取引市場、金融市場、労働市場といった市場（しじょう）は、概念として成立するものであり、特定の空間的な場に集約されている必要性はない。

　ある「場」（field）に集まってくる人々は、その場が提供する情報を利用する。それが空間的に限定されているときには、「見くらべる必要性」を満たすためである場合が多い。「見くらべる必要性」の背後に、その場への参加者に共通した目的があるとは限らない。築地の魚市場に参加するのは、スーパーの鮮魚部であるかもしれず、寿司屋さんであるかもしれず、ファミリーレストランであるかもしれない。場への参加者に対する資格要件は、共有知に比較して緩やかであり、コモンナレッジに比較すれば厳しい。それが現場の知の特徴である。たとえば、シリコンバレーに移住して起業しようと企てる人の場合、その現場であるシリコンバレーまで物理的にみずから移動し、移住するということ自体が、ひとつの資格要件となる。

---

[7] ベスター（2004）による参与観察は製造業に偏りがちな日本人研究者への衝撃である。小池・洞口（2006）を参照、比較されたい。

「見くらべる必要性」は、秋葉原のような商業集積の存在を説明する。顧客の立場からみれば、1つの街のなかで多数の商品を見くらべることができることの利便性は大きい。製造業企業が特定の立地に集まっている、という現象については、こうした「見くらべる必要性」から説明可能な要因に加えて、いくつかの副次的な説明要因もある。

　「見くらべる必要性」の第一は、部品取引のための近接性である。部品生産に不具合があったときに、近接しているアッセンブリー企業から直接に技術者を派遣して問題解決にあたることができる。座席シートの納入のように、容量が大きく運搬にコストがかかる製品以外の軽量な部品を生産している部品メーカーが、購入企業のそばに立地する理由がここにある。

　「見くらべる必要性」の第二は、設計開発段階からの共同作業の必要性である。これは暗黙知の共有といってよく、フェース・トゥ・フェースでの「打ち合わせ」を必要とする。設計の基本概念、詳細設計でのニュアンスの伝達、設計変更への対応、共通した言語の利用といった条件は、近接性によって満たされる。コロケーション（co-location）と呼ばれる戦略は、海外での情報システム開発において近接した立地を選択することであり、暗黙知の共有ないし情報粘着性[8]という概念で説明される場合もある。

　第三は、組織を「見くらべる必要性」である。たとえば、自動車の最終組み立てメーカーの立場からすれば、近接した工場の管理水準は、遠隔地のそれに比較して容易に確認できる。新製品を発注したときに、生産立ち上げの対策を練るといった行動を迅速に行うことができる。また、組織のモチベーションや、自社への優先順位がどの程度高いのかも、近接した工場を訪問すれば理解できる場合が多い。

8）フォン・ヒッペル（von Hippel, 1994）を参照されたい。もしもポランニー（Polanyi, 1966）が指摘するような暗黙知が重要であるとすれば、特定の地域における知識の交換は、そこに集まる人々が対象とするものを目で見て、触り、感ずることによって可能になる。それは、機械を製造し、工作機械やロボット、金型を製造するためにも重要になる。それは、「見比べる必要性」を低いコストで満たし、遠く隔たった距離から技術を導入した場合よりも柔軟に情報を入手することができるからである。「見くらべる必要性」が低ければ、暗黙知は形式知による「チェックリスト」によって置き換えられる。なお、暗黙知を獲得した人の移動は可能であり、それは、多国籍企業の研究開発拠点が国際的に分散しているなかで研究者が移動する状態に対応する。

副次的な要因の第一は、行政ないし民間による工業団地の造成によって製造業企業の工場が集積する場合である。開発途上国であれば、輸出加工区や経済特区と呼ばれるような制度がある。輸出を条件として関税を免除したり、創業後の一定期間法人税を減免したりする制度に誘引されて、特定地域内に工場立地が集積することがある。また、中国の上海や大連のようにソフトウェア企業が政策的に誘致される場合もある。

　第二の副次的要因は、地域の核となる優良企業からのスピンオフであり、優良企業において技術を磨いたのちに、起業をするケースである。優良企業の新規事業としては小さすぎる規模のビジネスであっても、1人の人間の起業としては十分に大きなビジネスとなっている場合に、スピンオフが行われる。この起業家や共同参画者は、すでにスピンオフ以前から住居を構えて家族と生活しているために、立地を変更する誘因を持たない場合が多い。また、起業後、最初の顧客を自分の勤務していた優良企業に求める場合もある。

知識とクラスター

　知識に着目しながらポーター（1990）を読み直してみると、知識創造に多くの叙述が割かれていることがわかる。人的資源、物的資源、資本資源、インフラストラクチャーに並んで知識資源を強調し（訳書、111ページ）、知識にもとづいた専門的要素は国によって創造されうるという「要素創造メカニズム」（訳書、118ページ）の重要性を説いている。

　ポーター（1990）は、競争の激化した国においては、その買い手が洗練されており、要求水準が高くなること、その高い要求水準に刺激されたメーカーが新しい進んだセグメントを創り出すことを指摘している（訳書、132ページ）。また、国がどのような才能に高い優先順位を置くかによって、特定の才能を持った個人が選択する教育と就職の場に影響を与えること、たとえば、アメリカでは航空宇宙産業、ドイツでは化学産業、日本でも鉄鋼業やエレクトロニクス産業が優秀な才能を吸収した時期があったと述べている（訳書、168-169ページ）。マーシャルと同様に、ポーターも従業員が企業間を移動して知識と熟練のストックが産業レベルで蓄積されること（訳書、177ページ）や、大学での研究によって得られたアイデアがスピンオフによって

産業化していくこと（訳書、181 ページ）を指摘している。

　本書序章において述べたように、公開された形式知には排除不能性と非排他性（非競合性）という性質がある。形式知が公開されたとすれば、それを理解することによって、誰でもが知識を手に入れることができ、そのことによって知識は減少しない。「見くらべる必要性」は、暗黙知を手にいれることにほかならず、そのためのコストは移動時間に依存する。秋葉原の電気街や、新宿歌舞伎町の飲食街も、この「見くらべる必要性」から説明できる。シリコンバレーの半導体生産やナパバレーのワイン生産では、半導体の設計回路や要求仕様、ワイン製造のための葡萄の育種や育成の確認といった作業が必要となる。秋葉原の電気街では、複数の商品を多くの店で比較して購入することができる。歌舞伎町の飲食街では、そのとき集まったメンバーの好みに応じた店を比較しながら探すことができる。狭い街に店舗が集積することによって、価格探索のコストが低下する。電気製品の品質や性能、料理の内容やコストなど、多様な情報を手に入れることができる。

　知識が公開されていなければ、あるいは、暗黙知の形態によって公開することができなければ、排除不能性と非排他性（非競合性）は成立しない。知識を持つ者は持たざる者を排除でき、知識を持つものから知識が漏洩すれば、その価値は減少する。

　現場の知（local knowledge）を得ようとする企業は、この秘匿性と公開性の双方について、自社に有利な立場を追求しようとする。近接していると、暗黙知となっているノウハウについては、共同作業によってそれを修得することができる。工作機械の利用方法を購入業者に理解させるためにセールス・エンジニアが工場に常駐するように、マニュアルによって形式知が提供されている場合であっても、その学習に際して試行錯誤が許される。

　特定の企業で職務を遂行するには、企業内で知識を公開する必要がある。知識の出し手の立場からすれば、その知識はすでに理解し終わったものであり、新たな認識を付加するものではない。他方で、受け手の側からすれば、受け取った本人の理解した知識について、その市場価値を発見する機会を得ることになる。外国で入手可能な資源、ソースコードやプログラミング言語の論理構造、製品の製造方法など、受け手に理解力があれば企業から離れて

第 4-1 図　クラスターの類型

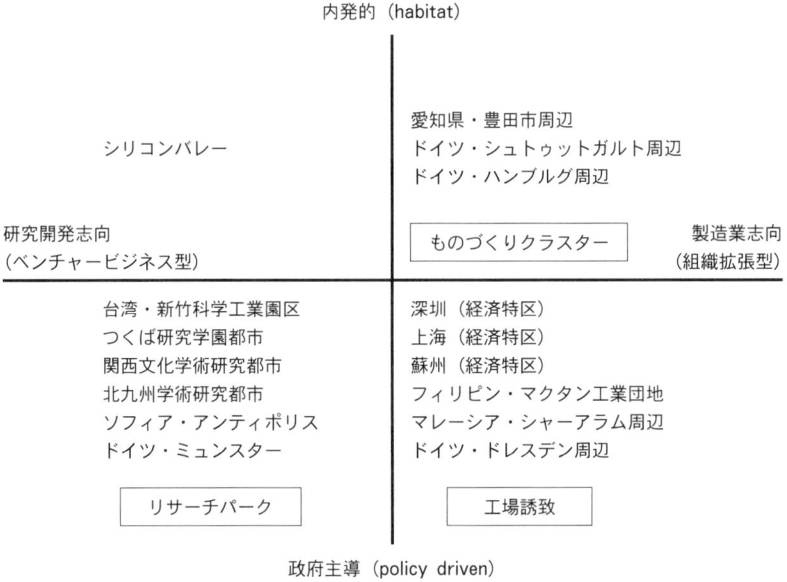

```
                          内発的 (habitat)
                                │
                                │
                                │  愛知県・豊田市周辺
         シリコンバレー          │  ドイツ・シュトゥットガルト周辺
                                │  ドイツ・ハンブルグ周辺
                                │
  研究開発志向                   │            ┌──────────────┐         製造業志向
  (ベンチャービジネス型)         │            │ ものづくりクラスター │         (組織拡張型)
 ───────────────────────────────┼────────────└──────────────┘──────────────
      台湾・新竹科学工業園区     │  深圳 (経済特区)
      つくば研究学園都市         │  上海 (経済特区)
      関西文化学術研究都市       │  蘇州 (経済特区)
      北九州学術研究都市         │  フィリピン・マクタン工業団地
      ソフィア・アンティポリス   │  マレーシア・シャーアラム周辺
      ドイツ・ミュンスター       │  ドイツ・ドレスデン周辺
                                │
         ┌──────────┐           │       ┌──────────┐
         │ リサーチパーク │     │       │ 工場誘致 │
         └──────────┘           │       └──────────┘
                                │
                        政府主導 (policy driven)
```

(出所)　筆者作成。

　独立起業しても利用可能な知識の例を挙げることは容易である。企業という現場に身を置くことは、この理解力を高めるうえで重要な学習機会を与える。理解力を身につけた者が、特定の企業から離れて新たな現場を創造することも可能である。

第2節　事　例

クラスターの分類

　クラスターの現地調査を行うと、それぞれの地域が独自性を備えていることがわかる。2つの軸を設定することによって、いくつかの類型に分類してクラスターを理解することが可能である。第4-1図のように、横軸に製造業志向か、研究開発志向か、縦軸に内発的発展か、政府主導型発展か、という

軸を設定すると、4通りの「クラスター」を分類することができる[9]。

製造業志向とは、組織機能を統合化して生産・販売・企画・設計・研究・開発・財務・人事・情報システムなど、経営管理の領域を拡張していく傾向を含む。これらの経営管理の機能を、本社を中心とした地域に統合しようとする発想のもとで経営が行われる。研究開発志向には、新製品やシステムの研究開発を重点的に行い、量産段階では他の企業にアウトソーシングしたり、特許の利用許諾を与えたりするといった活動を含む。ベンチャー企業の株式公開（IPO）を果たしたのちには、会社そのものが買収の対象となることもある。こうした発想の違いは、明確に戦略として言語化されていないかもしれない。ある地域やクラスターに属していると、「当然のこと」として共通の認識が存在する可能性があり、したがって、こうした発想を「暗黙の戦略（tacit strategy）」ということもできる。それは、企業組織運営における組織の常識であり、志向性である。

リサーチパーク

第4-1図の第3象限は、研究開発に特化し、政府主導で生み出された「リサーチパーク」が該当する[10]。大学はリサーチパークへの代表的な入居者である。すでに第3章で論じたように産学官連携を核として「クラスター」を成長させようとする政策が世界各国で採用されており[11]、神戸医療産業都市、北九州学術研究都市、つくば研究学園都市、関西文化学術研究都市（略称・けいはんな）、ソフィア・アンティポリス（フランス、カンヌ近郊）、ミュンスター（ドイツ西部）といった地域が、世界的にも著名な「リサーチ

9） クラスター概念そのものは製造業に限定されることなく、秋葉原の電気街、ブロードウェイのシアター・ビジネス、ナパバレーのワイン醸造など、広範に適用可能な概念であるため、本研究では以下、製造業に限定して分類を行いたい。
10） 久保・原田・新産業政策研究所（2001）では全国のリサーチパークの現状を報告している。同書第8章、岡本（2001）は、リサーチパークにおけるコーディネーターの重要性と役割を論じ、かつ、日本社会における認知度の低さを問題視しており示唆に富む。
11） 北川（2004）の行う国際比較に言う「地域イノベーション・システム」とは、具体的にはリサーチパークにおける産学官連携であり、それを「イノベーション・システム」と表現してよいかどうか、躊躇を覚える。リサーチパークの運営に関しては、何を指標としてそのパフォーマンスを評価するかが重要な課題である。

パーク」を形成している[12]。中央政府ないし地方政府の資金が投入されて土地が造成され、「産学官連携」のための研究施設やインキュベーション施設が準備される。

　これらのリサーチパークが「クラスター」と呼ばれる場合があるが、企業組織の機能としては研究・開発しかない。企業組織の機能は、徹底して分散化されていることになり、産業集積としての「クラスター」とは異なる。こうした地域の開発には、地方政府ないし中央政府から投資が行われており、その財源は、租税にほかならない[13]。

　リサーチパークから新たなビジネスモデルが生まれた事例として有名なのは、台湾の新竹（シンチュウ）科学工業園区である。新竹科学工業園区は1980年に設立され、台湾工業技術研究院（Industrial Technology Research Institute, 略称ITRI）を中核的な研究機関としながら、TSMCやUMDといったファウンダリーと呼ばれる企業によるビジネスモデルを生み出してきた。すでに中国・上海にも工場を持つTSMCのビジネスモデルは、海外で設計・開発された半導体の試作品（プロトタイプ）の製造や量産に特化した業態であり、シリコンバレーと新竹とのリンケージも指摘されている。新竹には、清華大学、交通大学といった中国本土と同名の大学があり、エンジニアを輩出するとともに産学連携の研究が行われている[14]。

　また、シンガポールにおいても、科学技術に立脚したイノベーション創出を謳う大学があり、加工・組み立てという活動に特化するのではなく、研

---

[12] 本書巻末付録第2表に訪問記録をまとめた。ここには本書の作成に至る明確な問題意識を持つ前の訪問記録を含めた。過去の見聞と比較して理解した部分があったためである。

[13] リサーチパークが企業間分業や輸出市場などの条件を備えていないとすれば、これらのリサーチパークがクラスターとして果たしている役割は何か。いわゆる「箱物行政」の産物として、連携のない研究機関のカッコ付き「集積」となる可能性はないか。リサーチパークのコスト・パフォーマンスをどう測定するのか。かりに測定方法がないとすれば、政府資金の投入についてのコスト・パフォーマンスを評価できないことにならないか。以上のような諸課題に回答するには、別稿を準備する必要がある。

[14] 本書巻末付録第2表に記載した訪問調査のほかに、2007年10月15日、財団法人資策会工業策進會・資策会資訊市場情報中心（Institute for Information Industry, Market Intelligence Center）による招聘講演、2008年8月21日から22日、中華民国経済部技術處・台湾経済研究院（Taiwan Institute of Economic Research）による国際会議招聘の機会を得て、台湾工業技術研究院（ITRI）ディレクター、清華大学教授（元ITRI所長）からインタビューすることができた。

究・開発から製造に至るプロセスを統合する動きが顕著である[15]。

輸出加工区と経済特区

第4-1図、第4象限には、開発途上国に典型的にみられる輸出加工区や中国の経済特区を挙げることができる。これは、政府主導の誘致に対応して、工場が立地されるケースである。輸出加工区は、1960年代以降、台湾の高雄、韓国の馬山などにおいて設立されたが、これらの国々で労賃が上昇すると立地のメリットは失われて、輸出加工区としての誘因はなくなった。中国の経済特区における製造活動は、多国籍企業の工場にリードされたものであり、投資優遇税制の存在が誘致に大きく寄与している。

第4象限は、マッケンドリック＝ドナー＝ハッガード（McKendrick, Doner and Haggard, 2000）によるオペレーション・クラスターにほぼ対応する。たとえば、上海での製造活動は、多国籍企業の工場にリードされたものであるが、マッケンドリック＝ドナー＝ハッガードらのオペレーション・クラスターの議論と違うのは、上海を中心とする地域が急速に変化し、中国ローカル企業による研究開発も進展している、という事実である。1990年代における上海の経済特区は、加工・組み立ての拠点として工場の集積が見られる地域であったが、2000年代になると、そこに企画・設計という機能を統合化していく動きがみられる[16]。そうした活動の集積地域として、この類型を捉えたい。

シリコンバレー

第4-1図、第2象限にはシリコンバレーを挙げた。内発的な発展と研究開

---

[15] 筆者は、2006年3月17日にシンガポール国立大学起業家センター・テクノプルヌアーシップ・プログラム・マネージャー（Technopreneurship Program Manager, National University of Singapore Entrepreneurship Centre）、パトリック・クワンペン・チャン（Patrick Kwang-Peng CHAN）氏にインタビューを行った。アメリカ、東南アジア、ヨーロッパ、オーストラリアの起業家によるビジネスプラン・コンペティションが企画されており、工学部の大学教授による産学連携も盛んに行われている、という。

[16] 2006年2月27日に上海交通大学を訪問したが、その隣接地にある科学技術園区には東レ、インテル、花王などの研究開発センターが立地されていた。その他の訪問調査地域については、本書巻末付録第2表を参照されたい。

発志向の重なり合った地域である[17]。シリコンバレーは起業のためのソーシャル・キャピタルを準備していると言われる。起業に成功した企業家、エンジェル、ベンチャーキャピタリスト、公認会計士、弁護士・法律事務所、起業支援のためのNPOがネットワーク[18]をつくり、将来性のある起業家に投資するといわれている[19]。

こうした資金的な支援が可能になる立地のメリットを指摘すれば、ベンチマークと試作品（プロトタイプ）評価の容易さを挙げることができる。クラスターに立地することによって、競争相手企業を観察することが容易になる。移動時間の短い一定の地域に集積することによって、他者の起業プランと比較することが可能になる。転職者、取引業者を通じて、様々な情報を入手することも可能である。クラスターのなかの最先端企業をベンチマークすることによって、産業の方向性を理解することができる。

クラスターに立地することのメリットは、試作品評価のための時間短縮である。設計者と発注者との間の意思疎通も、対面で行うことが可能である。プロトタイプ（試作品）を製造してその品質を評価するときに、地理的に離れた場所にある企業からの納品では、時間的なロスが大きい。クラスターに立地すれば、試作品の評価とそのフィードバックが迅速に行われる。

シリコンバレーの歴史にはアメリカの軍産複合体制といわれる需要条件が影響を及ぼしており、その意味では政府の支援もあったことになる[20]。歴

---

[17] 第2象限は、マッケンドリック＝ドナー＝ハッガード（McKendrick, Doner and Haggard, 2000）によるテクノロジー・クラスターに近い。しかし、第1象限にある「ものづくりクラスター」も高度なテクノロジーを誇っている。

[18] 金井（1994）はマサチューセッツ工科大学（MIT）を中心とした企業家のネットワークを調査している。① サクセニアン（Saxenian, 1994）によってやや否定的に評価されたボストン周辺における起業促進のネットワークを高く評価している点、② グラノヴェッター（Granovetter, 1973）によるネットワーク理論の応用、③ 参与観察による「フォーラム型」と「ダイアローグ型」の企業家支援ネットワーク類型の析出など、注目すべき論点を提供している。

[19] ケニー（2002）、リー＝ミラー＝ハンコック＝ローエン編著（2000）を参照されたい。筆者らが2004年9月に行ったシリコンバレー調査の対象については巻末付録第2表を参照されたい。起業家、起業に失敗した起業家、ベンチャーキャピタリスト、日系企業による投資対象となったベンチャービジネス、アメリカ大企業、法律事務所のほか、スタンフォード大学マルガリート・ゴン・ハンコック研究員、ヘンリー・S・ローエン教授、ダニエル沖本教授、カリフォルニア大学バークレー校アナリー・サクセニアン教授らにインタビューを行った。

[20] レクィエ（2000）参照。

史的にはアメリカ政府による軍事予算の恩恵を受けてきた時期があり、その意味で完全な民間主導ではないが、輸出加工区や経済特区のように、関税の免除や法人税減免によって企業を誘致しているのではない。フェアチャイルド社、ヒューレッド・パッカード社といった中核企業から多数の起業家がスピンオフすることによって内発的な発展を遂げてきた。シリコンバレーについては、すでに多くの研究があり、多くの起業家を輩出するメカニズムを賞賛する評価が多い。しかし、2000年末にいわゆる「ドットコム・バブル」が弾け、01年9月の同時多発テロが発生して以来、04年時点には地域の人口が15パーセント減少するといった不況に見舞われてもいる[21]。

　クラスターとクラスターは、相互に結ばれる。アメリカ・シリコンバレーと台湾・新竹(シンチュウ)という2つのクラスターは、半導体の設計と半導体の製造という機能に分割されているが、両者間の人的な交流は活発である[22]。新竹のホテルには西欧人、インド人と思われるビジネスパースンを多数見ることができる。シリコンバレーにおいては、研究開発から製造活動まで一貫したものとして追求されるというよりは、むしろ、研究開発活動と設計に重点がおかれている。製造活動そのものは、台湾の半導体製造企業に委託されてい

---

21)　2004年に筆者らが行った調査時点は、2000年末のドットコム・バブルが弾け、01年9月11日の同時多発テロのあとの景気後退期であった。1989年末にバブルが弾けた日本経済では1997年に北海道拓殖銀行、山一證券が破綻したという歴史があり、その期間7年間を基準とすれば、2001年から7年後となる08年前後にアメリカの金融機関の破綻があるかもしれない、という観測を洞口・天野・金・近能・柳沼（2005b）に記した。同調査報告書には次のように記してある。「2001年9月11日の同時テロ以来、シリコンバレーは深刻な不況に陥っており、倒産が増加するだけでなく、ベンチャーキャピタリストがファンドを集めにくい状況にある、という事実が明らかになった。また、ベンチャーキャピタルによるファンド設立と回収のサイクルを7年から8年程度であることを考えると、シリコンバレーにおける「ドットコム・バブル」が弾ける前、2000年頃に設立されたベンチャーファンドが07年から08年ごろに回収されていくことが予想される。そのときに、次の投資資金を獲得できないベンチャー企業と、ファンドを設立できないベンチャーキャピタリストは淘汰されていくことになる。日本のバブル経済が弾けたのが1989年末であり、その後、北海道拓殖銀行、三洋証券、山一證券が倒産したのが1997年であったことを想起すると、シリコンバレーのIT不況は、さらに数年続くと予測することもできる」（28ページ）。2008年9月にはアメリカの大手投資銀行リーマンブラザーズが破綻した。個人住宅向けサブプライムローンの焦げつきという要因と企業向け貸し出しの損失という要因のうち、どちらが金融機関の破綻に大きな影響を与えたかを評価する作業が残されている。
22)　サクセニアン（2001）には台湾とカリフォルニア州を往復して事業を展開する台湾人企業家の事例が紹介されている。彼らは高学歴であり、科学的知識を有している。

る場合も多い。工場での製造活動をアウトソーシングし、企業全体の価値連鎖を分散化させることが、シリコンバレー企業にとっての常識であり、「暗黙の戦略」である。

クラスターは、ある種の生態系として捉えると理解しやすい。シリコンバレーにおける生態系は1つのパターンではあるが、それが世界のすべての地域において支配的になるとは言えない。熱帯と亜熱帯、温帯と寒冷地によって森の生態系にも多様性があるように、クラスターの成長パターンにも国によって差異がある。

豊田市周辺とシュトゥットガルト周辺

シリコンバレーに比較しうる内発的なクラスターとして、日本の愛知県豊田市周辺とドイツのバーデン・ビュルテンブルク州シュトゥットガルト周辺が挙げられる。筆者ら（天野・金・近能・洞口・松島（2006））は前者を中心に議論した論文において、その特徴を指して「ものづくりクラスター」と命名したが、シュトゥットガルト周辺にも類似した特徴が認められる。「ものづくりクラスター」の特徴とは、その発展過程の内発性と、高度な製造業活動を内包していることである。これらの地域においては、トヨタないしダイムラーを中心とした企業間分業が成立している。トヨタないしダイムラーの「暗黙の戦略」は、この地域に基幹的な経営機能をワンセットで揃えることである。そのうえで、重複する機能を海外に持ち、それを支援するセンターとしての機能を持たせている。

「ものづくりクラスター」と呼ぶ地域には、研究開発から製造、販売など、すべての活動がある。これらの地域における研究開発活動は、同じ地域内の製造業の技術水準を高度化させることを目的としており、製造業のなかの構成要素として研究開発が行われていると考えられる。歴史的な経緯をたどれば、政府による産業育成政策の恩恵を受けてきた時期や戦時経済による需要が産業成長を支えてきたという事実を探すこともできるが、基本的には、乗用車生産という民間需要によってクラスターが形成されてきたと言える。

豊田市周辺とシュトゥットガルト周辺の共通性は、トヨタ自動車とダイムラー社という世界的自動車製造企業の工場立地があり、かつ、企業間取引が

行われていることに起因する。これらの地域では、製造活動を活発化させるために既存企業が新たに工場を拡張するという活動が長い期間積み重ねられてクラスターを形成してきた。たとえば、シリコンバレーにも製造活動はあるが、研究開発活動と設計に重点をおいた独立起業が重視されており、製造活動そのものは、台湾・中国の半導体製造企業に委託されたり、海外における自社の工場にアウトソーシングされる場合も多い。これは、シリコンバレーの発展が、比較的軽量な半導体生産に基礎をおいており、航空ネットワークによる運送費用が低いという理由も考えられる。一貫した製造プロセスの相対比較のうえで第4-1図第1象限と第2象限は区別される。

第4-2図は、トヨタ自動車とデンソーの各工場と研究開発拠点立地を地図上に示したものである。トヨタはデンソー以外にも豊田自動織機、愛知製鋼、ジェイテクト、トヨタ車体、アイシン精機、トヨタ紡織、豊田合成といった「グループ企業」としての主要サプライヤーや協豊会に参加する部品サプライヤー212社を抱えており、それら企業の工場立地を地図上に示せば、第4-2図のような小さな地図では判別不可能になるほど多数の工場立地を示す印で満たされることになる[23]。

第4-3図には、ダイムラーとボッシュの工場、サービス拠点と研究開発拠点立地を掲げた。ダイムラーの2つの工場を取り囲むようにボッシュの部品供給体制が整えられてきたことがわかる。第4-3図に掲げられているのは、ダイムラーのシュトゥットガルト＝ウンタートュルクハイム（Stuttgart-Unterturkheim）のエンジン、アクスル、トランスミッション工場と、メルセデス・ベンツの組立を行うジンデルフィンゲン工場である。ダイムラーは、これら2工場のほかにベルリン、ブレーメン、ラスタット（Rastatt）、ハンブルグにドイツ国内工場を有しており、トヨタよりも国内工場立地を分散させている。また、シュトゥットガルト＝ウンタートュルクハイム工場の

---

[23] 松島（2002）は、トヨタ自動車の部品二次サプライヤーとなる豊田鉄鋼への金属加工系サプライヤー33社の特徴をまとめている。大阪府に立地している1社を除いて、32社が愛知県内に立地している。また、松島（2005b）は、フタバ産業と豊田鉄鋼へのサプライヤーに対してアンケート調査を行い、資本金1000万円、従業員100名前後の中小企業が多いことと、その創業者が金属加工メーカーからスピンアウトして独立したことを明らかにしている。

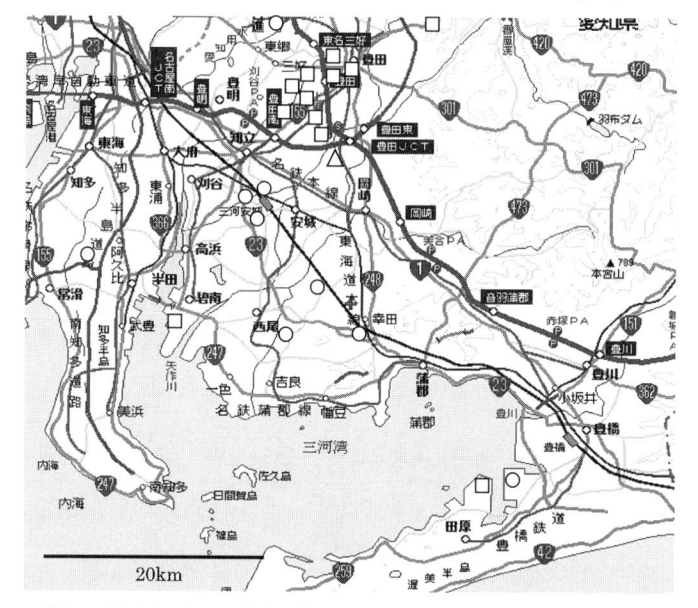

第 4-2 図　愛知県豊田市周辺におけるトヨタとデンソーの工場立地

(注)　□印はトヨタの自動車工場および研究所。
　　　○印はデンソーの工場。△印は三菱自動車の工場。
(出所)　Mapion 地図を引用し、そこに工場立地を書き入れた。

設立は 1904 年、ジンデルフィンゲン工場は 1915 年の創業であり、1937 年のトヨタ自動車の創業以前から 100 年前後にわたって操業を続けてきた[24]。

ものづくりクラスターの特徴

　ものづくりクラスターの工場立地には、次のような特徴がみられる。
　第一に、工場立地は港や幹線道路、鉄道などロジスティックスの必要性を巧みに満たしたものとなっており、必ずしも隣接していない。学術研究都市や経済特区の場合には、一定の敷地内に研究施設や工場が誘致されるため

---

24)　Daimler 社編、*Mercedes-Benz Cars at a Glance: Edition 2008* 参照。ダイムラー社ブレーメン工場には 2006 年 9 月 4 日、ジンデルフィンゲン工場には 2007 年 1 月 9 日に訪問した。

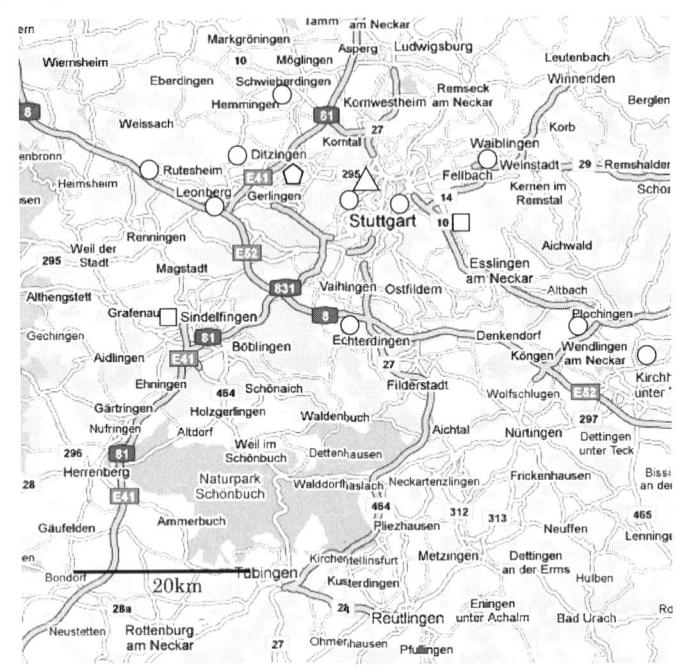

第4-3図　ドイツ・シュトゥットガルト周辺におけるダイムラーとボッシュの工場立地

(注)　□印はダイムラー社の組み立て工場。
　　　○印はボッシュ社の100人以上の事業所。
　　　△印はポルシェ社の組み立て工場。
　　　⬠印はレーザー加工機製造のTRUMPF社の工場。
(出所)　Google地図を引用し、そこに工場立地を書き入れた。

に、集積の存在は視覚的に確認できる。しかし、内発的なクラスターの場合には、工場は分散して立地されるために一目瞭然というわけにはいかない。内発的なクラスターの工場立地が分散するのは、工場隣接地の地権者が異なること、広大な土地の購入が可能な場合の多くは創業時の工場立地場所とは異なること、高速道路が開通する前から操業していた工場と、高速道路開通後の利便性を目的として立地が決定された工場があること、などの理由によるであろう。

　第二に、部品サプライヤーであるデンソーとボッシュの工場は、それぞれトヨタとダイムラーの工場を囲むように、直径50キロメートルの範囲に立

地している。また、部品サプライヤーの工場は、アッセンブリーメーカーの工場と比較して、都市部から離れて立地している。これは、アッセンブリーが部品サプライヤーから一定の距離内にあればジャストインタイム生産のコントロールが容易であること、都市部から離れたほうが工場建設のための土地収用が容易であり広い建物が建設できること、従業員の寮を建設する場合などにみられるように、都市部よりも従業員の生活費が低くすむことなど、いくつかの複合的な要求が満たされるためであると考えられる。

　第三に、トヨタのそばには三菱自動車岡崎工場、ダイムラーのそばにはポルシェの本社工場が立地している。これは本書第1章で紹介した片利共生の事例とみることができる（本書35ページ、第1-2表参照）。トヨタやダイムラーによる大量の需要に対応してきた部品サプライヤーの技術力を三菱自動車やポルシェが利用することは、トヨタやダイムラーにはなんらのマイナスの影響を与えないが、三菱自動車やポルシェにとってはプラスの影響がある。自社が独自に部品メーカーの技術水準を高めるために指導するよりも、トヨタやダイムラーによる技術指導の行き届いた部品メーカーに追加発注をかけるだけですむからである。

　地図には表すことのできない特徴もある。

　第一に、近接した立地によって研究開発活動や技術のコラボレーションが頻繁に行われうることである。近能（2007）は日本の自動車メーカー各社による共同特許出願の状況を分析し、トヨタが最も多くの共同特許を出願していることを明らかにしている。共同特許取得の相手として上位にくるのは、トヨタとデンソー、アイシン精機、豊田自動織機という組合せであり、近接したグループ企業との共同特許が多い。

　第二は、輸出市場の存在である。クラスターでは、その周辺地域だけでは吸収しきれない量の製品が製造される。歴史的にみれば、輸出市場の開拓に成功した企業が存在し、その企業との部品取引・加工を行う企業が近接地に立地するにしたがって、クラスターが形成される。輸出市場へのローカルなニーズに対応するために海外現地生産が行われるならば、海外生産拠点への技術的なサポートも行われる。さらには、「ものづくりクラスター」の知的な高度化を支える技術開発においては、海外での研究開発拠点などの「リン

ク」の形成も行われる[25]。海外に研究開発拠点が設置されれば、その連携も行われる。これは部分的には、各国の需要条件に適合的な製品開発のためであり、他の面では自国にない技術開発を行うためである。以上を要するに、クラスターの生成とは、企業立地に注目すれば国内的な地理的範囲に限定された現象であるが、その存立を支えるのは国際的なネットワークである。立地に関する地理的近接性を支えるのは、グローバルな空間構造で展開される企業行動であると言える。

第三は、自動車関連産業以外の産業が同じ地理的範囲内に集積していることである。こうした現象は、産業組織の重層性と呼ぶことができる[26]。豊田市周辺の場合であれば、自動車産業以外に紡績業、セラミック産業が著名であり、日本ガイシのように排気ガスフィルターの触媒を製造して自動車産業に供給する一方で、プリンター用アクチュエーターやDNAチップの解析を行う企業もある。こうした現象が生まれるのは、第一に成長産業が変化してきたという点、すなわち産業構造の変化を反映しているからであり、第二には、ある産業で発達した機械加工などの汎用的技術が、次世代の技術開発に利用されうることを意味している。松島（2005a）は、群馬県桐生市、太田市周辺において繊維産業から機械工業をへてパチンコ台製造業が成長するまでの推移を跡づけ、そうした産業構造の変化を地域経済の「頑健さ」と呼んでいる。「頑健」な「ものづくりクラスター」は産業組織の重層性を備えている、と言えよう。

地理的範囲

ポーター（Porter, 1998）は、「事業拠点のあいだが200マイル以下程度」（訳書、114ページ）をクラスターの地理的限界の指標の1つとしている。200マイル、すなわち、320キロメートルは日本人の感覚からすれば広域であるかもしれない。名古屋から東京までの新幹線での距離が約366キロメートル、東京－仙台は約320キロメートルである。あるいは、名古屋から岡山

---

[25] 以上の議論については、天野・金・近能・洞口・松島（2006）およびポーター（Porter, 1986, 1990）を参照されたい。
[26] 植草（2000）は産業融合という概念で新産業の創造プロセスを論じている。

までの新幹線での距離が約367キロメートル、名古屋から富山までが約316キロメートルである。ポーターのクラスター理論を日本に適用しようとすると、都道府県を単位として3つから4つを含む広範囲な地域を包含していることになる[27]。

ポーターのクラスター理論が提起する矛盾は、2つの仮説を惹起する。第1の仮説は、ポーターの地理的範囲に関する認定が誤りである、というものである。日本におけるクラスターの研究は、はるかに狭く定義され、地理的に凝集していることが多く、産業集積の研究では新潟県三条市・燕市、長野県岡谷市、同・坂城町、静岡県浜松市など、特定の地方都市や、大田区、墨田区など東京都内23区のうちの1つに焦点を当てていることが多い。研究関心が行政単位によって画されている原因は、クラスターや産業集積の振興政策が都道府県・市町村区に分割された行政区分によって担われているという事情がある。

フランスにおけるクラスター政策、ポールド・コンペティティビテ（競争拠点）政策でも68の拠点が指定されている。これは、地方自治体の首長が、自らの自治体に補助金を給付するように中央政府に働きかけた結果であるとも言われている[28]。他方では、フランスのソフィア・アンティポリスのように個人の資産家によって研究拠点の「団地」が造成される場合もある[29]。産業集積を形成するという意志は、行政によって支えられるべきものとは限らない。

第2の仮説は、日本の研究者および政策担当者の地理的範囲に関する認定が誤っている、というものである。その場合には、21世紀の日本において、高速道路網と新幹線で結ばれた地理的近接性がクラスターの初期条件として多大な強みとなっており、東京から名古屋までを半径として巨大なクラスターが存在していることになる。もしも、そうであるとすれば、特定都市に焦点をあてたクラスター振興政策は、視野を狭窄させているのかもしれない。すなわち、都道府県を単位としたクラスターの振興政策は、地理的範囲として狭すぎる可能性が高い。

---

27) この点は、すでに第3章注24で指摘した。
28) 2006年9月11日および12日、フランス、グルノーブルでのインタビュー調査にもとづく。
29) 2005年9月12日および13日、フランス、ソフィア・アンティポリスでのインタビュー調査による。

第3節　現場の知の方法

クラスターにおけるネットワーカーの役割

　シリコンバレーを典型としたクラスターの生成は、基本的に拡散的な運動によるものである（第3章第3-2図参照）。機軸となる企業が存在し、そこからスピンオフした企業が成功し、さらに経営手法を追随する企業を生む。機軸となる企業の技術水準が高いために、その企業で勤務した経験のある従業員は、高い技術的理解と技能を獲得しうる。機軸となる企業の戦略と、そこで働く従業員の技術的な志向性とが一致しない場合があれば、従業員はスピンオフすることによって自らの企業を立ち上げることになる。機軸となった大企業の判断として、たとえば1億円の売上高が見込まれる新規事業を小さなプロジェクトとして退けるとすれば、そこでは起業のチャンスが見逃されていることになる。

　スピンオフという活動は、その行動を見る限りある企業から別の企業への従業員の移動であるが、知識の連結という側面からみれば、異なる種類の知識を連結するネットワークの形成に役立っている。フェアチャイルド社に働いたことのある人がインテルに勤め、インテルに勤めたことのある人がヒューレッド・パッカード（HP）に勤め、HPに勤めた人がグーグルに勤めている、といった状況は、そのそれぞれが個人による転職であったとしても、フェアチャイルド、インテル、HPとグーグルとを結びつける機能を果たしている。

　スピンオフした本人の意図がどのようなものであるかに関わらず、その人はネットワーカーとしての機能を果たしていることになる。これは、大学から企業、企業から大学院、大学院から企業へという人の流れについてもあてはまる。シリコンバレーにおけるスタンフォード大学やUCバークレーのように、同じ大学や大学院の出身者であることが人々の情報交換を容易にする。

　日本の場合には、スピンオフによる起業よりも新規事業開発とその成功による分社化が多くみられてきた。戦前の財閥は多角化した同族企業であり、

第 4-4 図　現場の知の循環―クラスター形成の事例―

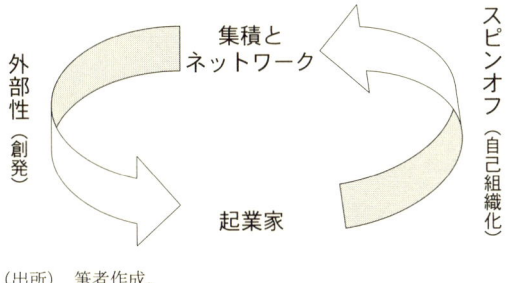

集積と
ネットワーク

外部性（創発）

スピンオフ（自己組織化）

起業家

（出所）　筆者作成。

　戦後も企業グループや関連会社という名目で大企業が多数の子会社を持つという事業戦略が採用されてきた。財閥の存在は資本と経営ノウハウの希少性から説明され、戦後の企業グループの存在は持ち株会社が禁止されていたという事実から説明されるが、より積極的な意味もあったと考えられる。

　1つの仮説は、新規事業をするときの目標の差である。人生の規範として「継続可能な事業に携わる」ことを目的とするならば、会社を起業して株式公開（IPO）をするという方法以外でも十分に充実した仕事をすることができる。「継続可能な事業に携わる」ことが人生の目的であれば、起業をしなくとも、新規事業の立ち上げによって十分に目的を達成できるかもしれない。会社内で新規事業が成功したとしても、IPOをしたときのような巨万の富はもたらされないが、会社の資金に支えられて確実な事業として成長させることができるかもしれない。コーポレート・ガバナンスの研究によって、日米の経営者報酬に大きな違いがあることが明らかにされているが、「継続可能な事業に携わる」ことを重視した日本人の持つ職人的な価値観は、経済の安定的な成長に寄与してきたのかもしれない[30]。

ベンチマークとメッカの存在

　クラスターで活動することは、競争の水準を高める。ベンチマークが容易であり、有能な他者との比較をすることが容易なためである。

---

30)　起業にあたってのリスクに対する評価の差は重要な論点である。

クラスターを特徴づけるのは、その焦点となる企業の存在である。成功した企業を誰もがベンチマークし、その経営手法を模倣するようになる。シリコンバレーのインテル、愛知県のトヨタ、台湾・新竹(シンチュウ)のTSMC、ナパバレーのモンダビなど、誰もが知っている有名企業が、技術的にも、製品品質でも業界をリードしている。誰もがその企業を参照基準とするという意味で、それは、ゲーム理論の用語を借りればフォーカル・ポイント(焦点)であり、宗教の比喩を借りればメッカの存在である。メッカには多数の優秀な人々が集まり、才能を競い合う。

フォーカル・ポイントとは、シェリング(Schelling, 1960)がナッシュ均衡の1つの例として掲げた概念である。ナッシュ均衡とは、敵対するプレーヤーの戦略選択を所与として自らが戦略を選択し、さらに、その選択を所与として敵対するプレーヤーも戦略を選択し、その双方が一致することを指す。本書序章で紹介した囚人のジレンマもナッシュ均衡である。ただし、ナッシュ均衡は戦略空間が無限大の場合でも成り立つ。日常的な言い方をすれば、ナッシュ均衡では戦略の数がどれほどたくさんあってもよい。フォーカル・ポイントの概念は、戦略空間が無限大であっても、しばしばナッシュ均衡に到達しうること、そして、こうした行動の一致が、我々の生活のなかで広く観察されることを示唆している。シェリング(1960)の例を挙げれば、事前に待ち合わせ場所を決めない2人のプレーヤーが双方独自に待ち合わせ場所を決めた場合、ニューヨークのセントラル・ステーションを待ち合わせ場所に選択しやすいことを記している。つまり、プレーヤーにとってフォーカル・ポイントとなる待ち合わせの場として機能しやすいことになる。また、4×4のマスをつくり「相手の選びそうなマスを選んだ人が勝つ」というゲームの例で、対角線上が選ばれやすいことなどを挙げている。この場合、どのマスを選んでも利得に差はない。それでもナッシュ均衡が成立するのは人々の意識のなかに潜在的な焦点が存在するからである。シェリング(1960)は、こうしたプロセスを「暗黙の協調(tacit coordination)」(54ページ)と呼んでいるが、いいかえれば、フォーカル・ポイントとは人間の行動の焦点として機能する記号のことである。

クラスターのなかには、このフォーカル・ポイントの役目を果たす大学・

大学院・企業がある。そのクラスターに行けば、誰もが一度は訪れたくなる場が存在する。それは、いわばメッカであり、フォーカル・ポイントの果たす機能に重要な意味を与える。一流の企業、一流の大学、一流の研究所がある場所を、自らの目で確認するという作業を多くの経営者が実践してきたのである。

　何人かの日本の経営者たちの行動を見ると、現場の知の拠点を探す動きが早かったことがわかる。第二次大戦直後の日本はGHQの占領下にあったが、1951年サンフランシスコにおいて太平洋戦争の講和会議が開かれてのち国際社会に復帰した。成功した経営者の自伝を読むと、1950年代前半には世界各地への旅行にでかけていることがわかる。松下幸之助は1951年1月にアメリカ旅行をし、当初1ヶ月の予定を約3ヶ月に伸ばしてGE社を訪問している。また、1951年10月から11月にかけてはオランダ、フィリップス社を訪問している（松下、2001、47-57ページ）。本田宗一郎は、工作機械輸入のために1952年11月に渡米した（本田、2001、82ページ）。やはり1952年、ソニーの井深大はアメリカを訪問しトランジスタの特許化に関する情報を入手し、1953年8月、盛田昭夫はトランジスタの特許契約締結のためにアメリカに向かった（盛田・下村・ラインゴールド、1990年、121-124ページ）。

現場の知の限界

　クルーグマン（Krugman, 1991）がモデル化して示したように、ある産業集積から別の産業集積への移動は、不連続に発生する。ある産業集積は急速に衰退し、別の拠点に移動することがある。産業集積は動学的な不均衡のなかで生成し、衰退する。日本では企業城下町と呼ばれる都市において、急速に産業空洞化が進行した[31]。

　現場の知を支える都市のランキングは、そこに存在する企業と大学の知名度や特許取得の実績などによって比較的明確に指標化可能であり、逆転をすることが極めて難しい。仮に可能であったとしても、10年程度の長期を必

---

31) 洞口（2001a, 2002, 2004c）を参照されたい。

要とする。地方の小都市に立地している企業にとっては、初期条件が悪く、自社の望む産学連携に参加することもむずかしい。むしろ、個別の企業は「小さな池の大きな魚」となるべく、独自のセグメントを見つけることを望むかもしれない。

集積戦略による現場の知創造の限界を画している要因は、集積に要する時間である。クラスターを創生したいとする政策は世界的なものであるが、その担い手としての企業が特定の地理的範囲に集積して内発的なネットワークを形成するには、かなりの時間がかかる。

第4節　現場の知経営へのインプリケーション

国際経営戦略としての集積戦略

集積戦略を採用することは、実物を見くらべることによって質の向上をはかることである。トヨタ生産システムで強調される「現地現物（げんちげんぶつ）」の思想を実践するためには、近接した立地が有効である。ただし、遠距離にあるハンディを克服する工夫も、近年、著しく発達している。デジタルカメラ、ビデオ、スカイプ、インターネットでの映像配信など、できるだけ現地での情報を直接に収集し、問題があることを多くの人に知らせることも有効になろう。しかし、こうした映像配信は、できあがったネットワークの上では有効に機能するが、人と人とのネットワークを創り上げる機能に乏しい。

ネットワークは名刺交換によって生まれるのではなく、人の移動とビジネスの取引から生まれる。ネットワークを知識創造の枠組みに転換するためには、「見くらべること」、つまり、比較して改良を加えるという目的を持つ必要がある。最も厳しい競争が行われ、最も高い知識水準のある地域でビジネスを通じて知己を広げていける人が、現場の知のネットワーカーである。組織として、そうしたビジネス・パーソンを継続的に生み出していくための戦略を練るべきである。つまり、見くらべることが本質的に重要であるとすれば、フットワーク軽く日本と世界に出かけられるように社内の間接部門における手続きを簡素化することも重要なサポートの仕組みである。

もしも、世界レベルでの競争力を確保しようとするならば、最も先端的であり、最も競争の激しい立地に、少なくとも１つの拠点を置くことが有効である。そのことによって最も競争の激しい立地に固有な現場の知を獲得できる。その拠点を、販売拠点とするか、生産拠点とするか、研究開発拠点とするか、の戦略を練るべきであり、最も競争的な立地の候補として、世界にどのような都市があるのかを企業内部の人材を通じて議論し、情報交換するという企業風土をつくる必要がある。自社にとって魅力的な都市とは何か、を探索するという志向性を持つべきである。

クラスターのタイプに適合した戦略策定

　シリコンバレーと「ものづくりクラスター」である豊田市＝シュトゥットガルト周辺とを比較してみると、個人による独立起業タイプが多いか、組織による新規事業の拡張が多いのか、という違いがあることがわかる。個人による独立起業は、組織が認めうる最小の売上高が低くても活動を開始するという意味で、大企業の新規事業よりも小回りの効くプロジェクトをビジネスの対象にできる。ベンチャービジネスにはそうした身軽さがある一方で、設備投資資金が不足して事業が継続できなくなる「デス・バレー」に落ち込むことが多いことも指摘されている。大企業の新規事業の場合には、事業開始に至る意思決定には時間がかかるが、一旦決定されるならば組織的な支援をある程度の長期にわたって継続することができる。あるクラスターが、シリコンバレー型となるか、「ものづくりクラスター」型となるかは、そのクラスターが存在する地域に流れる文化的特性に依存する部分があるのかもしれない。

　景気が上向きな時期には、ニッチな市場に迅速に対応できるシリコンバレー型の起業が需要を的確につかむが、景気が下向きとなっている時期には親会社の支援を受けながら景気回復を待つ「ものづくりクラスター」型の新規事業開発の適応力が勝るかもしれない。起業をすれば誰が主役なのか明確にわかるという意味で個人主義的であるが、新規事業開発の場合には集団が主役となっている。誰が新規事業の立ち上げに最も貢献したかを特定化することは、必ずしも容易ではない。

世界中に数多く創られたリサーチパークは「クラスター」という名称で呼ばれることもあるが、シリコンバレーや豊田市周辺とは全く異なっている。リサーチパークのなかで活動する企業・政府系研究機関・大学といった組織の原理が、スピンオフを通じた内発的発展の起点となるのか、それとも、リサーチパークにおける様々な恩典を利用するだけの活動に終わるのかは予断を許さない。第二のシリコンバレーにも、第二の「ものづくりクラスター」にもなりようのないリサーチパークもあろう。

　リサーチパークを中心とした発展としてありうるシナリオは、その国に固有な内発的発展を遂げた産業がリサーチパークと融合する姿である[32]。リサーチパークについてそうした仮説を導けるのは、輸出加工区や経済特区、あるいは、先進諸国における工場誘致が、組織の拡張という面からみてリサーチパークにおける研究開発活動と同じ原理を有しているからである。工業団地に誘致された「分工場(ぶんこうじょう)」は、地域との連関よりも、親工場からの技術と部品・半製品の供給に頼ることになる。地元経済との融合には、部品サプライヤーの近接立地といった長期の条件が満たされる必要がある。

　スピンオフを奨励することは短期的には企業の人的資源を細らせることになるが、それをクラスター全体として集計すれば、多様な起業家が群生することになる。日本人の心性を表す言い回しとして、2階に上がった者のはしごをはずしたり、「でる釘」をたたいたり、意地悪をする傾向を婉曲に表現したものがあるが、自社から新たな起業家が生まれたときに、経営者はその未来への可能性を認めて離職後も支援する心構えをもつべきかもしれない。離職して起業する社員が自社の競合先となるか、自社の取引先となるかはスピンオフする会社からの支援の有無に依存する。資金提供者の立場からは、

---

32)　こうしたシナリオを描いているのは、山崎・友景編(2001)、山崎(2003)など、九州を「シリコンアイランド」にするという構想を描く人々である。今後の動向を注意深く見守る必要があるが、政策運営上の経済学的視点をまとめておけば、以下のとおりである。第一に、北九州学術研究都市の形成と運営といった試みで「リサーチ・パーク」から「ものづくりクラスター」への発展を期待できるか。第二に、「シリコンアイランド」とも呼ばれる九州全域に広がりつつあるIC関連産業の工場集積は、深圳や上海に立地した工場とどう質的に異なりうるのか、といった視点である。すでに本章注13に記したように、政策のパフォーマンス評価は重要な課題であり、測定方法がないとすれば政府資金の投入についてのコスト・パフォーマンスを評価できないことになる。

あるプロジェクトのリスク評価が高い場合にはスピンオフして起業することを勧め、リスクが低い場合には社内ベンチャーを勧めることが合理的な行動になるはずであるが、そうであるとすれば、離職して起業するものを支援し、最初の取引先となってやる度量を持つ人々が増えることで起業という社会に不可欠なプロセスが活性化することになろう。

第5章
コモンナレッジ

第1節　原　　理

情報交換の必要性

　コモンナレッジ（common knowledge）は常識と訳される。ある情報交換の可能な主体相互において、ともに理解されていると前提されうる事実である、と定義できる。いわば、確認しなくても相互に知っているであろうこと、である。こうした定義はゲーム理論においてナッシュ均衡が生まれる条件として経済学者には知られている。より一般的には、常識とは、ある社会の構成員が共通に理解している概念のことである。しかし、現実には話をしている相手のもつコモンナレッジは、話者の期待に一致するとは限らない。世代間、男女間、地域間によって、一致しないコモンナレッジの例も多い。

　社会における知識の普及に関して、原理的考察をした古典としてはタルド（1895）がある。タルド（1895）は、「進歩とは一種の集合的思考である」（訳書、217ページ）と述べており、模倣によって個人と個人との関係性が生まれることを重視している。タルド（1895）は複数の箇所でイノベーションを議論しており、その点でシュンペーター（1926）に先行しつつ、共通する部分がある。たとえば、タルド（1895）は蒸気機関による生産が発展する過程においては様々な発明や想像が引き起こされ、やがてひとつの機械が出現すること、そして、その後はその機械を中心として様々な改良が加えられて、それ以外の発明や機械が忘れさられてしまう、と論じた（訳書、217ページ）。

　集合知の一形態としてのコモンナレッジは、ある知識が普及するだけではなく、一旦普及した知識が次の思考プロセスの土台となることを意味している。

第1節 原　理

別の言い方をすれば、集合知としてのコモンナレッジとは、発明と模倣[1]という2つのプロセスをたどる運動体を意味しているのである。第1章第1-1図に示した構図はここでもあてはまるのであり、知識の普及は社会に存在する個々人が積み上げた自己組織化の運動としての働きを持ち、その後、普及した知識が次の思考の枠組みになるという創発が現れる。知識が普及するプロセスだけを観察するのであれば、その普及スピードに関する研究は病原菌の拡散に関してのそれと異ならない。集合知として重要なのは普及し終わった知識が次の段階の発想の基盤として作用することである。

コモンナレッジの形成に関する第一の基本原理は、人間の行う情報交換の必要性である。人は意思疎通のために情報交換をする必要がある[2]。自然言語は集合的な知識の一形態であり、人々は自ら創り出したはずの自然言語を「国語」という科目として学ぶ必要性を持つ。さらに、人々は情報交換を通じて楽しみを得るという事実がある。情報交換は、それが有用なときにのみなされるのではなく、まったく無用であっても楽しいという感覚があれば行われうる[3]。遊びという感覚のなかで、実用的な利用法とは異なった言語の用い方が開発され、文法が生まれる[4]。コモンナレッジから派生する若者の文化が、多くの場合、古い世代にとっては眉をひそめるものとなるのは、情報交換の享楽性に依拠していると言ってよい[5]。以上はコモンナレッジが普及する第一の原理である。

---

[1] タルド（1895）第8章では、模倣と発明の違いを論じている。模倣は、ある論理的な発展段階を飛ばして行われる可能性があるが、発明は不可逆的な一連の段階を1つずつ辿らなければならない、という（訳書、494-495ページ）。たしかに、前者は開発途上国における技術導入のパターンとしてしばしば観察される事実であり、後者はノーベル賞を受賞した科学者らの営みとしてしばしば説明される点である。

[2] タルド（1895）第6章、訳書、285-290ページ参照。赤ん坊が生きていくためには、泣くという行為によって空腹や排便、眠さを示す必要がある。人間が、人間であろうとするときには言語を必要とする。言語が情報として流通する範囲が一定の地域に限定されていることから、その地域に特有のコモンナレッジを生み出す。

[3] 電話、メールといった情報交換の機能は、それが必要なときに利用されるだけではなく、それによって楽しみを得る、それ自体が遊びになっている、という強い理由がある。

[4] なぞなぞ、韻文、ことば遊び、擬声（onomatopoeia）、流行語、携帯電話の絵文字などが該当する。

[5] ヴェブレン（1899）は有閑階級の特徴として顕示的消費を説いたが、人にみせびらかすための消費、あるいは、他人の消費を観察することでそれを模倣しようとする行為は、より一般的な人間の行動であるかもしれない。

コモンナレッジの形成に関する第二の原理は、ある種のイノベーションが普及し終わった時に、社会的に認知された知識が生まれることである。事後的には、それをコモンナレッジと呼ぶことができる[6]。共有知、共生知、現場の知は、それぞれ局所的に知のあり方を変えていくが、その変化が社会に行きわたったときにコモンナレッジが変化していく。企業内部の機密として開発された共有知が、企業間のアライアンスで同業他社に提供されて新たな共生知となったり、地域内の労働移動によって現場の知となっていく。それらの知識が、さらに社会全般に伝播していくプロセスをロジャーズ（Rogers, 1995, 初版 1962）およびドラッカー（Drucker, 1993）にならってイノベーションの普及と呼ぶことができる。これは、共有知の段階では企業内の公共財として機能していた知識が、社会的な公知に変化していくプロセスでもある。共有知、共生知、現場の知が普及していくのは、企業の利潤追求動機とともに、人々が情報交換を行って、より利便性が高く、価格が安く、楽しみを得られる財やサービスを求めるからである。同時に、企業は顧客に提供した商品やサービスからのフィードバックを得て[7]、さらなる改良を加えていく。販売のためのプロモーション活動と、顧客による「口コミ」の評価が「市場」を形成する。

　コモンナレッジに関する第三の原理は、国家権力の存在である。法制度、教育、通貨の取引範囲などは国家の定める領域に限定されている。国家権力は言語の利用を定めることができ、義務教育の対象とその内容を定めることができる。人の移動は国籍によって制限されており、自国から外国へと言語圏を移動し、移住することは容易ではない。国家が交換を認めた場合にのみ交換できるものは通貨だけではない。公的な教育で教えられる内容、たとえば、ある言語から生まれた小説や散文のどれを取り上げるかも国家によって決定されうる。言語表記の統一や標準を準備するのも国家の役割である。こうした国家の役割は、その国が民主主義的な政体を採用しているか、否かに関わりがない。

6）タルド（1895）は「模倣によらないイノベーションは社会的には存在しない」（訳書、219ページ）と述べている。模倣の定義が広いために複数の解釈が可能な言明ではあるが、タルドの記述には 21 世紀に通ずるものが多く、19 世紀の著作であるとは思えない斬新な部分が多い。ロジャーズ（Rogers, 1995）は、タルド（1895）を高く評価しつつ引用している。

7）こうしたプロセスをフォン・ヒッペル（2006）はユーザー・イノベーションと呼んでいる。

イノベーションの普及

　コモンナレッジとはイノベーションが普及した状態を指す、と述べた。企業内の共有知は企業の内部においてのみ公共財であったが、組織間関係としての共生知の創造と、地域内ネットワークとしての現場の知という拡延を経て、社会に知識が広まった状態となり、コモンナレッジが確認できる。

　イノベーションの本質を一言でまとめるとすれば、企業活動に関わる人々の創造性が現実化した結果であるということができる。人々の頭のなかの概念から、新しいなにかを実際に生み出し、それが収益性に支えられたときにイノベーションが認知されることになる。

　イノベーションの普及については、ロジャーズ（Rogers, 1995, 初版 1962）による研究がある。以下では、イノベーションの普及がロジスティック曲線に従うことを確認しておきたい。イノベーションによってある商品が普及するということは、時間に応じて普及が 100 パーセントになることを意味する。時間によってある変数が変化していくことを示すには、微分方程式を用いる[8]。ベルヌーイ型の微分方程式を解くと本章補論 178 ページに示した第(15)式を得ることができる。この方程式の形はロジスティック曲線と呼ばれる。

$$x(t) = \frac{A}{1+Be^{-ct}} \tag{15}$$

　上記に再掲した第(15)式のパラメータに適当な値を入力したシミュレーション結果を第 5-1 図に示した。第 5-1 図の 3 つの曲線には、すべて $A=100$、$C=0.5$ を代入しており、B については、それぞれ左の曲線から 100、400、1600 を代入している。t は 1 から 30 を代入した。

　このシミュレーションからいくつかの興味深い事実を観察することができる。

　第一に、$B = A/x_0 - 1$ と定義されている（本章補論 178 ページ）ので、市場の規模 A に比較した新商品 x の導入時点の初期値 x_0 が小さければ小さいほど曲線の立ち上がりが遅いことがわかる。

　第二に、この立ち上がりの遅さは、新商品 x の導入時点それ自体の時間

---

[8]　本章での説明は、佐藤（1984）に依拠している。微分方程式からロジスティック曲線を求める手順については本章補論において説明する。

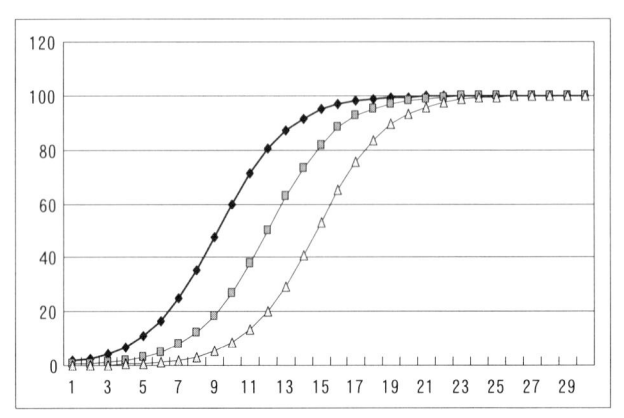

第5-1図 ロジスティック曲線の例示

(出所) 筆者作成。

的な遅れを意味していない。新商品 x の導入時点は、3つの曲線において等しいのだが、パラメータ B の値が小さいことが普及スピードの遅れとなって現れる。これは初期値 x_0 の大きさが小さいことを意味する。

B については、それぞれの曲線について、左から 100、400、1600 を代入したので、$B = A/x_0 - 1$ の -1 を無視すると、$A = 100$ のもとで x_0 について 1、0.25、0.0625 の初期値を与えたことにほぼ等しい。製品普及度 80 パーセントを越えるのは、$t = 12$、15、18 となる。仮に $t = 1$ を 1 年と呼ぶとすれば、このパラメータの設定では、初期値が 4 分の 1 小さいときには 3 年程度の製品普及度の遅れとなって現れることがわかる。

初期値の大きさについての魅力的な解釈は、それをクラスターの規模として理解することである。影響力が大きなクラスター、すなわち、クラスターから繋がれるネットワークが大きく、新製品開発の情報が広範に伝播する場合には普及のスピードが速くなる、と考えることができる。

第5-2図は、第5-1図の曲線の差分をとったグラフである。成長期にはもっとも高い変化が現れ、導入期と衰退期には変化率はゼロに近くなる。マーケティング論では新製品購入に積極的な態度を示す人々をアーリーアダプターと呼び、市場のセグメンテーションに役立てている[9]。グラノヴェッター (Granovetter, 1973) は「弱い紐帯 (weak tie)」によって結ばれた

第1節 原 理　　　　　　　　　　　　155

第 5-2 図　ロジスティック曲線の差分をとったグラフ

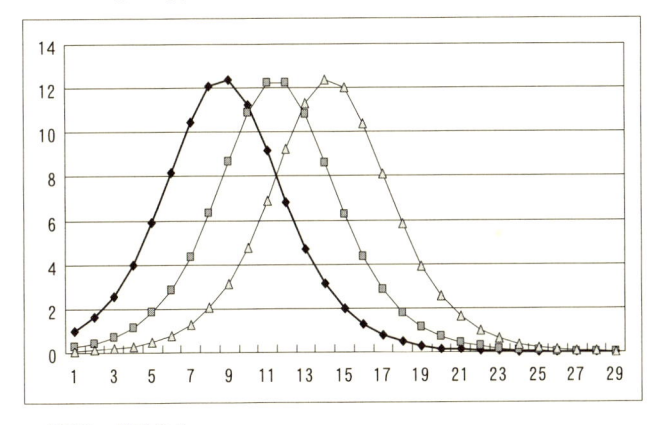

(出所)　筆者作成。

アーリーアダプターのなかの個人が異なる集団を結びつけることによって、イノベーションをより急速に普及させると指摘している（1367-1369 ページ）[10]。第 5-2 図に現れた曲線が経験的なデータによって観察されたときに、経済学者と経営学者たちは、それを実証的なデータとして重視し、様々な名称を考案して提示してきたのである[11]。

---

9) コトラー (Kotler, 1999)、コトラー＝アームストロング (Kotler and Armstrong, 1996) を参照されたい。
10) 本書第 1 章注 14 および第 4 章において紹介したコールマン (Coleman, 1988) やパットナム (Putnum, 1993) によるソーシャル・キャピタルの議論、グラノヴェッター (Granovetter, 1973) による「弱い紐帯 (weak tie)」の議論や本書第 7 章で紹介するワッツ (Watts, 2003) らのネットワーク理論は、人間関係が信頼によって支えられるという命題を提示している点で共通している。日本において共著書・共同学術論文の数をネットワーク理論によって分析した安田 (2004) は、ネットワークの密度が濃い場合に論文の生産性が高くなるという相関を導いている。
11) 赤松 (1956) は、一国のある産業が輸入・国内生産・輸出という段階を経ることを指して「雁行形態」と呼んでいる。日本における明治期以来の機械器具、紡織機、自転車、電気機械の各産業における貿易統計と生産統計とをグラフに描くと、輸入が先行指標として成長してからやがて衰退に向かい、国内生産が成長するにしたがって、その一部が輸出されていくことを指している。赤松 (Akamatsu, 1961) は、コンドラティエフの長期経済循環とシュンペーター (1939) の『景気循環論』を参照しながら、日本の経済データから雁行形態 (wild-geese-flying pattern) を図式的に示している。ヴァーノン (Vernon, 1966) は海外直接投資の趨勢をグラフに描き、プロダクト・ライフサイクル理論を提唱した。コトラー＝カルタジャヤ＝デンファン (Kotler, Kartajaya, and Den Huan, 2006) はアセアン諸国における雁行形態を意識したマーケティングを論じている。末廣 (2000) は後発国の工業化パターンに関する諸研究をサーベイしている。

第2節　事　例

インターネット・サイト

　インターネットの普及過程にロジスティック曲線をあてはめると第5-3図のようになる。この計測結果から言えることは以下の2点である。第一に、ロジスティック曲線は普及率の鈍化を示しており、インターネットの普及は成熟期を迎えている。量的な成長は天井に近づいており、利用方法の高度化やソフトウェア・ハードウェアの買い替え需要といった成熟期の需要動向に対応する時期にさしかかっている[12]。第二に、成長期の開始ないし統計データの入手が可能になった時点から成長の鈍化が観察されるまでの期間は約10年であり、産業の成長が急速であると同時に、成長期は短い。ロジスティック曲線の差分をとった第5-4図からは、普及初期のデータが欠落していることと隔年で理論値から増減する傾向があることがわかる。

　インターネット・サイトにおけるコモンナレッジの代表は、ウィキペディアである。それは、インターネットという社会的なインフラストラクチャー（基盤）を前提として成り立つコモンナレッジである[13]。ウィキペディアは百科事典であるが、インターネットのサイト上に利用者が項目を設定して解説を書くことができる。その閲覧はインターネットにアクセスする者であれば誰でも可能であり、共通の理解を得ることができる。誤った表記や意図的に嘘を書き込むこともできるが、そうした誤りや嘘を修正する人が多ければ、サイトに書き込まれた情報は正しいものが保存される。

　ウィキペディアは知識を蓄積する、という意味で、そのサイトの読者の参加を促す仕組みである。その点が、ヤフーやグーグルといった検索サイトとの違いである。検索サイトも、インターネット上に蓄えられた情報を引き出

---

[12] 本章付図第5-6図（174ページ）には、インターネット利用者数の推移をかかげたが、9000万人近い人口が利用しており、やはり普及率は上限に近づいているとみることができる。
[13] セガラン（2008）では集合知（collective intelligence）に関連するプログラミングを紹介している。

すという意味で集合知を取り出すサイトとして機能しうるが、その情報の読者が参加できるとは限らない。自らが立ち上げたサイトが、検索サイトでは下位に位置づけられてしまえば、実際上は無視されることになる。

　日本において「集合知サイト」と呼ばれているサイトの例を本書巻末付録第3表に掲げた。質問に対する答えが掲載されるサイトが典型的であるが、ガソリンから化粧品に至る商品の低価格情報を与え合うサイト、音楽・映画の評論をするサイト、就職活動の情報を交換するサイトなどがある。

　集合知サイトには有益なものが多いが、それが疑わしい場合もある。大学で講義をする教員の1人としてとりわけ「秀逸」と感じられたのは、大学生が履修科目のレポートをアップロードして販売するサイト「ハッピーキャンパス」の存在である。このサイトでは、キーワードを検索することによって複数のレポートを集めることができる。インターネットのウェブページからカット・アンド・ペーストして作成したレポートが増加してきたことを嘆く声があるが、そうしたレポートは文体が異なるために簡単に見破ることが可能であった。しかし、同じ大学生が書いたレポートとなると見破ることは難しい。同じ教室のなかで同級生のレポートを写すのではなく、距離的に離れた他大学の学生のレポートをダウンロードして、フォントを変えてコピーすればよいことになる。そうした行為を回避させるには、学生にみずから調査に行かせてその写真とともにレポートを作成させるか、複数の最新文献を組み合わせて課題図書として、短期日でレポートを書かせるといった方法を採用すべきことになる。レポートの提出によって期末試験にする、という大学での伝統的教育方法は存亡の危機を迎えている[14]。

集合知サイトへの参加の誘因

　人々が集合知サイトに参加する理由に関する先駆的な研究がある。三浦・川浦（2008）は、情報の獲得を目的としたバーチャル・コミュニティを「知識共有コミュニティ」と呼び、ウィキペディアに代表される「事典型コミュ

---

[14] 筆者の知るところでは、MBAのケースが記載された英語文献について翻訳ソフトを使って概要を理解した、という学生がいる。ソクラテスによる対話形式の重要性は21世紀にも生きている。もちろん、対話形式によって思惟を鍛えたのは、孔子、孟子、石田梅岩など洋の東西を問わない。

ニティ」と、利用者が相互に教えあう「Q&A コミュニティ」に分類する。後者の代表としては、日本の「教えて！goo」、「人力検索サイトはてな」、「Yahoo! 知恵袋」、また海外では「Yahoo! Answers」を挙げている。「Yahoo! Answers」は 2005 年 12 月にサービスを開始後、1 年間で 6000 万人の利用者を集め、1 億 6000 万件の回答が投稿されているという。また、「Q&A コミュニティ」では「正解の存在する質問」と「決まった解が存在しない質問」の 2 つのタイプがあるとしている。

　三浦・川浦（2008）は、「Yahoo! 知恵袋」に回答を寄せた人々 2513 名からアンケートを取り、因子分析を行って「質問者の問題を解決してあげたいから」、あるいは、「困っている人、知りたいと思っている人を助けるのは当然

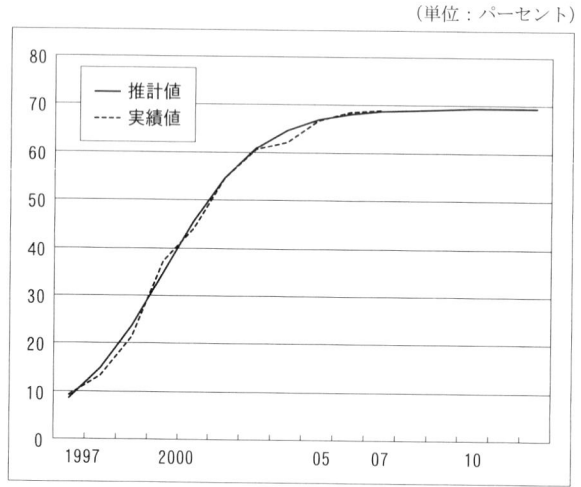

第 5-3 図　インターネット人口普及率の推移

（単位：パーセント）

(注1)　インターネット利用者とは、6歳以上で過去1年間にインターネットを利用したことのある者と定義される。インターネット接続機器には、パソコン、携帯電話・PHS、情報端末、ゲーム機器を含む。
(注2)　推定値データは筆者作成。推定方法については佐藤（1984）を参照。
(注3)　実績値データは 2007 年末までであり、以降のグラフは推定値による。
(出所)　実績値データおよび上記（注1）の定義は『平成 19 年通信動向利用調査の結果』、1 ページのグラフおよびその注による。
　　　http://www.soumu.go.jp/s-news/2008/pdf/080418_4_bt.pdf にデータが掲載されている。

第 5-4 図　インターネット人口普及率の対前年度増加の差分

(単位：パーセントポイント)

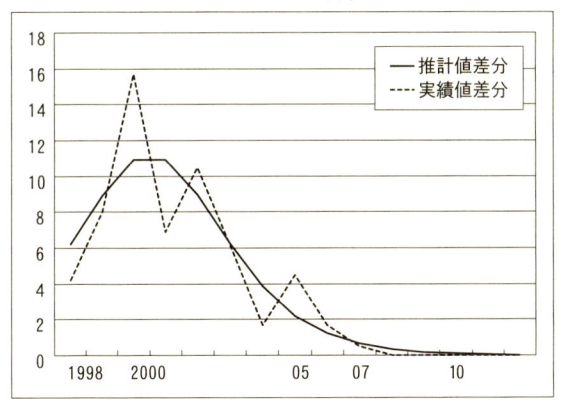

(注 1)　前年度のインターネット人口普及率から当該年度の人口普及率をマイナスした値。
(出所)　第 5-3 図より筆者作成。

のことだから」という回答を中心とした「援助的動機」によって集合知サイトに回答が寄せられている、と結論づけている。注目されるのは、「『Yahoo! 知恵袋』が好きだから」、「『Yahoo! 知恵袋』を盛り上げたいから」、「答えるという行為そのものが楽しいから」という回答群であるが、三浦・川浦 (2008) はこれらを一括して「社会的動機」と名づけている。しかし、これらはテレビのクイズ番組に参加したり、それを視聴したりする人々に近い心理特性であり、「娯楽動機」と呼ぶべきではないだろうか。

　三浦・川浦 (2008) が明らかにしたように、「質問者の問題を解決してあげたいから」という憐れみ (compassion) と、「答えるという行為そのものが楽しいから」という楽しみ (entertainment) が、「Q&A コミュニティ」参加者の動機を部分的にせよ説明するとすれば、人間の感覚の持つ普遍的な要素が「Q&A コミュニティ」サイトを支えていることになる。そうであるとすれば、将来にわたって「Q&A コミュニティ」サイトが社会的な普遍性をさらに獲得していくことが予想されることになる。

レーザー溶接と産業用ロボット

　機械工学の分野でも、20世紀初頭には理論的な可能性が議論されていただけであった技術が、広く産業用の普遍的な技術として広まっている例を観察することができる。インターネットのサイトのように手軽に利用できるものではないが、生産技術者にとっては技術の難易度の問題ではなく、コスト＝ベネフィットのバランスの問題となっている例がある。

　日産車体平塚工場、および、トヨタ自動車元町工場を訪問し、溶接ラインについてのインタビューを行ったところによると、両社ともに自動車の溶接ラインの自動化は94パーセントに達するという[15]。1本アームによる産業用ロボットには、スポット溶接、アーク溶接、レーザー溶接の別がある。また、日産車体では、産業用ロボット[16]による部品の識別と、溶接ラインへの転送が行われていた[17]。

　トヨタの元町工場での溶接ライン見学に参加したドイツ大手自動車ボディー製造メーカーの技術者によると、レーザー溶接を行う箇所について、トヨタとヨーロッパのメーカーとでは違いがあるということであった。トヨタの元町工場に飾られていたボディーを見る限り、シートの影に隠れる部分

---

[15]　2006年3月6日トヨタ自動車元町工場、2006年3月10日日産車体平塚工場を訪問した。
[16]　産業用ロボットの普及はレーザー溶接とならぶ事例である。自動車組み立てメーカーではプレス部品の移動、塗装、溶接、ガラスの組み付けといった生産プロセスで産業用ロボットの利用がみられる。デンソー西尾製作所を訪問し、カーエアコンの製造ラインを見学したが、そこでは産業用ロボットがエアコンのアルミフィンを自動的に製造していた。このロボットはデンソー社内で開発されたものであり、すでに1996年から10年程度の稼動実績があるという（2006年3月7日訪問）。洞口（2006）では、要素技術開発に焦点を絞ってイノベーションにつなげようとする試みのいくつかをまとめた。
[17]　筆者らは、2005年9月7日に、フォルクス・ワーゲンを訪問し、金型加工におけるCADの利用とデジタル加工、および、レーザーによる溶接プロセスについて説明を受けた。自動車のボディー溶接においては、アークスポット溶接が用いられてきたが、レーザー溶接を行う場合が増えてきた、という。2005年9月9日には、ドイツ・インゴルシュタットにおいてアウディの溶接ラインを訪問した。ここでは、トヨタ、日産車体で訪問用に開放されているロボットよりも大型のロボットがボディをアームで搬送しているとともに、溶接を行ってもいた。日本とドイツでは生産ライン設計の思想に大きな違いがある。日本ではコストとのバランスが最優先されて製造機械が導入されているようだが、ドイツでは技術の先進性が重視されているようにみえた。この点を日本とドイツの自動車メーカーにおいてインタビューによって確認すると、概ね肯定的な回答が得られた。

についてレーザー溶接が行われていたが、ジャガー、ランドローバーなどのヨーロッパ車では、ボディーの外側にもレーザー溶接が用いられている、という[18]）。

　三菱電機名古屋工場を訪問し、CO_2 レーザーと YAG レーザーについての説明を受けた[19]）が、同社では、1967 年にレーザ加工の基礎研究をスタートし、1982 年から二次元レーザ加工機を製造している。また、三菱電機では、「LD 励起 YAG レーザ発振機」の製造を行っている。

言語の学習

　インターネットやレーザー加工といった特定産業での事例を離れて、以下では我々の生活に密着した文化の領域におけるコモンナレッジの特徴を考察しておきたい。1 つの国のなかで利用される言語、人々が共有するジェスチャー、あるいは記号の意味理解は、コモンナレッジに該当する。外国の言語は、その国に生まれたネイティブスピーカーにとっては日常生活の道具にすぎないが、外国人にとっては知識として修得すべき対象となる。コモンナレッジ（常識）としての集合知の威力は、言語の成立に見ることができる。

　我々人間は、生まれた瞬間から常識を身につけるように教育される。その常識は国により、地域により異なるが、たとえば日本であれば「こんにちは」という挨拶のときに頭を下げるという「常識（コモンナレッジ）」を教わることになる。「トンネルを抜けるとそこは雪国であった」という川端康成の小説の一フレーズを学び、主語の存在しない文章の美しさを学ぶことになる。いったい誰がトンネルを抜けたのかは文章から明確ではなく、文意から「主人公を乗せた汽車が」という主語を推定するのである。

　こうした「常識」が専門化され、細分化されるプロセスで新たな共有知が生まれる。たとえば、大学の専門課程ではコモンナレッジを基盤として、専

---

18) ティッセンクルップ・ドラウツ・ノーテルファー社、シニアエグゼクティブ、バーナード・ローチ氏（ThyssenKrupp Drauz Nothelfer GmbH, Mr. Bernard Roach）の観察と発言であった。ただし、トヨタの元町工場で観察できた溶接の現場と、見学者用の自動車モデルは限定的な観察にすぎないので、この観察の正確性には疑問が残る、と言わざるを得ない。
19) 2006 年 3 月 7 日訪問。

門性を有した共有知が細分化されていく。「トンネルを抜けるとそこは雪国であった」という文章の主語が欠落していることを指摘するのは、言語学(linguistics) という学問分野での作業である[20]。

　母国語を喋る作業にはなんらの学問的準備も必要がないが、いったん外国語を修得しようとすれば、そこに文法や語法、慣用句といった知識が含まれていることに気づかされる。非日常的な知識を記憶することによって外国の言語を習得することになる。

　高校生を中心にした若者が流行り言葉を作り出すことがある。これは、自己組織系の１つである。自らの知りえた単語を変形して新たな単語を生み出し、流通させる。その流通が一定の閾値を越えると、創発のプロセスがはじまる。そこでは、「知らないと恥ずかしい」という心理状況が形成される。

　言語学は、様々な言語に共通する論理を抽出する作業を行っており、その意味では集合知を研究してきた学問と言うことができるかもしれない。言語が集合知であるとすれば、言語学は集合知の比較研究であり、複数の集合知を比較しているという意味では、言語学のアプローチをメタ集合知的と形容してもよいかもしれない。

　標準的な言語を維持するという活動は国の役割として普遍的なものであるが、そのほかに交通標識や法制度のように国民全体に行き渡らせるべく意識的な努力が払われる場合もある。ジェスチャーや価値観といわれるものは、国家の意識的な努力の対象とはなりにくく、人々の相互作用のなかから生まれたコモンナレッジである。

教育

　ドラッカー（Drucker, 1986）がイノベーションの一例として教科書の普及という教育上の工夫を指摘していたことは興味深い（p.31、訳書、46ペー

---

[20]　言語学者である池上（Ikegami, 2008）による 2008 年 9 月、European Association for Japanese Studies での学会発表は、極めて興味深いものであった。日本人は、日本語において主語を省略することに慣れており、外国人にとって理解困難な要因になっている、という趣旨であった。これは欠落した記号によって意味を伝達するという行為を示唆している。そうであるとすれば、我々はパース（1868）が指摘したように記号を用いて考えてはいるものの、記号そのものを言語的に伝達していないことになる。すなわち、欠落した記号は、文脈から推定可能である。

ジ)。コモンナレッジは、ある社会における知識の底辺を広げるので、そこからうまれる新たな知識の高さに影響を与える。三角関数や微分・積分の基礎を理解した高校生を育てるか、そうした内容を他の受験科目におきかえてしまうかによって、社会の有するコモンナレッジには大きな差が生まれる。

　2006年10月には富山県高岡市において高校の世界史が未履修であることが明らかになり、その後、日本全国の高校で同様の問題が指摘された[21]。世界史を知らない高校卒業生が大量に生まれていたことになる。他方、日本の私立大学では3科目の入試を標準として、2科目ないし1科目での受験が可能となっており、コモンナレッジの先細りは明確である。誰もが、共通した知識基盤をもたない脆弱な社会が生みだされていることになる。

　大学進学率が低い時代には、家庭の貧しさから中学校卒業で働く人も多かった。その意味では、進学率が高くなった時代に「昔の中学生並みの大学生」が生まれてしまう事実にあまり悲観的になるべきではないかもしれない。しかし、中学校卒業で働いた人々を吸収してきた徒弟制や工場生産システムは、減少を続けている。「昔の中学生並みの大学生」が有する知識レベルが現代の知識社会における要求水準に満たない場合、就業できない若年層が生まれることも容易に予想できる。

　外国語の理解能力、数学的な演算能力、歴史と科学の共通理解、コンピューター・リテラシーと呼ばれる情報技術の運用能力など、個々人が個別に修得する知識でありながら、社会全体での水準が推定できる知識が「教育水準」である。日本の教育水準は、低下しつつあるのかもしれない。

　知識管理を行おうとする企業が、地域貢献によって小学生・中学生への教育を重視すべき理由もここにある。その際、日本の初等教育や中等教育において1クラスあたりの児童・生徒数を減らすことが理解度を高め、「教育水準」を高めることにつながることも忘れてはならない。

---

21)「全国各地の高校での必修科目の未履修が相次いで発覚した問題で、愛知と岐阜の高校でも、世界史など必修科目を生徒に履修させず卒業のための単位が不足する恐れがあることが二十六日、分かった。同日には北海道や東京、福岡などの高校でも未履修が判明、全国三十五都道県で二百十三校となった。卒業できない恐れのある三年生は少なくとも二万人以上となっている。」『日本経済新聞』、名古屋版朝刊、2006年10月27日、(社会面)、21ページ、ただしデータベース、日経テレコン21によって検索した。

料理の違い

　日本料理、中華料理、イタリア料理、フランス料理など、特定の国のなかで育まれた民族料理もコモンナレッジに該当する。その料理を誰が創始したかを問うことは稀であり、おそらく不可能なことでありながら、その国のなかで広く共有されている料理がある。イタリア料理とフランス料理とを区別することが容易であるように、日本料理と中華料理も区別することができる。

　個々のレストランは、競争をしている。中華料理店であればどこにもチャーハンがあるが、個々の店はそれぞれに「おいしい」チャーハンを提供しようとしているはずである。しかし、チャーハンというメニューを提供している限りは、その店は日本料理店でも、イタリア料理店でも、フランス料理店でもない。これは、料理に関する専門性の違いである。ここにコモンナレッジの例がある。コモンナレッジであれば誰もが知っているが、誰もが知っているからこそ、フランス料理店ではチャーハンは提供されないし、それを期待する人もいない。

　フランス料理であれ、日本料理であれ、ある特定の国の料理を作るためには暗黙知の獲得を主とした料理の「修行」が必要となる。中華料理は、四川、広東、客家(ハッカ)など、中国国内の地域別に細分化されており、一国内でも大きな違いがある場合も多い。国の北部と南部、海沿いと山間地などで各国の料理にも違いがある。

　共生知に関する議論で詳しく論じたが、こうした専門性を本書では「知識の次元」と呼んでいる。

ものがたりと宗教

　神話や伝承、おとぎばなしなどは、1人の個人によって記載されたものではないと推定されるのであって、そうであるとすれば神話、伝承、民話などは集合知の一形態とみなすことが可能かもしれない。民話の収集を行う民俗学という学問の成立は、コモンナレッジによって先行する集合知のうえに成り立っていることになる。

　ものがたりの提出の仕方は、時代により、国により異なっている。口頭伝

承として口伝えされる場合、文章にされる場合、歌のなかの歌詞として残される場合もある。現代的な形式としては、小説、漫画、テレビゲーム、専用ゲーム機、映画、DVDという様々なジャンルがあり、あるジャンルが成立しているのは、そのジャンルに参加する人々の数に依存する。日本には、連歌、錦絵、浮世絵など、古典的なジャンルも存在する。

　日本は新興宗教の多い国であり、20世紀に生まれた宗教ないし宗派を多数挙げることができる。その意味で、日本人は比較的自律的に宗教を選択しているのかもしれない。多くの場合、人々の宗教選択は、自らの両親の宗教に大きな影響を受けている。ゆるやかな歴史的変化はあるが、ある宗教圏が歴史的に確立するのは、家庭の影響によって子供たちが同一の宗教を信ずるからであろう。

　ウェーバー（1919）は『プロテスタンティズムの倫理と資本主義の精神』によって、宗教による資本主義勃興を描こうとしたが、その立論は早くからユダヤ教の信者によって非難されてきた（訳書、19ページ、注4）。日本、中国、韓国といった国々における資本主義の発達は、単一の宗教による資本主義の発展という命題に疑問を提示している。

　宗教は、ビジネスチャンスを与える。すでに資本主義の発展をみた国々においては、宗教儀式に源泉をもつ様々な行事が商業化されてきた。クリスマス、バレンタインデー、ハロウィンは日本でもすでに定着した行事であり、そこに「商戦」が戦われる。

遊びとスポーツ

　遊びとスポーツは集合知の宝庫である。日本には「お手玉」、あやとり、折り紙といった伝統的な遊びがある。相撲、空手、剣道、柔道といった伝統的なスポーツもある。NHKテレビとラジオで放送されるラジオ体操という運動にも根強い支持者がいる。遊びやスポーツは、ほとんどの場合、真似をすることでその方法を学ぶ。暗黙知が伝達される例でもある。

　遊びとスポーツは社会的な広がりを持ち、「誰もが一度はやったことのある」ものとして認知される。それは教育によって支えられる場合もあるが、純粋に民間に広まる場合も多い。スポーツには他の人間に「やりたい」とい

う気持ちを誘発させる顕示的消費の効果があり、それは有閑階級と呼ばれる時間的な自由を持つ人々の特徴とされた[22]。

　サッカーでボレー・シュートをするときには、誰かの行ったボレー・シュートを見てから、それを真似る作業が必要になる。言葉での説明は補助にしかすぎない。さらに、スポーツを通じて、リーダーシップやチームワーク、忍耐や励まし、協力や努力を継続することの意味を知ることができる。

　本書序章において触れたように、囲碁、将棋、チェスといった考えるゲーム（thinking game）には暗算の伝統が活きている。テレビゲーム、ゲーム機械によるゲームにも考える要素はあるが、ボタンを押したりセンサーを動かすことによる反応で遊ぶ部分も大きい。そうした場合、考えるよりも、反応することに重点が置かれている。囲碁、将棋、麻雀などは、インターネットの対戦型ゲームとして発達しており、離れた場所にいるプレーヤーが対戦する形態に進化している。遊びとスポーツも、インターネットというイノベーションの影響を受けている。

第3節　コモンナレッジの統御方法

ゲートキーパーの役割

　ウィキペディアについてみると、現実に、あまりにも異なる視角から多数の書き込みがある場合には、書き込み禁止という措置がとられている。こうした役割を果たす人のことをゲートキーパーと呼ぶ。このゲートキーパーの存在は、テレビの放送倫理規定を定める委員会と同じく、コモンナレッジの社会的許容範囲を定める役割を果たしている。

　法制度は、社会的な通念を定めるゲートキーパーとなりうる[23]。法制度

---

[22]　ヴェブレン（1899）第10章「現代における武勇の存続」を参照されたい。ヴェブレンが断定的に語るところによれば、「スポーツへの耽溺は、人間の道徳性の発展が中途で阻止された顕著な印である」（訳書、280ページ）。
[23]　日本において法制度を導入するためのイノベーターとして活躍した人々とその歴史的背景については、法政大学イノベーション・マネジメント研究センター・洞口編（2008）を参照されたい。

そのものもコモンナレッジとして重要であり、法律における「公序良俗」の概念を定めるのは、判例を決定していく判事と陪審員（裁判員）である。彼ら・彼女らの役割もゲートキーパーである。集合知としてのコモンナレッジの質を決定づけるのは、ゲートキーパーとなる人々の倫理観である。

法制度に支えられた社会システムの例としては、選挙制度、税制、会計、年金などがある。

ゲートキーパーとしての市場

市場メカニズムにはゲートキーパーとしての働きがある。適者生存を具体化させる競争のメカニズムがある。

カリフォルニア巻きという寿司が、いつ、誰によって創始されたのかは不明である。しかし、日本の伝統的な巻き寿司にアボガドを入れるというアイデアを含めた商品が、おそらくはカリフォルニアの寿司レストランで提供され、それが寿司を好む人々に受け入れられた。抽象化していえば、寿司を好む人々は、「寿司市場」を形成しており、その市場における選択のプロセスでカリフォルニア巻きが生き残ったことになる。

いったん商品として確定し、レシピが知られるとカリフォルニア巻きは、日本でも商品として提供されるようになった。カリフォルニア巻きというレシピが創発され、それがミクロの主体としての寿司屋に影響を与えるようになった。これは、集合知の事例である。

流行（ファッション）という形でコモンナレッジを生み出すうえで、マスコミの果たす役割は大きい。テレビや新聞といったマスコミによって情報の伝達ができる人々の数は、依然としてインターネットによる接続数や閲覧数よりも多い。今後、その数が逆転することが予測されているとはいえ、マスコミの影響力は依然として大きい。

法制度では、裁判官という人物が実態として存在するが、市場では個人を特定することはできない。誰かが好事家としてある商品を利用することはできるが、それは提供する企業の収益性という基準によって生産中止となる場合もある。

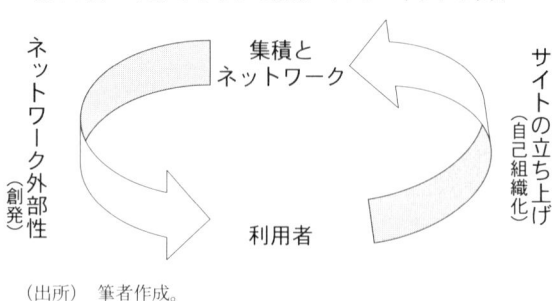

第 5-5 図　コモンナレッジの循環－インターネットの事例－

（ネットワーク外部性（創発）／集積とネットワーク／サイトの立ち上げ（自己組織化）／利用者）

（出所）　筆者作成。

文化産業の戦略性

　コモンナレッジを特徴づけるのは、短期的な管理不可能性である[24]。コモンナレッジを一夜にして変化させることはできない。人間ないし企業という個々の主体からみて、コモンナレッジはゆっくりと変化する対象である。5年から10年という時間をかければコモンナレッジは確実に変化するが、その変化の主体が誰であり、変化した先にどのようなコモンナレッジが登場するのかを事前に予想することは難しい。そこに創発が作用するからである（第5-5図参照）。

　携帯電話によるコミュニケーションや、携帯メールによるコミュニケーションは2000年前後には日本社会の標準となったが、1990年前後には携帯メールによるコミュニケーションは稀であり、携帯電話によるコミュニケーションをになうのはPHSと呼ばれる技術標準であった。2009年前後には、インターネットによるコミュニケーションが携帯電話によって包含されつつあるように見える。画面に表示可能な文字数は少ないものの、ハンディな道具として利用は広まっている。これは、クリステンセン（1997）がハードディスク・ドライブの市場で観察した製品の小型化と導入初期における利用者の反応に類似している。ハードディスク・ドライブが小型化すると、その

---

24)　経営学ではコンティンジェンシー理論といわれる研究において、企業の外部環境が重視されてきた。

利用可能性に対する疑義が提出されるが、新たな利用方法が発見されるのにしたがって「破壊的イノベーション」として市場を席捲した。インターネットの技術基盤は、パソコン利用から携帯電話による利用へと変化を遂げつつある。

　コモンナレッジは、ゆっくりではあるが、確実に変化する。確立されたコモンナレッジは文化として理解され、許容される。共有知によって開発した商品が企業のヒット商品となり、それが社会に普及したイノベーションとなれば、文化が変容したと理解されることになる。イノベーションの結果として、コモンナレッジが変化し、新たなコモンナレッジが生まれることになる。

　グローバルな視点を持つと、日本国内ではコモンナレッジとなった商品やサービスが、他の国々では革新的な商品やサービスにもなる。それは、イノベーションの普及スピードが、海外と国内とでは異なるからである。とりわけコンテンツの普及には時間がかかるが、課金が可能であれば収益性は高い。物理的に移動可能な商品や、単純なサービスに比べて、利用者の側の理解度を必要とするコンテンツはコモンナレッジとなるのに時間を要するからであり、著作権を維持できれば複製のコストが低いからである。カラオケ、マンガ、ゲームといった産業分野では、日本発のコンテンツが世界に普及し、コモンナレッジとなっていく過程でグローバルな成長が期待される。

　本章では、言語の学習、料理、ものがたり、宗教、遊びとスポーツをコモンナレッジの事例として挙げた。つまり、こうした分野には海外への伝播という形態でのビジネスチャンスがあることになる。日本語、日本料理、日本の宗教、日本固有の遊びや武道などを海外に普及することは、ツーリズム（旅行業）の隆盛につながり、巨大な文化産業を形成する可能性を持つ。日本語教師の育成、日本料理の現場への外国人受け入れなど、政府が補助すべき分野も多い。そうした戦略性を集合知という文脈から理解することは重要である。

社会的共通資本としてのコモンナレッジ

　知識社会を支える社会的な共通資本が存在する。社会的共通資本とは、経済学的概念であるが、政府と社会構成メンバーによって意図的に投資されて成立する公共財のことである。

開発途上国と先進国を分けるのは、この社会的共通資本に埋め込まれた知識の水準にある。教員、教材、学校、医療制度、医師の育成、道路・水道・電力などのインフラストラクチャー、人々が模範とするべき倫理観の醸成などは、社会的知識を高めるうえで重要である。

社会における知識基盤の広さは、その社会から生まれる新たな知識の高さを定める。新たな知識は共有知であるかもしれず、共生知であるかもしれず、また、現場の知であるかもしれないが、知識の高さを支えるのは、その基盤であるコモンナレッジの幅の広さである。

第4節　コモンナレッジ経営へのインプリケーション

国際経営戦略としての有機戦略

端的に言って、企業にできるのはイノベーションを起こすように努力することだけであって、何がイノベーションとなりうるのかを事前に知ることはできない。ただし、事後的な状態を想定することは可能であって、企業には次のような活動ができる。第一は、共有知のマネジメントを通じて要素技術を開発し、新製品を創造することである。第二は、共生知のマネジメントによって、従来不可能だと言われていた限界を突破することである。第三は、集積戦略を採用して現場の知を活用し、初期条件を有利にすることである。とりわけ、世界各国のどの都市を集積戦略の拠点とするかは重要な戦略的課題である。

企業の提供する商品やサービスが、それ自体として社会のコモンナレッジの重要な構成要素となる。その過程をイノベーションと呼ぶとすれば、企業はイノベーションを意図的に引き起こすことはできない。しかし、自社の提供する商品が後世の人々からみて尊敬される商品となっているか、あるいは、自社の提供するサービスが、現代の人々から感謝される内実をそなえているか、チェックすることはできる。経営者に教養が必要な理由がここにある。もしも運よく新製品が社会に受け入れられるならば、経営者は、自らの創り出した製品によって人々のコモンナレッジ（常識）を変化させてしまう

ことになる。

コモンナレッジの言語化

　コモンナレッジがいかにあるべきかを理解するためには教養が必要である[25]。それは製品が普及した結果を予測する能力の涵養であり、また、次世代製品開発の土台ともなる。国際的な活動をする経営者は、国際的な教養人となるべきである。医学、法学、文学、経済、工学と呼ばれる伝統的な学問分野以外に、音楽、絵画、スポーツ、倫理、宗教、家事、育児、教育方法、数学、文学、言語、心理といった多様な領域への敬意を払うべきである。その敬意の払い方は、企業のフィランソロピーの方向性を定め、1つの国のコモンナレッジを定めていく。いわゆる地球環境問題は、企業の教養を測る試金石として重要な意義をもつ解決課題であるが、企業の社会的責任（corporate social responsibility, CSR）という概念も、遵守されるべき最低限のモラルとしてではなく、企業経営者の教養を反映した幅広い領域への積極的な関わりとして理解されるべきである。

　経営者は、自らのもつ「価値」について、従業員に対して、顧客に対して、また、株主に対して語りかけるべきである。何を価値として経営活動を行っているのかを、繰り返し説く必要がある。フィランソロピーや商品によって伝達されるコモンナレッジでは、十分に企業活動を説明できていない。また、説明責任を果たしてもいない。企業経営者は、株主総会で報告される業務方針よりも高い次元のメッセージを発信する必要がある。それは、金銭を媒介とした取引を越えた、次世代に向けてのメッセージとなり、その「思い」を伝えることで、コモンナレッジの意味が明確に理解されることになる。

　メッセージを伝えるには、共通した言語が必要である。言語を共有する活動の1つが教育である。自社に適合した独自の教育方法を模索することがコモンナレッジの底辺を広げる。経験と知識、意見交換と基礎的技術の修得など、共有知を創造することのできる基盤が企業には備わっているが、それをコモンナレッジにするには普遍性を意識的に求めていく必要がある。経営者

---

25) 教養はリベラル・アーツと呼ばれ、大学において涵養されるべき主題である。

と従業員の立ち居振る舞い、敬語、あいさつといった基本的動作[26]だけでなく、「相手の立場にたった問題解決」をする姿勢を身につけさせることが重要である。社会の教養を高める活動に熱意のある人が、コモンナレッジのゲートキーパーとなるべき人である。

コモンナレッジの危険―社会のもつ教養の劣化―

イタリアのバロック都市・レッチェを訪問したときの衝撃は忘れられない[27]。15世紀から続く石づくりの町並みは、クリーム色の街路をつくり美しいものであったが、街のそこかしこに容赦なくいたずら書きが広がっていた。グラフィッティと呼ばれるアメリカ風のいたずら書きは、単独の個人ではなく、複数の集合的な無知として街の景観をそこなっている。倫理観を醸成する教育の欠落した場所では、いたずら書きが増える。コモンナレッジを重視することの意味は重い。

常識を管理できない社会は衰退する。人類の社会にとっての理想となるべき常識、いわば、品性や知性と呼ばれる態度を追求しない社会は劣化する。ローマの歴史を振り返らずとも、また、現代のイタリアの例を出すまでもなく、21世紀の日本もまた急速に坂道を転げ落ちつつあるように思われる。日本社会に息づいてきた職人的な「よき伝統」は失われつつあるように見える。

コモンナレッジが腐敗しつつある社会では、知識基盤も崩れる。筆者には、そのことへの危惧がある。2000年代の日本社会では、残留農薬入りの事故米が転売[28]され、産地を偽装された牛肉[29]が販売され、高級料亭が前の客の食べ残しを出し[30]、高校では世界史を教えないまま卒業単位を認定し[31]、

---

26) 丁寧な言葉づかいで問題を先送りする慇懃無礼も、日本社会には根強く存在する。マニュアルによる画一的経営はこうした危険をはらむものである。
27) 2008年9月、国際学会EAJSにて招聘講演のために参加した。
28) 「三笠フーズ社長ら立件へ、来月にも、事故米転売、詐欺の疑い」『日本経済新聞』2008年12月21日、朝刊35ページ。
29) 「「丸明」に表示是正勧告、飛騨牛偽装で農水省」『日本経済新聞』2008年7月29日、夕刊23ページ。2008年には、このほかに比内地鶏、うなぎなどの産地偽装も問題となった。
30) 本書序章、注12参照。
31) 本章、注21参照。

第 4 節　コモンナレッジ経営へのインプリケーション

高校教員採用試験では不合格者が採用になり[32]、企業は大学 3 年生に就職内定を出し[33]、官僚機構では裏金の存在が暴きだされ[34]、国民年金記録の情報システムは機能しておらず[35]、さらには、その記録の一部は社会保険庁によって改ざんされている[36]。日本社会は倫理観を失い、不条理が常識になっている。

　こうしたことが偶然、同じ時期に生まれたとは考えにくい。ブランドや知名度の過剰な重視と、その陰にある品質のごまかしが上記の様々な不祥事に共通した特徴である。ある種の専門性を備えた組織の構成メンバーが、部外者からは理解されないであろうことを前提として意図的に行為した結果と言ってもよい。この意図的行為は、悪意というよりもむしろ倫理基準に対する怠慢と表現されるべき内容を持っている。いわば耐震偽装設計をした建築物の耐震強度を評価する能力の欠如である。その役割を、組織の部外者が担わなければならない社会になっているのかもしれない。日本は世界第二位の

---

[32] 「大分・教員採用汚職、「30 人超点数水増し」、教委参事 2 年で、上司指示と供述」『日本経済新聞』2008 年 7 月 8 日、朝刊 43 ページ。なお、「43 都道府県から不正などの投書、員採用問題で集計」『日本経済新聞』2008 年 11 月 29 日、朝刊 38 ページによると、政府の規制改革会議が教員採用などを巡る不正実態や改善点を「教育目安箱」と称して郵便やインターネットで全国から募ったところ、四十三都道府県から二百三十八件の投書があり、四十二都道府県において問題点を指摘する投書があったという。本書第 2 章注 9 で述べた密告奨励としての目安箱の手法は、現在でも生きている。

[33] 「Q 大学 3 年時に得た内々定は、A 経団連の憲章違反だが有効（学生人事部採用往復書簡）」『日本経済新聞』2008 年 10 月 20 日、朝刊 11 ページ参照。その記事によれば、回答者の 2 割強が大学 3 年生の 3 月に内定をもらったという。企業は大学という教育機関による成績評価を信頼していないことになる。なお、2008 年末から 09 年 3 月にかけては景気の悪化にともなって大学生への内定取り消しが社会問題化した。「景気悪化、募る雇用不安―採用内定取り消し続出、口頭通知のみ、憤る大学」『日本経済新聞』2008 年 11 月 28 日、夕刊 23 ページ参照。

[34] 多数の報道があるが、たとえば「経産省「裏金」、問題放置を批判―外部調査委報告書、「前室長、横領の疑い」」『日本経済新聞』2005 年 8 月 27 日、朝刊 1 ページ。「談合、裏金…相次ぐ不祥事、自治体、改革手探り―秋田・鳥取県、指名入札を全廃」『日本経済新聞』2006 年 12 月 18 日、朝刊 29 ページ。「不正経理問題、愛知県、300 万円使途不明、横領の疑い、県警に通報」『日本経済新聞』2008 年 10 月 20 日、朝刊 39 ページ。「12 道府県で不正経理―自治体、説明に追われる、「県民におわび」」『日本経済新聞』2008 年 10 月 19 日、朝刊 35 ページなどの記事を参照されたい。

[35] 「年金記録ミス 2 万 4000 件、照会者の 2 割―社保庁、ずさん管理」『日本経済新聞』2006 年 10 月 26 日、朝刊 1 ページ。「社保庁解体―年金機構、年金記録問題も引き継ぎ、1200 万件、手つかず」『日本経済新聞』2009 年 2 月 11 日、朝刊 3 ページなど参照。

[36] 「年金改ざん、「社保庁関与」426 人回答、職員名特定は 69 人」『日本経済新聞』2009 年 2 月 10 日、朝刊 5 ページ参照。

GDP を維持してはいるものの、倫理観が欠落した企業や官僚組織の不祥事の多発する国になったのである。

会計検査院のような独立した行政組織にせよ、市民団体によるオンブズマンにせよ、組織の部外者による「耐震強度の評価」には多額のコストがかかる。企業倫理と官僚組織の倫理とが内部の人びとによって確立され、世界の模範となる行動規範を打ち立てることができれば、そうした監視コストを回避できるはずである。集合知と集合愚との境界は、倫理観によって画されている。

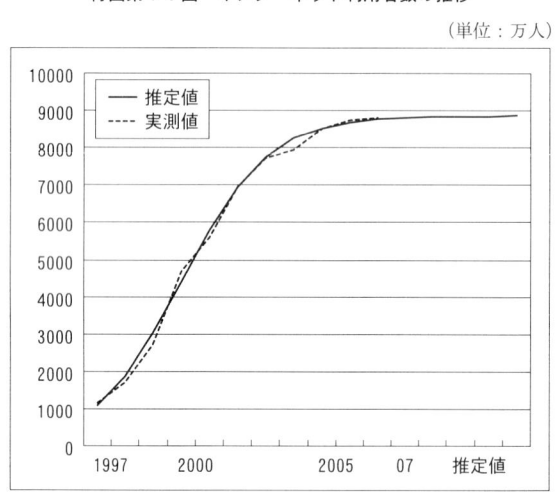

付図第 5-6 図　インターネット利用者数の推移

(単位：万人)

（注1）　推定値データは筆者作成。推定方法については佐藤
　　　　（1984）を参照。
（注2）　実績値データは 2007 年末までであり、以降のグラフは
　　　　推定値による。
（出所）　実績値データは、『平成 19 年通信動向利用調査の結果』、
　　　　1ページのグラフによる。
　　　　　http://www.soumu.go.jp/s-news/2008/pdf/080418_4_bt.pdf
　　　　にデータが掲載されている。

第5章補論
ロジスティック曲線の導出

　ロジスティック曲線の導出[37]には、ベルヌーイ型と呼ばれる微分方程式の形を用いる。すなわち、
$$x' + a(t)x = b(t)x^n \tag{1}$$
という方程式の形である。x' は $\dfrac{dx}{dt}$ を意味する。したがって、
$$\frac{dx}{dt} a(t)x = b(t)x^n \tag{2}$$
という方程式を解くことになる。ここで、$a(t) = -kA$、$b(t) = -k$、$n = 2$ を代入して、方程式を書き直してみると、
$$\frac{dx}{dt} - kAx = -kx^2 \tag{3}$$
と書き換えることができる。$x' = \dfrac{dx}{dt}$ であることに注意すれば $x' - kAx = -kx^2$ となる。この方程式を k についてまとめると、
$$x' = kx(A-x) \tag{4}$$
と書き直すことができる。
　第(4)式は、新たな製品ないしサービスの販売動向を示す基本的な方程式である。ここで x' はある商品 x の売れ行きの速度であり、x は現在の販売数である。k は今の状態の x にかかる比例定数であり、ある一定の k について x が大きいほど kx も大きくなる。A は理論的に可能な保有者総数であり、需要総数である。したがって、$(A-x)$ は、まだその商品を持っていない人の数であり、x が大きくなると $(A-x)$ は小さくなる。
　ここで、第(4)式を $x' - kAx = -kx^2$ と変形して、その両辺を x^2 で割ると、

---

[37] 以下の説明は、佐藤（1984）に依拠している。

$$\frac{x'}{x^2} - \frac{kAx}{x^2} = -\frac{kx^2}{x^2} \quad \text{あるいは、}$$

$$x'x^{-2} - kAx^{-1} = -k$$

と書くことができる。さらに、ここで変数変換をする。$y = x^{-1}$ とおくと、

$$\frac{dy}{dt} = \frac{dy}{dx}\frac{dx}{dt} = \frac{d(x^{-1})}{dx}\frac{dx}{dt} = -x^{-2}\frac{dx}{dt}$$

$$= -x^{-2}x' \tag{5}$$

を得る。したがって、

$$x'x^{-2} - kAx^{-1} = -k$$

に $y' = -x^{-2}x'$ と $y = x^{-1}$ を代入すると、

$$y' + kAy = k \tag{6}$$

と書き直すことができる。この微分方程式を解くために両辺に e^{kAt} をかけると、

$$e^{kAt}(y' + kAy) = ke^{kAt} \tag{7}$$

となる。上式の左辺は、下記のように書き直すことができる。

$$\frac{d(e^{kAt}y)}{dt} = e^{kAt}\frac{dy}{dt} + ykAe^{kAt} \tag{8}$$

つまり、$\frac{d(e^{kAt}y)}{dt}$ を時間 t で微分したものに等しい。すると、第(7)式の右辺を再び等号で結び、

$$\frac{d(e^{kAt}y)}{dt} = e^{kAt}\frac{dy}{dt} + ykAe^{kAt} = ke^{kAt} \tag{8a}$$

が成り立つ。上の第(8a)式の左辺と右辺だけをまとめると、

$$\frac{d(e^{kAt}y)}{dt} = ke^{kAt} \tag{8b}$$

あるいは、$(e^{kAt}y)' = ke^{kAt}$ \hfill (8c)

と書くことができる。ここでは第(8b)式を積分することによって微分方程式を解く。

第(8b)式の左辺と右辺をそれぞれ t で積分すると、

$$\int \frac{d(e^{kAt}y)}{dt}dt = e^{kAt}y \tag{9a}$$

$$\int ke^{kAt}dt = \frac{e^{kAt}}{A}+c \tag{9b}$$

となる。ここでは c 積分定数である。第(9b)式が成り立っていることは、逆に微分してみると、

$$((e^{kAt}/A)+c)' = ke^{kAt}$$

が成り立っていることから確認できる。第(9a)式と第(9b)式とをふたたび等式でつなぐと、

$$e^{kAt}y = e^{kAt}/A + c \tag{10}$$

が得られる。ここで初期値として $t = 0$ を与えると、

$$y = 1/A - c \tag{11a}$$

になる。$c = y - 1/A$ と書き換えることができるが、$y = x^{-1}$ と変数変換をしたので、$t = 0$ のときに $y(0) = x_0^{-1}$ であることに注意すると、

$$c = 1/x_0 - 1/A \tag{11b}$$

と書くこともできる。この計算で積分定数 c の値を得ることができたので、それを第(10)式、$e^{kAt}y = e^{kAt}/A + c$ に代入すると、

$$e^{kAt}y = \frac{e^{kAt}}{A} + \frac{1}{x_0} - \frac{1}{A} = \frac{x_0 e^{kAt} + A - x_0}{Ax_0} = \frac{(e^{kAt}-1)x_0 + A}{Ax_0} \tag{12}$$

を得る。第(12)式の両辺を e^{kAt} で割ると（e^{kAt} と e^{-kAt} の違いに注意すれば）、

$$e^{kAt}y/e^{kAt} = \frac{(e^{kAt}-1)x_0 + A}{Ax_0 e^{kAt}} = \frac{(1-e^{-kAt})x_0 + Ae^{-kAt}}{Ax_0}$$

より、上式の最左辺は y に他ならず、最右辺を e^{-kAt} でまとめなおすと、

$$y = \frac{x_0 + (A-x_0)e^{-kAt}}{Ax_0} \tag{13}$$

と書き直すことができる。再び、$y = x^{-1} = 1/x$ と変数変換していたことに注意すれば、第(13)式に代入して、

$$y = \frac{1}{x} = \frac{x_0 + (A-x_0)e^{-kAt}}{Ax_0} \quad \text{あるいは、}$$

$$x = \frac{Ax_0}{x_0 + (A-x_0)e^{-kAt}} \tag{14a}$$

を得る。第(14a)式の分子から x_0 を消去するためには、分母・分子をそれぞれ x_0 で除すことによって、

$$x(t) = \frac{\dfrac{Ax_0}{x_0}}{\dfrac{x_0+(A-x_0)e^{-kAt}}{x_0}} = \frac{A}{1+(A/x_0-1)e^{-kAt}} \tag{14b}$$

と書き直すことができる。この第(14b)式はロジスティック曲線の方程式にほかならないが、さらに簡略化して表すことができる。そのために、

$B = A/x_0 - 1$

$C = kA$

と置けば、

$$x(t) = \frac{A}{1+Be^{-Ct}} \tag{15}$$

と書くことができる。この第(15)式がロジスティック曲線を示す方程式である。

第(15)式が微分方程式第(5)式の解になっていることを検算するために時間 t によって微分すれば、

$\dfrac{dx}{dt} = \dfrac{ABCe^{-Ct}}{(1+Be^{-Ct})^2}$　　（商の微分の法則。A を微分するとゼロ。）

$= C\dfrac{A}{1+Be^{-Ct}}\dfrac{Be^{-Ct}}{1+Be^{-Ct}}$　　（分子・分母を適当に分解）

$= Cx\dfrac{1+Be^{-Ct}-1}{1+Be^{-Ct}}$　　（第(15)式から x を代入。1 を足して引く）

$$= Cx(1-\frac{x}{A}) \tag{16}$$

なお、第(16)式の右辺における $(1-\dfrac{x}{A})$ については、第(15)式 $x(t) = \dfrac{A}{1+Be^{-Ct}}$ を書き直すと、$\dfrac{x(t)}{A} = \dfrac{1}{1+Be^{-Ct}}$ とすることができるので、

$\dfrac{1+Be^{-Ct}-1}{1+Be^{-Ct}} = \dfrac{1+Be^{-Ct}}{1+Be^{-Ct}} - \dfrac{1}{1+Be^{-Ct}} = 1 - \dfrac{1}{1+Be^{-Ct}} = 1 - \dfrac{x}{A}$

となることから確認できる。

$C = kA$ と定義したので、第(16)式に代入すると $\left(\dfrac{x}{A}\right)$ を消去できる。よって、

$$x' = kx(A-x) \tag{17}$$

を得る。これは第(4)式にほかならない。第(4)式は微分方程式であったが、その解が第(15)式によって与えられていることがわかる。

第 6 章
集合知と集合戦略の拡張可能性
―知識社会の国際経営戦略―

第 1 節　ナレッジ・アドミニストレーターの役割

再び 4 つの分類

　本書のタイトル『集合知の経営』を担う人を、ナレッジ・アドミニストレーター（知識管理者）と呼びたい。ナレッジ・アドミニストレーターの果たすべき役割は、生み出すべき集合知とそのために採用する集合戦略によって異なる。本書では、ナレッジ・アドミニストレーターの類型を、ナレッジ・マネージャー（知識経営者）、ナレッジ・コーディネーター（知識調整者）、ナレッジ・ネットワーカー（知識連結者）、ナレッジ・ゲートキーパー（知識監視者）と呼びたい。これらは、すでに本書第 2 章から第 5 章に登場したが、それぞれ共有知、共生知、現場の知、コモンナレッジの 4 類型に対応している。

　第 6-1 表には、4 つの集合知の形態に応じたナレッジ・アドミニストレーターのタイプを掲げた。同盟戦略＝共有知にはナレッジ・マネージャー、接合戦略＝共生知にはナレッジ・コーディネーター、集積戦略＝現場の知にはナレッジ・ネットワーカー、有機戦略＝コモンナレッジの創出にはナレッジ・ゲートキーパーという役割があてはまる。

　こうした 4 つの役割には、それぞれの特徴がある。本書が主張したいのは、企業経営に携わる人々が、こうした 4 つの異なる役割を必要に応じて果たす時代がやってきている、ということである。知識を管理するという活動は、経営する（managing）ことを専門的な職業とするマネージャーだけが

行うのではなく、人々をつなぐ役割（networking）や調整する（coordinating）仕事、不要な情報を遮断する（gate-keeping）仕事を必要とする。

　企業経営者は古典的なマネージャーの役割にとどまらずに、ネットワーカー、コーディネーター、ゲートキーパーとしての役割を果たす必要がある。そのことによって、成熟した企業経営からの突破口を開くことができる。それが本書のサブタイトル『日本企業の知識管理戦略』が意図する戦略的提言である。その提言を支える原理と事例、具体的なマネジメントへのヒントは、第2章から第5章までに詳述した。

　以上の視点をまとめたのが第6-1表である。ここでその内容をもとに、ナレッジ・アドミニストレーターの特徴をまとめておきたい。

第6-1表　集合戦略と集合知の類型

提携のタイプ Type of Association		相互依存の形態	
		片利共生的 Commensalistic	共生的 Symbiotic
	直接的 Direct	（同盟 Confederate） 共有知 Shared knowledge ①匿名性なし ②参加者限定あり ③マネージャー ④社内プロジェクト 　職場内チーム 　QCサークル・提案制度 ⑤リーダーシップ	（接合 Conjugate） 共生知 Symbiotic knowledge ①匿名性なし ②事前の参加者限定なし ③コーディネーター ④異業種コラボレーション 　産学官連携 　学際的活動 ⑤人望
	間接的 Indirect	（集積 Agglomerate） 現場の知 Local knowledge ①匿名性あり ②事前の参加者限定あり ③ネットワーカー ④同業ネットワーク 　地域内ネットワーク 　スピンオフ ⑤名声	（有機 Organic） コモンノレッジ Common knowledge ①匿名性あり ②参加者限定なし ③ゲートキーパー ④知的関心のネットワーク 　ヴァーチャル・コミュニティ 　イノベーションの普及 ⑤人気

（注）①は参加者の匿名性、②は参加資格の限定の有無、③はナレッジ・アドミニストレーターの性格、④は戦略形態の事例、⑤はナレッジ・アドミニストレーターが参加者を集めるときに必要となる資質。
（出所）筆者作成。

第2章から第5章までに詳述したように集合知は自己組織化と創発という2つの連関をつなげたものである。したがって、ナレッジ・アドミニストレーターに管理可能なのは、集合知ではない。共有知、共生知、現場の知、コモンナレッジのそれぞれは、結果として生まれることが期待されるが、それが具体的にどのような形になるかを事前に予測することは難しい。管理可能なのは集合戦略である。どのような集合戦略を採用するかによって、集合知の形態が異なってくる。事前にデザイン可能な知識ばかりではなく、創発によって、思わざる発見を伴った結果を随伴することもある。科学の世界ではそれをセレンディピティ（serendipity）と呼び、準備された状態での幸運として理解されている。

　ナレッジ・アドミニストレーターに管理可能なのは、そこに参加するべき人の選定である。どのような人に参加を許可するか、あるいは、参加を誘いかけるか、という大きな課題がある。その課題こそが集合戦略の策定である。一般に、有能な人ほど忙しく、新しいプロジェクトに参加が困難なので、そうした人々に参加を促すためには、人を誘い集める能力も必要になる。

　バーナード（1938）は、人を組織に集めるために誘因と貢献のバランスが必要であることを説いた。組織に参加することの誘因が、参加した人に要求される貢献よりも大きなときに、人は組織にとどまるという。金銭的な誘因以外にも、組織の持つ名声や仕事からの達成感などが誘因として機能する。人を集める側に立つと、こうした誘因を提示していく必要がある。人を集める能力に対する形容として、リーダーシップ、人望、名声、人気といったいくつかの呼称があるが、これらもまた集合戦略に対応している。ナレッジ・アドミニストレーターのタイプに応じて、この点を詳しく見ておこう。

ナレッジ・マネージャーの役割

　ナレッジ・マネージャーとは共有知を生み出す集合戦略としての同盟戦略を管理する存在である。ミンツバーグ（1973）は名著『マネージャーの仕事』においてマネージャーの時間配分を調査しているが、知識をいかに管理するかには議論が及んでいない。

　ナレッジ・マネージャーが先端的な科学的知識を網羅的に獲得しているこ

とは理想ではあるが、実際には不可能である。細分化された専門分野に特化した科学者たちが、昼夜を問わず、世界中で新たな発見を目指して切磋琢磨している。そうした科学者によって生み出されていく知識をナレッジ・マネージャーがすべて理解することはできない。自社に関係する業務分野に限定したとしても、その業務に関わる様々な分野の知識を網羅的に理解することも困難であろう。すでに第1章においてハイエク (Hayek, 1945) の議論を紹介したとおり、知識は経営の現場で日々進化しているからである。では、ナレッジ・マネージャーは知識をいかに管理するべきだろうか。

　繰り返しになるが、管理可能なのは、そこに参加するべき人の選定である。長期間参加しつづける人々を対象とするならば、その間の観察を通じて参加するべき人の技術力、コミュニケーション能力、忍耐力などを知ることは可能である。新卒採用の段階で横一線にならんだ社員を選抜し、熟練を形成していく仕組みは日本企業の得意分野である。

　共有知を生み出したいという目標を掲げるのであれば、同盟戦略を採用する必要がある。同盟戦略の特徴は片利共生的であり、かつ、直接の働きかけが可能であるという点に求められる。企業が、そこに勤める従業員に、問題解決の場を与え、知識利用の機会を与えることは、企業にとってプラスとなり従業員にマイナスを与えない。その意味で片利共生的であり、また、職場を通じた直接のコミュニケーションが行われている。もちろん、報奨金を手にする一部の優秀な従業員は明確にプラスの利益を得て、ウィン・ウィンの関係を構築できる。そのようにして職場組織の改善を目指すときに、従業員と経営者側とが同盟を組んで問題解決にあたっていることになる。その時、改善提案によって従業員の雇用が削減されないという約束を、ナレッジ・マネージャーは守る必要がある。同盟戦略が片利共生的である、とはそうした意味においてである。

　企業内でプロジェクト・チームを組むという同盟戦略の場合には、その参加メンバーをどう選ぶかによって、成否が決まる。誰を責任者にし、誰がサポートに回るのか。プロジェクト・チームの課題にもっとも関心を持つのは誰か。そうした事前の情報を知る必要がある。日本企業は、同盟戦略の立案と実行に優れた多数のミドル・マネジメント層を抱えていると理解されてい

るが、たとえば、日産自動車の再建にあたったカルロス・ゴーン氏がもっとも重視したのが社内横断的なプロジェクト・チーム、いわゆる「クロス・ファンクショナル・チーム」であった[1]。つまり、生産職場の管理に関していえば、小集団による改善活動という同盟戦略は日本企業の得意な集合戦略であったが、全社的なレベルでの「クロス・ファンクショナルチーム」による同盟戦略には、まだ工夫の余地があることになる。共有知の創造は日本企業の競争優位を支えてきたが、その手法をさらに磨く必要がある。

　同盟戦略を機能させるのは、参加することへのプラスの評価である。日本企業の場合、ピア・プレッシャー、つまり、仲間内の無言の圧力によって参加がうながされる場合が多かった。参加したことへの明確な褒賞が存在せずに、長期の昇進の指標とされているのか否かについても不明確な場合があった。日本企業の共有知形成の仕組みであるQCサークルも、日本国内では無給の時間外労働として行われる場合もあった。そのため、日本企業がアジアに進出して小集団活動を実施しようとするときに、まず現地従業員から得られる反応は、無給の活動をなぜしなければならないのか、というものであったという[2]。日本国内では従業員相互の競争意識が強く、ピア・プレッシャーや長期の昇進への期待という鞭と飴が存在することになる。そうした条件がない環境では、小集団活動を機能させることは難しい。

ナレッジ・コーディネーターの役割

　集合知のあり方を統御する集合戦略の特徴を理解するときに重要なのは、集合戦略の背後にあるネットワークの様式に差があることである。共有知 (shared knowledge) はある組織内で、その構成員によって共有される知識である。その組織構成員の範囲を超えて新たな知の形態を生み出そうとするのであれば、異なった戦略を採用しなければならない。そのときのナレッジ・アドミニストレーターには、マネージャーという会社内での肩書きを外れた独自の活動が必要になる。共生知 (symbiotic knowledge) を創出する

1）　ゴーン（2001）、ゴーン＝リエス（2003）を参照されたい。
2）　洞口（1991、1992、2002）作成のためのインタビュー調査による。

ための接合戦略ではナレッジ・コーディネーターとしての活動が重要になる。本書第3章では、富山県における産学官連携の事例において、ナレッジ・コーディネーターの役割を素描した。

本書第3章では、生産職場の監督と科学技術のコーディネーターによる仕事の違いが、共有知と共生知の違いに対応することを説明した。生産職場の監督には、経営者、設計のエンジニア、機械加工の専門家、物流・資材調達、グループリーダー、そして、ワーカーといった製造にかかわる人々とのネットワークが必要である。有能な専門家の数はどの会社でも限られているので、お互いの評判を知ることのできる立場にある比較的少数の専門家に解決策を助言してもらうことになる。

ナレッジ・コーディネーターの仕事は、生産職場の監督という仕事よりも、幅広い。科学技術に基礎をおいた研究開発の場合、企業や大学の研究者のうちの、誰に、どのようなルートを通じて参加を呼びかけるか。研究開発のテーマを何に設定するか。予算管理を行う組織はどこに委託するか。限られた時間内で達成可能なサブ・テーマは何か。商品化をした場合に需要はあるか。マーケティングを担当するベンチャービジネスはあるか。新たに立ち上げるとすれば、その構成メンバーは誰にするか。ベンチャーへの資金はどのようにして準備するか。こうした様々な課題がある。

ナレッジ・コーディネーターは、会社という組織を超えたところで活動する。そのことによって自社では入手不可能な新たな次元からの解決策を持つ人々を組織化することができる。共生知は異種専門家の間で、お互いに認め合う者どうしによる参加である。その意味で第6-1表に示したように ⑤ 人望が必要になる。「その人と共に働くことが名誉である」と感じさせるようなナレッジ・コーディネーターが人々を接合（conjugate）し、多面的な知識による共生知を生みだす基盤をつくる。

チェスブロウ（2003）によるオープン・イノベーションの概念は、企業の外に存在する資源を利用するという点で接合戦略を唱導していることになるが、そこに参加者を得る方法は曖昧である。あたかも特定の技術的関心を持つ参加者が自動的に引き寄せられるという偏った見方になっているようにも思われる。接合戦略を機能させるためにはナレッジ・コーディネーターの人

間的魅力が必要である。それは、能力のある参加者を見つけ出し、具体的な努力によって解決可能な課題を与えるという魅力である。

ナレッジ・ネットワーカーの役割

現場の知を生み出すナレッジ・ネットワーカーの役割は、シリコンバレーで活動する起業家に代表される。ベンチャービジネスの立ち上げのために人的なネットワークを広げる活動は、究極的には「投資を受けるための活動」にほかならない。これは、被投資機会の探索と言いかえることもできる。エンジェルやベンチャーキャピタリストと呼ばれる投資家からの資金を獲得できれば、それは返済義務のない奨学金に等しい。成功した場合にのみ配当を支払うことによって株式の価格は上昇する。

日本企業の集積戦略はアメリカ・シリコンバレーにおける集積戦略と対照的な側面がある。日本では工場監査や現場での指導によって既存企業の技術力を高める活動が活発である半面、シリコンバレー型の場合に現場の知を支える大きな要因となっているスピンオフを促進することは少ない。会社を辞めて起業しようとする社員が少ないこと以上に、会社を辞めて起業した経験のあるマネージャーは少ない。ナレッジ・ネットワーカーとして、異なる個人をつなぎあわせることによって、新たなニーズを探り当てるという役割は、大企業のマネージャーにとってはむしろ例外的な活動である。日本企業の場合には部品サプライヤーや販売先を中心とした長期的な活動から、すでに存在する需要に対応することが求められる。共有知と同様に、現場の知が生まれる土壌の違いは大きい。

投資機会を探す投資家の目からすれば、ベンチャービジネスへの投資はリスクの低いものではない。適切な投資対象を発見するためには、投資家が自ら起業家と会ってビジネスプランを尋ね、必要な場合にはハンズ・オンと呼ばれる事業開始への手助けをすることにもなる。機関投資家の場合であれば、初期に投資をした起業家を会社のCEO（Chief Executive Officer, 最高経営責任者）からはずして、経営手腕の確実な人物に置き換えることもある。

ナレッジ・ネットワーカーは、ナレッジ・マネージャーよりも開かれた対

象に対して働きかける。共生知創造のためにナレッジ・コーディネーターがネットワークを作るのは第一義的に技術への関心が重なり合っている場合であるが、現場の知を生み出すナレッジ・ネットワーカーの場合には、新たなビジネスへの関心と評価によって行動する。ナレッジ・ネットワーカーが活動した経路をたどると、そこにソーシャル・キャピタルと呼ばれる関係性を発見できる。ビジネスを成功させるためには投資家だけではなく、法律・特許事務所、会計事務所、インキュベーション施設の運営者、技術者、営業担当者、海外の販路拡大のためのパートナーなど、様々な職種の人々の協力を得る必要がある。ナレッジ・ネットワーカーとは、そうした人々をつなぎ合わせる活動を行う人である。

ナレッジ・ゲートキーパーの役割

　ナレッジ・ゲートキーパーの役割は消極的なものとして捉えられる。インターネット上のサイト運営について言えば、法令の遵守や違法な書き込みの消去、システムのメンテナンスとバージョンアップ、クレームの処理などである。しかし、ナレッジ・ゲートキーパーはサイトの構成を定めており、その段階で戦略を有していることになる。どのようなサイトを構築するかというアーキテクチャーの構想力がサイトの成否を定める。

　コモンナレッジは新たなアイデアが社会全般に拡散していくプロセスであるために、そのナレッジ・ゲートキーパーは最低限の法令順守を行う義務を有することになる。携帯電話が普及すればその利用におけるマナーが問題となり、自動車が普及すれば排気ガスと自動車事故、交通混雑といった問題に直面することになる。コモンナレッジとなるような財やサービスを提供できる幸運な企業は、大きな社会的責任を担うことになる。

　既存の法令を超えた企業倫理を確立して新たな社会規範を打ち立てるか、既存の法令の隙間をぬって脱法行為に近い活動によって利益を得るかはビジネスパースンの倫理観や美学に依存している。ナレッジ・ゲートキーパーに必要なのは、バランスのとれた倫理観と社会的要請への感受性である。

第2節　オープン・イノベーションに向けたノキアの事例

　ここで、知識管理の事例としてノキアのケースを紹介したい[3]。この事例を紹介するのは集合知の複合的なマネジメントの事例として読み解くことができるからである。結論を先取りすれば、ノキアは共有知・共生知・現場の知・コモンナレッジのすべてを創造するように、その集合戦略の領域を網羅していると解釈できる。

　ノキアは世界に100以上の子会社を設立している。2006年の売上高は411億ユーロであり、地域別にはヨーロッパ38％、アジア太平洋諸国に20％、中国13％、中近東・アフリカに13％、ラテンアメリカ9％、北米7％であった。国別にみると、ノキアの携帯販売数量の上位は中国、アメリカ、インド、イギリス、ドイツである。2007年前後はノキア本社の人々が、新たなビジネス展開のために多数ニューヨークに出ている。

　ノキアには4つのビジネス分野があるが、そのうちの3つはデバイス、サービス・ソフトウェア、マーケティング（インターネットサービス）であり、それぞれ独自の歴史を持っている。第4のビジネスとして、インフラストラクチャーとなる基地局供給を加速するために2007年にノキア・ジーメンス・ネットワークが設立された。基地局供給を行う競合企業には、エリクソン、アルカテル・ルーセント、ノーテルやシスコといった企業群がある。

　ノキアの本社はフィンランドにあり、2006年現在で6万8483人がノキアに働いている。そのうち57％はフィンランド人であり、典型的なフィンランド企業である。本社を「ノキア・ハウス」と呼んでいる。フィンランドの都市・ソロとオウルには生産拠点があり、R&Dの拠点はヘルシンキ、タンペレにある。本社では、コーポレート・マーケティング、マルチメディア、携帯電話、製品ポートフォリオ、ビジネスのロードマッピング（将来像の提起）、人的資源管理、会計などの部門がある。ノキアは、ヒューマンテクノ

---

[3]　2007年9月13日、ノキア本社で "Senior Manager, Research and Education Policy, Nokia Corporate Relations & Responsibility" という役職にある人物およびNokia Research Centerのマネジメント担当者からプレゼンテーションを受けた。以下はその概要である。

ロジーに焦点をおいており、インターネットサービス、ソフトウェア部門がそれらを担当する。

ノキアでは、従業員個々人の生産性をはかるために3万人の従業員のデータをもっていた。5人から20人を1チームとするチームがあった。ただし、ある製品が生まれたときに、誰がそれに貢献したのかを特定することはできない。

2007年現在、ノキアの研究開発拠点は世界11カ国に置かれている[4]。2006年に研究開発に属していたのは1万3553名であった。ノキアの従業員のうち31%が研究開発に属していたことになる。2007年4月にその数は1万4500名になっており、ノキアの全従業員の32パーセントにあたる。研究開発要員のうちの65パーセントはフィンランド人である。売上高の9.5パーセントを研究開発費に投じており、39億ユーロ（約6435億円）が2007年の研究開発予算である[5]。ノキアはウィン・ウィンの関係を目指して世界中の多数の大学と共同研究をしている。しかし、依然としてフィンランドがR&Dの拠点となっているのには歴史的な経緯がある。すなわち、会議がフィンランドで行われる場合が多いこと、率直に真実を語る風土があることがその理由にある。フィンランド人がアメリカで会議を行うと、「なにか隠れた議題があるように感ずる」、という声もある。研究開発においては、そうした気持ちの問題が大きい。

---

4) 2009年3月にhttp://research.nokia.comに掲載された研究拠点は、第6-2表に掲げた7カ国10拠点であり、2007年のインタビューおよびその際提示されたパワーポイント・スライドに掲載されていた記述とは差異がある。日本における研究所は1997年にYRP・横須賀リサーチパークに開設されたが、99年から2000年にかけて閉所された。この時期は、CDMAの標準化が達成された時期に一致する。この点については2007年8月27日および9月26日、ノキア・ジャパン㈱取締役最高顧問、橋田公雄氏からのインタビューにもとづく。YRPに開設された研究所にはサウナ設備があった、という。

5) 第3章において紹介した「知的クラスター創成事業」は1拠点あたり年間5億円、18地域を合計しても90億円の事業予算であったから、ノキアの研究開発予算がいかに巨額であるかがわかる。比較可能な規模に達しているのは、むしろ第2章における提案制度の経済効果であり、1人あたり経済効果に参加人員を乗じた金額を計算すると第1位の小糸製作所は172億円、第2位のパナソニック（旧・松下電器産業）が157億円という規模になる。NTTドコモのホームページによると2007年3月期の同社研究開発費は約993億円であった。携帯電話機メーカーとしてのノキアと通信事業者としてのNTTドコモはビジネスモデルが異なるために単純な比較はできないが、垂直統合したビジネスモデルを追求するNTTドコモの研究開発費のほうがノキアの研究開発費の6分の1以下である、という事実は明記されるべきであろう。

ノキア・リサーチセンターは、オープン・イノベーションの場所である。ノキアからみて外部の研究者からのアクセスを可能にして、情報共有を活発に行っている。研究報告は、http://research.nokia.com のサイトで公開している。ただし、論文のすべては一般公開しておらず、ノキアの研究者にとってのみ閲覧可能なものとなっている。

2006年より、エナジー・チームという呼び方でノキア・リサーチセンターの研究員が新しいマネージャーを呼びよせることができる制度をはじめた。核となる技術、システム・リサーチセンター、戦略、グローバルビジネス・マネジメントでそうした制度がとられている。研究員のうち半数は博士号を取得している。システム・リサーチセンターでは、個人へのインセンティブと組織としてのインセンティブが与えられている。筆者のインタビューに対して、ノキア・リサーチセンターのマネジメント担当者は、「内部的な満足感は、改良やイノベーションへの貢献から得られる」、と回答した。ノキアは、2006年に1672件のパテントを取得している。

ノキアは全世界24カ国の100以上の大学と共同研究を行っている。大学との共同研究開発は5つの段階に分けられている。世界のトップ大学との共同研究を進めるにあたって、教授とのコンタクトをとる段階から、スポン

第6-2表 ノキアのホームページに掲載された世界の研究拠点（2009年3月）

バンガロール（インド）	ローザンヌ（スイス）
北京（中国）	ナイロビ（ケニア）
ケンブリッジ（イギリス）	パロアルト（アメリカ）
ハリウッド（アメリカ）	タンペレ（フィンランド）
ケンブリッジ（アメリカ）	ヘルシンキ（フィンランド）

（出所） ウェブサイト http://research.nokia.com より邦訳。

第6-3表 ノキアによる大学との共同研究の段階とその基準

1. 提案に対してニーズをマッチさせ、潜在的なパートナーを評価する。
2. パートナーを選択し、IT教育にとって必要な基本的事項を整備する。
3. 携帯電話のソフトウェア開発能力にノキアを関連づける。
4. ノキアのR&Dコミュニティとの協力関係を展開する。
5. 研究協力を強化する。

（出所） 2007年9月13日、ノキア本社における英語プレゼンテーション資料を邦訳。

サーシップをする大学との正式な共同研究までの段階がある（第6-3表参照）。日本については、1989年から様々なビジネスユニットが活動をしてきた。2007年9月時点で、最も高い第5段階にある日本の大学は2つ、第4段階が3大学、第3、第2段階には該当がなく、第1段階には医科歯科大学を含めて5つの大学があった[6]。その内訳は、国立大学法人7校、私立大学3校であった。

　ケニア共和国の首都ナイロビでは面白いケースがあった。ノキアがナイロビで事業をはじめようとしたとき、ナイロビには携帯電話産業がなかった。ノキアはナイロビ大学との関係を強めたいと希望して、アメリカのMITから研究者を雇い、彼にナイロビ大学でのカリキュラム作成を依頼した。アフリカ企業の参画を依頼し、ナイロビ社会の高度化に寄与した。ナイロビ大学は、その後、ソフトウェア開発やネットワーク研究での重要な拠点となっている[7]。ノキアが目指しているのは、情報機器利用の格差が広がるデジタルデバイドに対立する「デジタル・コンバージェンス」（情報機器利用格差の収斂（しゅうれん））である。1つのデバイス（携帯電話）ですべてのサービスにアクセスできることが望ましい。

　中国では、清華大学と協力関係にあり、イギリスではケンブリッジ大学、アメリカではMIT、スタンフォード大学とも深い関係を持ち、共同研究施設がある。ノキア・リサーチセンターでは、社会に対して価値あるものを提供したいと考えている。コミュニケーション、情報の共有などである。

　世界の研究拠点には、特許取得のゲートキーパーがいる。特許保持にはお金がかかるので、いくつの特許を保持するかは、特許取得後の利益の計算に依存している。これはノキア内部では統一されたルールとして共有されている。テーマはボトムアップに決まるものがあり、それらは相互に競いあうことになる。たとえば、インターネットに焦点をおいたテーマであっても、時

6）　2007年9月13日、ノキア本社におけるプレゼンテーション資料による。
7）　MITの研究者はネイサン・イーグル（Nathan Eagle）である。1人の人間がアフリカ社会に多大な影響を与えた例であるが、http://www.liftconference.com/videos/view/single/28 では動画でネイサン・イーグル氏のアフリカ・プロジェクトに関するプレゼンテーションを見ることができる。

間とともに変化していく。http://research.nokia.com をみるとそうした動向がわかる。

以上がノキア本社におけるインタビュー調査の概要である。

第3節　日本企業の試み

ノキアに比較可能な日本企業の試みとしてオムロン㈱の事例を紹介したい[8]。組織的な研究開発を推し進め、研究所で活動する研究者の評価方法を真剣に模索する企業としてオムロンの研究開発管理は戦略性を持っているように思われる。日本企業の試みを素描しておくことによって、研究開発型日本企業のマネジメント方法を記録しておきたい。

オムロンの研究開発拠点[9]

オムロンは立石一真が創業し、2005年現在は、その子息が会長である。1948年に立石電機㈱となり、1960年には長岡京に中央研究所を設立した。当時の主力商品は無接点スイッチであった。1990年にオムロンと社名変更し、2003年に京阪奈イノベーション・センターを開所した。上海、深圳にも工場があるが、上海では旧来からある製品の製造、深圳では携帯電話関係の製品製造を行っている。

① オムロン京阪奈イノベーション・センターでは、先端デバイス、「センシング & コントロール」を研究・開発している。② 岡山開発センターでは、タイマー、音調機器、③ 愛知県・小牧車載事業所では、車載電機機器、レーザーレーダーの開発を行っている。乗用車のオプションである車間距離検出装置は、ここで開発されている。④ 滋賀県草津市では、電子、機構部

---

8) 堀場製作所でも熱心な産学連携が志向されていた。2005年2月22日、株式会社堀場製作所・開発センター部長新技術企画プロジェクト・プロジェクトリーダー、理学博士・松田耕一郎氏からのインタビューは示唆に富むものであったことを記録しておきたい。また同社の経営者像を知る著作として堀場 (2001) を挙げておきたい。
9) 2005年6月16日、オムロン株式会社、技術本部先端デバイス研究所でのインタビューにもとづく。

品も金融、駅務、道路などの関連製品を扱い、金融については日立とオムロンとの合弁で扱っている。液晶に用いられるバックライト・モジュールは、年間100億円の売り上げがあり、草津事業所から外部に委託生産している。⑤ 静岡県三島市では、プログラマブル・コントローラー（programmable controller）とFAを扱っている。⑥ 京都・綾部事業所では、センサー、センシング機器、⑦ 滋賀県甲賀郡・水口工場では、半導体関連デバイスとしてバイポーラIC、マイクロマシン、液晶プロジェクターに用いられるマイクロレンズアレーを生産している。

オムロン京阪奈イノベーション・センターの位置づけ

　オムロン京阪奈イノベーション・センターは、「グローバルR&D協創戦略の中核拠点」として位置づけられ、「和の雰囲気」と「協創」を重視している。「協創」というコンセプトのもとで、大学など先進的研究機関、企業との共同研究を進めている。2003年5月、つくば研究学園都市のイメージで開発されたけいはんな学研都市（正式名称・関西文化学術研究都市）に設立された。それ以前は① 長岡京、② つくば、③ 熊本の3箇所に研究所があったが、それらを集約して現在の研究所が設立され、それまでの研究所は廃止された。

　デバイス、センシングの分野では、メンバーどうしの協創の議論ができる場を設けている。研究所の施設は7万1834平方メートル、60メートル×200メートルの4階建てである。400人の所員が働いている。1階にクリーンルームを含む実験室、3階がオフィスであり、中二階の構造になっている。

　研究所は「技術本部」が統括しており、企画室、センシング、先端デバイス研究所、コントロール研究所の4部門があったが、2005年度になって企画室、センシング・コントロール研究所、先端デバイス研究所の3部門になり、新たに車載用研究所が設けられた。

　センシング・コントロール研究所のもとには、① 技術マーケティング・グループ、② 画像センシング・グループ、光・電波センシング・グループがある。先端デバイス研究所のもとには、① 技術マーケティング・グルー

プ、②マイクロマシニング・グループ、③マイクロフォトニクス・グループがある。

　研究開発のテーマ設定は、ボトムアップに近い。組織としてテーマを提案して、本社の結審をうる。毎年、年度初めに技術本部長と研究所長とが年度方針の説明を行う。各マネージャー以下は、ボトムアップに近い立案を行う。「上の大きな方針に沿って、下から具体的テーマを提案する。」ロードマップは、社内で作成しており、その改定作業は常に行われている。

　2005年から07年までを目処とした短期計画ではアウトプットが求められるが、2005年から10年ごろを目処とした長期計画では、そうした要求がない。2007年までの短期計画では、社内カンパニーの要請に応える必要がある。短期計画は、技術本部ではなく、ビジネス・カンパニー制のもとで要請されるからである。先端機器用、車載用など、デバイスとして貢献できるものについて、カンパニーないし経営戦略室から研究資金が配分される。それはニーズが見えているからであり、カンパニーがニーズを拾ってきている、ということもできる。

　2005年から10年を目処とする長期計画では、「シーズベースの開発を行い、ニーズの仮説を検証する」という作業を行う。ただし、ニーズがカンパニーから来る場合もある。経営戦略室が中心となって研究資金の配分を行うが、場合によってはカンパニーから研究資金が配分される。産学連携が行われるのも、この長期計画の分野である。

先端デバイス研究所の産学連携

　経済産業省から、先端デバイス研究所が単体で助成金を獲得している。マイクロマシニング、高周波メムス（micro electro mechanical system）に関する分野で、研究資金の半額の助成を受けている。2005年度が最終年度となるプロジェクトである。

　大学との共同研究では、京都大学と産業クラスター政策のナノテククラスターで「次世代テラビット光・電子メモリ開発」で1786万2000円の助成を得ている。これは、京都大学藤田静雄教授、平尾一之教授との共同で、総額は5057万8000円である。メモリ容量をテラの水準にまで上げるために、

3次元プラス光の波長の長短を用いた次元でコントロールする技術を開発している。

文部科学省の知的クラスター創成事業では、㈶京都高度技術研究所を中心として「ナノテクを活用した次世代光・電子デバイスの開発」というテーマで助成を得ている。京都大学の藤田静雄教授[10]をはじめとする複数の教授との共同である。2004年までの事業統括が辞めたので、オムロンの副社長・市原達朗氏が事業統括になった。オムロンからは何人かの人々が知的クラスター創成事業にかかわっている。藤田先生のご自宅で、バーベキュー・パーティーなどが開かれ、オムロンの研究者にとって知己が広がった感じがある。また、藤田先生の属する国際融合分野とのつながりもできた。

高周波メムスの分野では、立命館大学の研究室にオムロンから人を送り社内ドクターをとらせる制度を開始した。同志社大学とはバイオ研究の分野でつながりがあり、マイクロフォトニクスの分野ではグループリーダーをはじめとする4人が大阪大学の研究室で研究している。関東の大学とは共同研究の実績が少ないが、京阪奈に研究所ができるまでは連携を考えることも少なかった。海外の大学に留学に行かせることもあり、その場合には、1年ほどの出向になる。その点は年度方針と予算の範囲内で自由になる。UCバークレーとは、お金を払って定期的にミーティングをする場を設けており、半年に一回ほど行く人がいる。同大学には懇意にしている教授がおり、また、中国の清華大学とも連携をはじめている。

研究員のパフォーマンス評価

オムロンではパフォーマンス評価のシステムはない。ただし、アウトプットとしては、3Pを重視している。①ペーパー（paper）、②パテント（patent）、③プロダクト（product）である。この3つで総合的な評価が決まる。

①ペーパー（学術論文）では、学会、国際会議での報告もカウントされる。国際会議の報告は、招待講演者であるとさらに高く評価される。論文

---

[10] 2005年2月22日、京都大学国際融合創造センター、藤田静雄教授にインタビューをした。国際融合創造センターを中心として、NTT、パイオニア、日立製作所、三菱化学、ロームといった企業との共同研究が進んでいるとのことであった。

は、インパクト・ファクター（impact factor, 論文引用度）も考慮される。すなわち、学会誌として有名であるか、という点などである。軽いペーパーは評価されない。ただし、オムロン、村田製作所、ロームなど京都に本社を置く会社は、東芝などに比較して学会発表は少ないように感ずる。

②パテント（特許）は、社内で、S、A、B、Cといった評価ランクがあり、出願件数も加味される。特許については、売り上げに対して数パーセントの割合で、開発者に特許料収入が行く。この意味で、金銭的なインセンティブになっている。パテントについては、開発者名が記載されるので、その段階で持分も決定される。

③プロダクト（製品）は、年度はじめに部課長レベルで、「設計」「原理・試作」「商品開発」のいずれのステージにあるのかが議論される。たとえば、水口工場の場合、セミコンダクター・カンパニーに属しており、事業部長、開発部長、企画部長、工場長の合意をとったうえで、製品の量産へと移管する。開発ステップとしては、商品化、量産試作の結果報告などを別の会議体として行い、事業部としての報告をする。その結論が得られると、工場と個別の相談に入る。開発技術者が量産の立ち上げに立ち会うケースもあり、ある研究員の場合、光デバイスの開発ののち水口工場に転属となり、拡販まで担当したのちに、再度、中央研究所に配属となり、草津事業所に1年半勤務したのちに京阪奈イノベーション・センターに配属になったというケースがある。しかし、そのように研究所の外に2回出て、その都度研究所に戻ってきたケースは少ない。

開発目標のスケジュールはノルマ的なものではない。しかし、研究員が自ら宣言するので、似たような意味を持っている。研究員には、通常、社員（2級）、主事、主査、主幹、参事、参与、理事、取締役という昇進の階段がある。主幹から上の職位がマネージャー・クラスであり、参与は部長級である。2004年前後に「専門職制度」が設けられ、ある技術の専門性が認められると、マネージャー相当の資格が与えられるようになった。2005年現在、10名弱が認定を受けているが、「情報工学」分野での専門職認定が多い。

オムロン京阪奈イノベーション・センターに勤務する400名のうち、大学院卒は50名程度であり、そのほかはほとんど大学卒である。以前は、大学

院卒を採用していなかったが、2003年ごろから2005年にかけて中途採用で博士課程修了者も採用するようになった。京都大学の2研究室、立命館大学の1研究室からは、インターンシップも受け付けている。研究所の平均年齢は低く、30代前半である。早期退職優遇制度があったときに、年配の研究員たちがかなりの数で辞めたこともその理由の1つである。研究所から事業所に配置転換になると、研究所に戻ることは少ない。外部の企業から研究員を受け入れることはない。企業と連携することはあるが、機密保持などの問題があるので研究員は受け入れていない。

　以上がオムロン京阪奈イノベーション・センターにおけるインタビュー調査の概要である。

事例の意味

　ノキアとオムロンの研究開発活動は、集合知の経営という文脈から解釈することができる。

　ノキアでは、フィンランド本社・別名「ノキア・ハウス」を中心として、緊密なコミュニケーションが行われている。それは共有知の拠点として機能している。その一方で、世界の各都市を現場の知（local knowledge）の拠点とするべく、戦略的な立地が行われている。バンガロール、パロアルト（シリコンバレー）、北京やナイロビといった都市には優れた大学があり、共生知を生み出すことが期待されている。ノキアによるナイロビの事例が示しているのは、世界の大学との連携による共生知の創造と、それをコモンナレッジに転換していくという試みである。ケニアという社会で携帯電話の利用を促進するために、ナイロビ大学でのカリキュラム開発を通じてイノベーション普及の初期値（本書第5章第5-1図参照）を大きなものにしている。

　オムロンも京阪奈イノベーション・センターを関西文化学術研究都市に立地して、産学連携を積極的に推し進めている。京都を中心として関西圏の大学との連携を強化し、UCバークレーや中国・清華大学とも連携をはじめている。2年から3年のプロジェクトでは事業部からのニーズに応えることが優先され、社内の研究組織が担当している。それは共有知の創造パターンである。5年程度の長期にわたる研究テーマの場合には、産学連携という手法

が加わり、オムロンからみて外部の大学研究者と共同研究が進められる。そこには研究員の人事交流と教育も含まれる。共生知創造の手法である。

　第3章で紹介した富山の事例では、企業は産学連携への消極的な参加者であった。企業自らがイニシアティブをとって産学連携を構想したのではなく、第三セクターによって構想された産学連携の計画に、なんらかの事情で参加したにすぎない。多くの日本企業も大学研究者との共同研究を行ってきたが、それらは企業と研究室との相対契約によるものであって、その研究者が大学を移れば研究補助金も研究室についていく性質を持っている。3年程度のプロジェクトベースで研究が行われ、企業からみて魅力のない研究室とのつきあいは、そのプロジェクトで終了する。これは、企業が大学の知識を吸収するシステムとして機能してきた。

　ノキアがナイロビを中心に携帯電話の技術教育をしたように、地球規模のスケールでの構想と、それを貫く理念があるときコモンナレッジに変革が生まれる。コスト削減と市場シェアの獲得だけを至上命題としてきた日本企業のなかにも、日本国内の拠点を利用し、世界に展開する企業がある。研究開発を重視する多くの日本企業には、先進国以外の多様な国における研究拠点の設置と、その国での市場開拓とを結び付けた戦略を構築するという新たな視野の広がりが求められている。

第4節　集合知の創造方法

集合知が個人の知よりも優れている理由

　本書の第2章から第5章に至る分析によって、集合知が個人の知よりも優れている理由を知ることができる。第1章に紹介したスロウィッキー（Surowiecki, 2005）のように、無名の優れた専門家が集団に紛れているという可能性はある。しかし、その解答では集団が個人よりも優れていることの根拠としては薄弱であり、そもそも、優れているのは集団ではなく個人にすぎないという反論を許容してしまう。優れた個人が参加しない集団であれば、優れた知が創造されないからである。

第4節　集合知の創造方法

　集合知が個人の知よりも優れている理由として、本書では、以下に掲げる2つの理由を新たに提示できるように思われる。

　第一は、多くの人々が集団で活動することによって、解決すべき課題の発見ができる、ということである。個々人はそれぞれ限られた問題解決能力を持つだけであるが、集団としての個人の組合せによって解決可能な課題を探し、実際に解決することができる。集団には、そうした問題発見の機能があることが「優れた集合知」を生み出す可能性を高めている。

　本書の各章で掲げた事例をこうした視点からまとめてみたい。

　第2章、共有知の典型的事例は小集団活動における改善提案であった。実は、小集団活動における改善提案は、改善されてのちに始めて評価される（第2章第2-2図参照）。改善活動の成果として記録され、評価され、表彰を受けるのは、改善の可能だった事例に限られている。まったく改善が不可能な課題ではなく、改善が可能な課題を発見し、提案することが改善活動である。改善の不可能だった課題は、将来に残されているはずである。

　第3章、共生知の典型的事例は産学官連携プロジェクトであった。リンパ球解析のバイオチップという新製品の開発に成功した産学官連携プロジェクトは、新規ビジネスに結実していった。しかし、ここでもリンパ球という研究目的の焦点があり、それは解決可能な課題であった。癌や白血病、鳥インフルエンザや新型インフルエンザの流行防止対策のような、現段階では解決不可能な課題に一足飛びに挑戦したわけではない。解決可能な課題としてリンパ球の解析が慎重に選択されていた。その研究構想力がプロジェクトを成功に導いたのである。

　第4章、現場の知では、豊田市周辺におけるトヨタとデンソー、シュトゥットガルト周辺におけるダイムラーとボッシュを「ものづくりクラスター」の典型として取り上げた。そこでは複数の企業が1つのクラスターに存在していることで連携をとりやすくなる、という事実を見出した。シリコンバレーにおけるベンチャービジネスの起業と大企業との関係にも、同様の連携を見ることができる。企業立地をどこにするべきか、という課題に対して、最も有利な立地を探した結果がクラスターである。生き残った企業が成長を遂げて、地図上に示されたのが企業立地の近接性であり、クラスターとして認識

される。これもまた、集合戦略の解答が事後的に与えられた事例である[11]。

　第5章、コモンナレッジの典型は新製品の普及である。メーカーは利用者の期待を超える新製品を開発しようと試み、ユーザーはその新製品を使いこなすなかで、その製品を使い続けるか、他社製品に乗り換えるかという選択を行う。その選択が製品とメーカーへの支持として表現される。1つの技術的商品が普及していく過程では、多くの企業が今まで意図されなかった製品の利用方法を提案し、競争する。支持を得た製品のみが生き残る。

　このように集合知の働き方を観察すると、次のようにまとめることができる。

　人間は対象に対して多様に反応する能力を備えている。たとえば、優れた2人の官僚が老人医療に関して議論した課題よりも、1人の若者が認知症の一老人に相対して発見する課題のほうが、解決すべき課題の魅力として優れており、多くの人々を引き付けるかもしれない。既に存在する問題、たとえば大学入試の過去問のような課題であれば、2人の優れた官僚のほうが、1人の若者と認知症の老人よりも、はるかに速やかに、かつ、多量に正解を見つけ出すに違いない。しかし、新たな知として探索されるべきなのはむしろ課題であって、既存の問題についての解答ではない。

　集合知とは、個人として誰もが解けない困難な課題を、集団が解決することではない。1人の人間では思いつけない問題発見能力が集団にそなわっており、かつ、発見された様々な問題のなかから解決の可能な課題は何なのかを評価できる人間が集団に加わっていたときに、事後的に集合知の存在が認められるのである。自己組織化と創発というループが形成されるときには、問題は発見されており、問題解決を行いうる参加者が存在していることになる。問題発見を行う人や、課題解決を行う能力のある異なる個人を引き合わせる人がナレッジ・アドミニストレーターであり、そのプロデュース感覚が知識を生み出す土壌をつくる。集合知は、集団のなかの誰かが解決可能な問題を、解決すべき重要な課題として発見するプロセスで創造される。

---

11) 　海外直接投資においても同様に事前と事後の戦略的意思決定の違いを認識することができる。経済現象として観察可能なのは事前の意図ではなく、事後の結果である。洞口（2004b）を参照されたい。

第二の理由

　集合知が個人の知よりも優れている第二の理由は、集団のなかで人々が新たな能力を磨くからである。ある一時点をとったときには第一の理由で述べたように問題発見という行為が先行する。そして既存の能力によってすぐに問題の解決が行われる。しかし、ある程度の時間をとって評価した場合、時間をかけて問題解決能力が醸成される場合もある。

　本書第1章で紹介したように、ポランニー（Polanyi, 1966）はプラトンの『メノン』を引用しながら、問題解決とは何かを論じた。誰もが解けない問題であれば、その問題は解決不可能であり、誰にも解ける問題であれば、その問題は問題として存在していないことになる。したがって、問題を解決することのできる発見は、我々がすでに知っていながら言葉にできていない暗黙知に依存する、というのがポランニーの主張であった（原著、p.22）。

　集合知には、この「誰も」とは誰かを問い直す機能がある。「誰もが解けない問題」に参加した人々の集団に、新たに参加した誰かが問題を解くかもしれない。あるいは、誰かが解決できる問題を、新たに参加した者が発見できるかもしれない。それが、集合知が個人の知よりも優れている第一の理由であった。そして、第二の理由とは、誰もがある時点では解けなかった問題が、ある日、誰かの能力の伸長によって解けるようになるということである。ここで、改めて本書各章の事例をまとめよう。

　本書第2章・共有知では改善提案の事例を挙げた。生産プロセスの不備を指摘された生産技術者は、自らの学んだ理論と職場の現実との乖離に気づくかもしれない。小集団活動は、それ自体が「学び続ける組織」の典型例である。改善活動を通じて生産管理のあり方を実践的に学び解決パターンを理解していく機会を与える。その時、職場での問題解決能力は伸びているのである。そう推測しうるのは、何年かのデータにおいて提案件数の上位を占めるのが、特定の優良企業だからである。

　第3章・共生知の事例で携帯電話の筐体を作っていた樹脂加工メーカーは、ナノレベルでの精度を求められるバイオチップの製造のために新たな加工技術を身につけた。産学連携に参加するためには、企業の能力を高める必

要がある。リサーチパークに入居する企業が世界水準での優れた研究成果を挙げようとする活動にも、新たな能力の開発を必要とするであろう。

　第4章・現場の知の事例では、自動車部品供給の例を挙げた。クラスターに立地することによって、注文主である自動車組み立て企業から高い品質水準での製品納入を求められ、それに対応するべく工場管理の水準を上げる必要が生まれる。地理的近接性が模倣と学習を可能にし、組織文化を移転させる。ジャスト・イン・タイム生産による在庫削減と多頻度納入は、部品サプライヤーと組み立てメーカーとの問題解決能力の伸長を前提としており、能力開発の双利共生的な協調を意味している。

　第5章・コモンナレッジには、人々が集合的に創り上げてきた多数の事例をあげた。コモンナレッジの伝播の仕方は、その時代ごとに人類が手にしてきた情報機器に依存している。口頭伝承で、紙で、本で、電波で、インターネットで、コモンナレッジは伝えられてきた。21世紀の今日、人々が常識（コモンナレッジ）的に使う情報機器についても、たとえば20年という時間をさかのぼれば、ごく限られた人々にのみ利用が許された道具であった。たとえば、インターネット上にウェブサイトを立ち上げるという能力は、いまや中学生や小学生にも可能な能力になりつつあるが、インターネットが生まれた瞬間近くまで時間をさかのぼれば、特殊な技能であったことは明らかであろう。社会全体を通じてウェブサイトの立ち上げという特殊な能力が平易なものとされる基盤が整い、そのための能力開発に集中できることになる。

創造的反射

　異なるタイプの人々の集合において新たな知識が生まれることを創造的反射（creative reflex）と呼ぶことができるかもしれない。これは1つの知性の働きである。創造的反射は共有知・共生知・現場の知・コモンナレッジのそれぞれが成立する原理を貫いて存在しうる。つまり、人間が知的な行為に対して反射的に対応する潜在能力を備えていることを意味している。心理学における反射とは、人々が無意識下に行う反応のことであるが、創造的反射とは、人々の反射のなかで創造的な思考に寄与する行為や思考を指す。1人の若者と認知症の老人との出会いは、若者の側に、ある場合には意識的反

応と、また、多数の無意識的な反射を呼び起こすはずである。若者の意識的な反応はすでに目的意識によってコントロールされており、その目的意識は彼の知的水準に依存している。若者が認知症の老人に対して示す様々な反射のうち、知的な活動に結びつけられるものが創造的反射である[12]。それは、あたかもインターネットによるネットワークを利用している個人が、自分の能力によって多数のウェブサイトから情報を得る姿に似ている。

　創造的反射の多様性は、人間の幅広い能力の開発によって生み出される。こうした能力開発の場合、集団のなかの個々人に焦点を絞れば、個人の能力であり、個人の知識である。しかし、集団のなかに存在していなければ、本来的に磨くことができなかった能力であるという意味では集合知である。どのような創造的反射を得られるかは、その集団の参加者に依存する。認知症の老人と若者という2人の集団に、官僚が加わるか、ケア・マネージャーが加わるか、主婦が加わるか、小学生が加わるかに応じて、その集団の構成員が持つ創造的反射は異なるであろう。その創造的反射が解決すべき問題の発見につながるかもしれず、問題解決の方法それ自体の発見につながるかもしれない。さらに、そこには問題解決のための能力開発というプロセスが加わる可能性もある。

企業家が群生して現れるのはなぜか

　集合知は、問題発見能力の多様性を担保し、問題解決能力を高める機能を持つ。個人が1人で活動するよりも、集団によって活動することで多様な問題を発見でき、集団の場合、個人の持つ能力を単独で伸ばすよりも多様な能力の開発が可能になる。このように集合知の機能を理解すると、シュンペーターが述べた観察事実、すなわち、企業家が群生して現れるのはなぜかという問いに新たな解答を与えることができる。

　ある人が、別の人からの創造的反射によって新たな課題を発見するとき、

---

12) この主張、すなわち創造的反射という単語を読んで、怪しいと感じることも創造的反射であり、応用の可能性を感ずることも創造的反射の一例であろう。言うまでもなく、条件反射（conditional reflex）とは、ある特定の刺激に対して、一定の反応をする「パヴロフの犬」から発見された表現である。

その発見をしている人から第三者がさらに触発される、という連鎖反応が生まれることが予測できる。創造的反射は伝播しうる。第三者の反応は、第一の人、第二の人に遡及して、さらに新たな効果をもつかもしれない。優れた反応をすることのできる人々が集まれば、その潜在的な状態から、ある時点を境として閾値を超えた反応の連鎖が生まれることも想定できる[13]。

シュンペーターが例示した「新結合」の背後には、知識の結合がある。知識の結合とは、すなわち、人々が相互に触発しあい、他者の行動や考え方に反応した結果として生まれた新たな知識の積み重ねである。本書では、それを集合知と呼んだ。起業は、それを行う人々の同盟戦略であり、共有知を基盤とする。共有知では解決不可能な問題に出会ったときに接合戦略が採用され、共生知という新たな次元を獲得する。この段階まですでに起業ののちの淘汰があり[14]、そのなかで成功した結果としての集積戦略を観察すれば、そこには企業家が群生していることになる。集積戦略とは、成功した企業のそばに立地して現場の知を得る戦略である。そうした相互触発しあう行為主体による集合的な戦略の結果として技術開発が進められ、有機戦略による社会への普及をみるならば、新たなコモンナレッジが確立する。こうした全体的なプロセスをイノベーションと呼ぶことが許される。

日本の優良企業

本書では歴史的アプローチを採用しなかったが、日本の経営史を紐解けば、起業家が時に大学教授に助けを求めてきたことがわかる。本書第3章において触れたように、真珠の養殖を志した起業家・御木本幸吉はアコヤ貝の生態について東京帝国大学の箕作佳吉に教えを乞うている。1890年のことである。合成調味料「味の素」の商品化は1908年に実業家・鈴木三郎助が東京帝国大学の池田菊苗教授を訪ねて特許の実施許諾を得たことによる。ホンダの創業者、本田宗一郎は1937年から3年間、浜松高等工業学校（現・

---

13) 本書第7章のモデルが示す事実を、こうした事例として解釈することができる。なお、あまりにも当然のことであるために忘れがちになるが、人間の教育も集合的に行われる場合が多い。
14) ティモンズ（1994）はベンチャービジネスに関する標準的な教科書である。第17章はスタートアップした企業が陥る倒産の危機について触れている。

静岡大学工学部）の聴講生となって金属学を学び、ピストンリング開発に取り組んだ[15]。村田製作所の創業者・村田昭は1947年、京都大学工学部・田中哲郎が取り組んだチタン酸バリウム磁器の研究と並行して、その製造を手がけている。チタン酸バリウム磁器は、振動子として魚群探知機に用いられる部品として成長した[16]。こうした活動は共生知創造の試みである。

すでに本書第4章では、日本の企業家たちが現場の知を探索にでかけたことを述べた。松下幸之助は1951年にGE社を訪ねてアメリカ旅行をし、同年、オランダ、フィリップス社を訪問している。本田宗一郎は、工作機械輸入のために1952年に渡米、ソニーの井深大もアメリカを訪問してトランジスタの特許化に関する情報を入手している。その後、1953年、盛田昭夫はアメリカでトランジスタの特許契約を締結している。

これらの企業は、アメリカを輸出市場としてシェアを獲得するとともに、アメリカ現地生産を積極的に行い、さらには、アメリカにおける研究開発拠点を置くことにも積極的であった。各社の名称は、製品名の代名詞となって普遍化している。グローバルに活動する優良企業であれば、1社単独で、共有知・共生知・現場の知・コモンナレッジという知識の創造プロセスを経ている可能性が高く、さらに詳細に具体的事例を集めることも可能であろう。

メガ・クラスターの可能性

日本国内において現場の知となっている地域の特性を考察すると、ポーター（Porter, 1998）が「事業拠点のあいだが200マイル以下程度」（訳書、114ページ）をクラスターの地理的限界の指標の1つとしていたことと深刻な矛盾があることがわかる。200マイル、すなわち320キロメートルは、東京か

---

15)　以上、御木本、鈴木、本田の事例については、法政大学産業情報センター・宇田川編（1999）を参照されたい。なお、特許庁のホームページには日本人の十大発明として産業化に貢献した特許出願者が掲げられている。

16)　政策研究大学院大学、C.O.E.オーラル・政策研究プロジェクト（2004）『村田昭（株式会社村田製作所名誉会長）オーラル・ヒストリー』猪木武徳・梅崎修編、51-55ページ。本書第2章注11にも利用したように、オーラル・ヒストリーは企業経営の歴史的証言を得るうえで強力な分析手法となっている。研究手法のガイドとしては、御厨編（2007）が参考になる。オーラル・ヒストリーをどのように分析的に用いるかという大きな課題はあるものの、小池・洞口（2006）でまとめたフィールド・リサーチによる研究方法をさらに豊かにすることが期待される。

ら名古屋までの距離約360キロメートルをほぼ包含する距離感覚である。東京丸の内の金融オフィス街、大田区の機械加工、川崎から東京湾湾岸に至る鉄鋼・造船・自動車関連産業、小田原・厚木周辺の電機・自動車部品関連の工場群、静岡県浜松市周辺のスズキ、ヤマハ、ホンダの各工場と中小製造業、愛知県豊田市周辺といった地域がすっぽりと200マイルのなかに収まってしまう。

　ある特色をもったクラスターは、本書第4章第4-2図に示したように「自動車で30分から1時間以内」に存在するというのが日本の特色であるのかもしれない。しかし、もしも、本来200マイルの広域に1つ存在するべきクラスターが、日本では重層的に多数存在しているとすれば、そのことが意味しているのは日本のクラスターの著しい強靱性である。言い換えると日本の産業集積は密度が濃く、かつ多様性があることになる。その場合、1つのクラスターで産業成長が止まっても、その周辺に存在する新たなクラスターの成長が、衰退しつつあるクラスターの余剰資源を吸収しつつ加速するかもしれない。もしも、そうであるとすれば、複数のクラスターがさらにクラスター化しているという意味でメガ・クラスターと呼ぶことができるかもしれない。太平洋ベルト地帯は、メガ・クラスターの候補であって、その全体を観察する視点が地域政策の立案にも重要であることになる。

　クラスターで生産された製品は、クラスター周辺の需要だけでは消費しきれない。メガ・クラスターで生産された製品を、日本国内だけで消費することも不可能であろう。世界の景気が低迷したときに日本の内需拡大を約束する政治家がいるが、それはメガ・クラスターを崩壊させない限り不可能である。いま存在するメガ・クラスターの活動水準を維持するためには、外需に依存するしかない。政策的に可能なのは、先進国以外の新たな市場を開拓することであって、そのための政府開発援助にも質的な転換が求められることになる。ベーシック・ヒューマン・ニーズ（Basic Human Needs, BHN）は政府開発援助の理念として機能し、灌漑・医療・貧困対策を支えてきた。LLDCに対するBHNのアプローチは依然として有効であるとしても、LDCに対してはBKNつまりベーシック・ナレッジ・ニーズ（Basic Knowledge Needs）に応える支援策が必要であるように思われる。初等教育・予防医学

といった政府系の援助とともに、語学・生産管理・会計・流通・情報システムといった特定分野での技能教育や講師派遣は民間の NPO などでも行われうるであろう。「先進国以外の新たな市場を開拓すること」とは、そうした様々な活動によるコモンナレッジの理解を基盤としているように思われる。

知識創造のためのパラダイム転換

クーン（1962）がパラダイムと呼んだ知のあり方は、それ自体が集合知のひとつの形態である。一般にパラダイムとは、広範なひとびとによって支持され、信じられている信念である。天動説を信じていたのはカソリック教会だけではなく、当時の一般の人々もそう信じていたはずである。広く社会に広がったパラダイムであればコモンナレッジであり、その意味では合目的的ではない人々の信念を含むものである。

合目的的な強制力が働く集団に共有されているパラダイムは、共有知である。ある大学のある研究室に参加するメンバーや、特定企業の構成メンバーによって共有された基礎知識を指してパラダイムと呼ぶこともある。シリコンバレーや「ものづくりクラスター」のような産業集積地において共有されている信念があれば、それもまたパラダイムであり、本書の用語にしたがえば現場の知である。こうした意味において、共有知、現場の知とコモンナレッジとは理解する人々の範囲の差、程度の差ということができる。

本書において、共有知、共生知、現場の知、コモンナレッジという4つの集合知のパターンを説明してきた。注意するべきなのは、これらの知の形態のうち、どれかが優れたものである、ということはできないという事である。本書では、共生知が優れた形態であり、共有知が過去のものである、といった主張をしているのではない。

集合的な知識の創造には時間とコストがかかり、複数のパターンをすべて採用することは容易なことではない。しかし、もしも資金と人材に余裕があるのならば、4つの形態をすべて試みることもできる。社内に QC サークルを設けて共有知を作り出し、産学官連携に参画して共生知を産み出し、現場の知を地域の関連企業と創り出し、CSR とフィランソロピーによってコモンナレッジを高度化するという活動を同時に行うことのできる企業は、紛れ

もなく優良企業である。

　本書序章と第 1 章でサーベイした知識創造の理論は、企業の内部に場を限定していた。フォン・ヒッペル（2006）によるユーザー・イノベーションの概念は、財を利用する立場の人々の参加がイノベーションを引き起こすことを示唆し、イノベーションの発生地点を拡張した。本書全体の分析から示唆されるメッセージは、さらに強烈なものである。つまり、共生知の創造においては、ユーザーですらない人々からの知識が有効に機能するのかもしれない、という点である。多様で、分散し、かつ、独立した人々からの知識が集合され、そこからヒントを得る人々が存在することによって、知識創造に新たな次元が加えられるかもしれない。

　たとえば地球環境問題のように、誰がユーザーであるかを定義することすらできず、それでもなお解決策が求められるような課題の場合、世界各国の政府機関や多数の専門家だけでなく、異なる文化で育まれた「生活の知恵」や、子供や老人をはじめとする生活者の視点が有効になる可能性も高い。日本企業の知識管理戦略がこうした問題領域で有効性を発揮するとすれば、それは、世界の多様性ある人々からの集合知を集約したときであろう。工場内での作業者による提案制度や改善活動といった実践から、グローバルな提案制度の構築へと知識管理戦略を高度化させるべき時がやってきている。知識社会の国際経営戦略には、そうした発想を付け加えるべきであろう。

補論・第7章
知識のコラボレーションとクラスターの創生

　本章では知識のコラボレーション（協働, collaboration）を単純な経済モデルによって考察し、不均衡の一形態としての産業クラスターの生成を考察する[1]。本章のモデルにおける知識のコラボレーションは、複数の市場を連結することによって反応関数の特殊な形状が生成することを意味している。

　第2章・共有知で説明したように「スターアライアンス」や「ワンワールド」のような航空会社の戦略的提携（strategic alliances）は知識のコラボレーションの事例に該当する[2]。本章でモデル化するのは、コードシェア・フライトにおける収入とコスト負担に関する企業間契約の1つの形態である。すなわち、戦略的提携によって各社からの需要が積み上げられてある企業の収入になる一方で、単体の企業によってコストが担われる状態を考察する。

　こうした相互依存関係は、世界の大学が留学生を受け入れるときに授業料を免除すると同時に、自らの大学の大学生を提携する大学に送り出す状況にも類似している。共有知の事例としては、金融・証券市場についてのネットワークを構築して新聞各社に提供しているロイターのような事例や、第三世代携帯がインターネットと固定電話のネットワークをつなぐといった事例もある。それまで独立していたネットワークが連結されることによって、ある個人の知識に対して他者が反応できるようになる。

　こうした相互依存関係の本質は、知識のためのコラボレーションにある。そこではプレーヤーが取引を開始する前にネットワークをつくりあげている

1）　本章は、洞口（Horaguchi, 2008a）によるモデル分析をもとに翻訳・改稿し、一部を縮約したものである。数学的証明の一部などについては原論文を参照されたい。
2）　航空会社の戦略的提携の場合、情報システムのネットワークが均等に連結されるために不均衡は発生しない。しかし、航空路線ネットワークの形状を含めて考察すれば、特定のハブ空港がクラスターの中核となるような不均衡が存在する余地があるかもしれない。

という特徴がある。知識のためのコラボレーションは、互恵性という特徴を持つ。たとえば、2つの国の各企業がアライアンスを組んだ場合、その企業は、標的とした外国市場に販売するだけでなく、提携企業による自国市場への販売を受け入れなければならない。共有知による情報ネットワークの構築は、販売と購買の双方向性を意味している。本章のモデルでは、情報コンテンツの内容を無視し、伝達され、販売される情報量のみを問題とする。

地理的に離れた市場を連結する高速道路の建設は、都市と都市を連結するネットワークの一例である。サクセニアン (Saxenian, 1994) をはじめとする産業クラスターの研究では高速道路を通じて地理的近接性を強調している。サンフランシスコからサンホセをつなぐルート101は、2つの都市の間での物流を促進する。ポーター (Porter, 1998) によれば、「クラスターとは、企業、専門化したサプライヤー、サービス事業者、関連産業の企業、(たとえば、大学、標準認証機関、輸出組合などの) 関連組織、が協調しながら協力するという特徴を備えて相互に連結された地理的な集中である」(原著、pp.197-198) と述べている。

本章では、相互連結という側面に焦点をあてて共有知のモデルを構築する。本章では地理的な近接性を捨象する[3]が、企業の相互連結をモデルに組み込む。したがって、競争と協力の両立をモデルに組み込むことになる。これは第4章・現場の知で議論したような産業集積への考察を与えることになる。もしもポランニー (Polanyi, 1966) が指摘するような暗黙知が重要であるとすれば、特定の地域における知識の交換は、そこに集まる人々が対象とするものを目で見て、触り、感ずることを可能にする。それは、機械を製造し、工作機械やロボット、金型を製造するためにも重要になる。

産業集積についてはマーシャルをはじめとして数多くの研究がある (Marshall, 1920, Book II, chap.10 and Book III, chap.11、ピオーレ＝セーベル (Piore and Sabel, 1984, chap.11))。産業集積に関する学問的な関心はクラスター

---

[3] 本章第(12)式で説明することになる基本方程式をベクトル表記すれば $q = \theta X$ であるが、ここに企業間の距離を示すベクトル ω をかけると $q = \omega\theta X$ となり、その逆行列 $(\omega\theta)^{-1}q = X$ を求めることで、本章と同じ分析を適用することができる。距離ベクトル ω は対称行列であるがシミュレーションの可能性は多様になり、本章第(25)式から得られる逆行列のように飛躍的に大きな生産数量が得られる可能性もある。

の概念によって再興された（ポーター（Porter, 1990, 1998)、マーチン＝サンリー（Martin and Sunley, 2003)）。本章では、市場が同一の条件で均等に結ばれていてもクラスターが発生することを示す。ノーマン＝ベナブルズ（Norman and Venables, 2004）のような例外はあるが、厳密な経済モデルによってクラスターを説明した研究は少ない。

以下では第1節において基本モデルを説明する。第2節では2つのタイプのネットワークを考察する。第一は、ハブ・アンド・スポークの形態をしたネットワークであり、第二は円環状のネットワークである。第3節ではネットワーク理論で提起されているスモールワールド・ネットワークとスケールフリー・ネットワークの2つのタイプを考察する。結論としてクラスター間の競争に関する展開の可能性を議論する。

第1節 基本モデル

産業組織論における研究史では、クールノー競争が重要な位置を占めてきた。クールノー・モデルにおいては参入企業数が増えると市場への総産出量は増加し、1企業あたりの産出量は低下し、均衡での市場価格は低下する。市場への参入企業数が無限大に増加したときに完全競争が成立する。たとえば、ウォーターソン（Waterson, 1984）では、参入企業がすべて競争しあう完全なネットワークが暗黙のうちに前提とされていた。寡占理論にゲーム理論を応用した場合（ティロール（Tirole, 1988)、ヴァイブス（Vives, 1999））であっても、市場ネットワークの特定の形は考察されていない。つまり、ゲーム理論家も通常は複数の企業が単一の市場で競争する状況を想定している。

市場のネットワークに関する特定のパターンを想定すると、クールノー競争からは直感的に異なった結果を生み出すことになる。グラフ理論（たとえば、ハラリー（Harary, 1969)）やネットワーク理論（たとえばバラバシ（Barabasi, 2002)、ワッツ（Watts, 2003)）は知識のコラボレーションを考察する際に用いられる。いくつかのモデルがグラフ理論を応用して企業間のネットワークをモデル化している。ジャクソン＝ウォリンスキー（Jackson and Wolinsky,

1996)、バラ＝ゴヤール（Bara and Goyal, 2000）、およびジャクソン＝ワッツ（Jackson and Watts, 2002）、川又（2004）は経済的ネットワークのもとで活動する企業を考察している。ゴヤール＝モラガ・ゴンザレス（Goyal and Moraga-Gonzalez, 2001）は企業がネットワークを構築しているときに研究開発競争のパターンが異なることを示している。

　市場が連結された状態での均衡は、コンピューター・シミュレーションの助けを借りて考察することができる。たとえば、中心から放射線状に広がっていくハブ・アンド・スポークの形態をしたネットワークは、市場取引において効率的であると信じられている。それは、すべての市場から別の市場に連結される場合の$n(n-1)/2$本の連結数から、ハブ・アンド・スポークの形態における$(n-1)$本の連結数に減少することが、その想定の根拠となっている。たとえば、ヘンドリックス＝ピッチオーネ＝タン（Hendricks, Piccione, and Tan, 1995）は、$(n-1)$本のネットワークを持つハブが航空産業の最適なネットワークであることを示している。しかしながら、本章ではハブ・アンド・スポークの形態のネットワークがある種の不均衡をもたらし、ある場合には均衡そのものが存在しないことを示す。それに比較すると、すべての市場が連結された場合には、その数がいくつであっても維持可能な市場となることが示される。

　本章では「知識のコラボレーション」を伴う二段階ゲームを想定し、市場ネットワークによって連結された複数の企業の競争状態を考察する。この二段階ゲームにおいて連結されることになる1つの市場には各々1つの企業だ

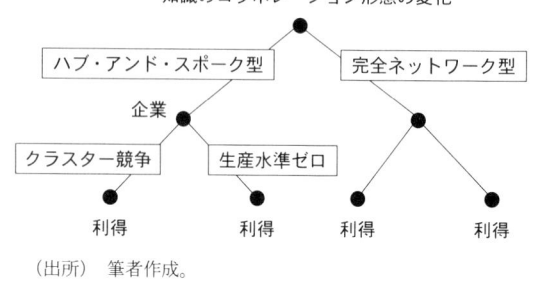

第7-1図　市場連結と企業競争の二段階ゲーム
知識のコラボレーション形態の変化

（出所）筆者作成。

けが存在すると仮定する。第一段階において企業は情報インフラストラクチャーにおける市場連結を行い、それが知識のコラボレーションにおけるネットワークのタイプを決定する。このプロセスは、様々に異なったネットワークのパターンを可能にする。

もしも2つの市場が「情報ハイウェイ」によって連結されるとすれば、コラボレーションを行う企業は、連結される以前には別々の市場で活動していた企業と相互に知識を与えあうと想定する。これは知識のコラボレーションを可能にするものであり、たとえば、航空各社のアライアンスにおけるコードシェア便に該当する。すなわち、アライアンス締結前には競争相手であった企業からの情報が送られてくることに対応する。第7-1図にはそうした二段階のゲームが進む様子をまとめた。

第7-2図には知識のコラボレーションに関するいくつかのパターンを示している。もしも4つの市場が「情報ハイウェイ」によっていずれかの市場に連結されるとすれば、第7-2図に示すような連結パターンが存在する。本章が示すモデル分析によれば、第7-2図(a)に示すような線形の連結パターンは、グリーンハット゠ノーマン゠ハン（Greenhut, Norman, and Hung, 1987）による空間経済学のアプローチと類似した性質を有していることになる。

教科書に現れるようなクールノー競争のパターンは、第7-2図(f)に示されている。完全に連結されたネットワークで参入企業数が2から増えていくと、参入企業数が無限大になった時点で完全競争になるが、そうした状況はこのパターンに該当する[4]。第7-2図には、これ以外にも様々な知識コラボレーションのタイプを示している。第7-2図(a)から第7-2図(e)は、すべて不完全なネットワークであり、不均等に連結された市場において、企業が均衡生産数量として偏った生産水準に到達することになる。

各企業は、以下の条件を満たすものと想定する。企業iの費用関数は$C_i(x_i)$と定義され、生産数量はx_iである。可変費用は$d_i^j x_i$であり、固定費用はe_iである。これら費用は微分可能であり、定数としての可変費用が存

---

4) マーフィ゠シェラーリ゠ソイスター（Murphy, Sherali, and Soyster, 1982）、シェラーリ゠ルレノ（Sherali and Leleno, 1988）、およびコスタッド゠マシエセン（Kolstad and Mathiesen, 1991）らは、クールノー・ナッシュ均衡を得るための計算プロセスを説明している。

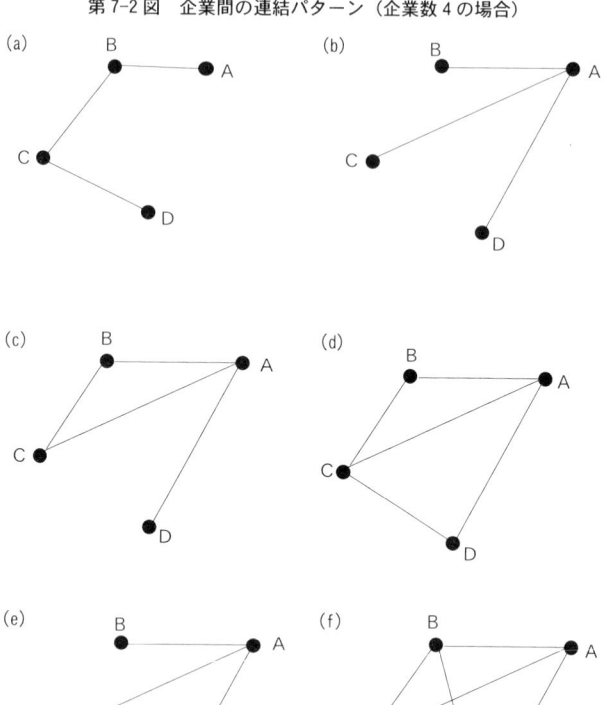

第 7-2 図　企業間の連結パターン（企業数 4 の場合）

(注)　グラフ理論的には、パターン(c)とパターン(e)は同一である。しかし、企業 B、企業 C、企業 D の獲得する利得は異なる。
(出所)　筆者作成。

在して、$C_i'(x_i) = d_i = d$ であると仮定する。また、各企業 i において可変費用は同じであると仮定する。第 j 市場に存在する各企業 i は利潤関数 $\pi_i^j(x_i^j)$ を x_i^j について最大化する。ここでは $x_i^j = x_j^i$ という対称性が存在すると仮定する。すなわち、競合企業は相手企業によって生産されるのと同じ量だけの知識に基礎をおく財 x_i を提供すると仮定する。これは、ネットワークによって市場が連結されたすべての企業が同じ生産関数を有しており、知識のコラボレーションによって同じ生産数量を生産できることから仮定さ

第1節　基本モデル

れる。これらの仮定にもとづいて、以下のように書くことができる。

(1) $\quad C_i^j(\sum_i x_i^j) = \sum_i d_i^j x_i^j + e_i^j$

ただし、第 j 市場に存在する各企業について $d_i > 0$, $e_i > 0$ が成り立っている。また、各市場 j について、

(2) $\quad \pi_i^j(x_i^j) = p^j x_i^j - C_i^j(\sum_i x_i^j) = (a - b\sum_i x_i^j)x_i - \sum_i d_i^j x_i^j - e_i^j$

である。

　第 7-2 図では、A、B、C および D という 4 つの独立した市場で各々 1 企業が活動する状態を示している。連結されたパターンのなかで、まず第 7-2 図(b)のようなハブ・アンド・スポークの状態について考察する。市場 A が中心に位置しており、B、C および D の市場と連結されると仮定する。この連結のもとでクールノー競争が行われる。市場 A の逆需要関数は、

$$p^A = a - bx^A = a - b(x_A^A + x_B^A + x_C^A + x_D^A)$$

であり、市場 B においては、

$$p^b = a - bx^B = a - b(x_A^B + x_B^B)$$

となる。したがって、市場 A における企業 A は、自社の生産する x_A^A の利潤関数を最大化する。このとき、市場 A で活動する他の 3 つの企業と競争することになる。また、企業 A は、他の 3 つの市場にネットワークで連結されており、そこでも競争するので、市場 j で x_A^j を生産することになる。すなわち、

(3) $\quad \pi^A(x_A) = (a - b(x_A^A + x_B^A + x_C^A + x_D^A))x_A^A$
$\qquad\qquad + (a - b(x_A^B + x_B^B))x_A^B$
$\qquad\qquad + (a - b(x_A^C + x_C^C))x_A^C$
$\qquad\qquad + (a - b(x_A^D + x_D^D))x_A^D - C_A(x_A^A + x_A^B + x_A^C + x_A^D)$
$\qquad\quad = (a - b(x_A^A + x_B^A + x_C^A + x_D^A))x_A^A$
$\qquad\qquad + (a - b(x_A^B + x_B^B))x_A^B$
$\qquad\qquad + (a - b(x_A^C + x_C^C))x_A^C$
$\qquad\qquad + (a - b(x_A^D + x_D^D))x_A^D - d_A(x_A^A + x_A^B + x_A^C + x_A^D) + \sum_j e_A^j$

制約条件は $x_A^j \geq 0$, $x_B^j \geq 0$, $x_C^j \geq 0$, $x_D^j \geq 0$ である。

企業 B は、市場 A と市場 B で x_B^j を最大化するので、

(4) $\pi^B(x_b^B) = (a - b(x_A^A + x_B^A + x_C^A + x_D^A))x_B^A$
$\qquad + (a - b(x_A^B + x_B^B))x_B^B - C_B(x_B^A + x_B^B)$

制約条件は $x_A^j \geq 0$, $x_B^j \geq 0$ である。

同様に、企業 C、企業 D についても同じ利潤最大化条件が得られ、

(5) $\pi^c(x_c) = (a - b(x_A^A + x_B^A + x_C^A + x_D^A))x_C^A$
$\qquad + (a - b(x_A^C + x_C^C))x_C^C - C_C(x_C^A + x_C^C)$

制約条件 $x_A^j \geq 0$, $x_C^j \geq 0$.

(6) $\pi^D(x_D) = (a - b(x_A^A + x_B^A + x_C^A + x_D^A))x_D^A$
$\qquad + (a - b(x_A^D + x_D^D))x_D^D - C_D(x_C^A + x_D^D)$

制約条件は $x_A^j \geq 0$, $x_D^j \geq 0$.

ここで、知識のコラボレーションを仮定していることから重要な仮定を追加することができる。すなわち、このモデルでは知識は企業のなかで一定の費用を支出することによって創造される。しかし、他の企業とコラボレーションをすることによっては収入を得ずに、各市場の支配的な企業がすべての収入を手に入れるという契約を結んでいるものとする。よって、知識によって生産数量が増加すれば、その増加が逆需要関数に影響を与えるが、収入が帰属するのは市場のなかの支配的な企業のみである。たとえば、航空会社のアライアンスにおいて市場 A から行われる航空券予約は、企業 A の路線利用だけでなく、企業 B の路線利用分も企業 A の収入となり、逆に市場 B で行われる航空券予約は企業 A の路線利用分も企業 B の収入となる、という状況を考察する。あるいは、たとえば、2 つの企業が研究者を相互に派遣して、その出向にかかわる人件費は派遣した企業が負担し、派遣された研究者が開発した特許は受け入れ企業に帰属すると相互に契約した場合なども、この状態に該当する。さらに、生産関数が同一であると仮定したので、相互に派遣される研究者たちは同じ能力を持っており、同じ数量の特許を開発することになる。こうした状態を互恵性と呼び、それが成り立ちうるとすれば、その互恵性を市場と企業の対称性として $x_j^i = x_i^j$ と書き表すことができる。つまり、第 i 市場で活動する第 j 企業の生産数量は、第 j 市場で活動

する第i企業の生産数量と同じことになる。

この条件を含めて第(3)式を書き直すと、以下のようになる。

(7) $\pi^A(x_A) = (a - b(x_A^A + x_B^A + x_C^A + x_D^A))(x_A^A + x_B^A + x_C^A + x_D^A)$
$\qquad - C_A(x_A^A + x_A^B + x_A^C + x_A^D)$
制約条件 $x_A^j \geq 0,\ x_B^A \geq 0,\ x_C^A \geq 0,\ x_D^A \geq 0$.

企業B、CおよびDについても第7-2図(b)のようにネットワークで結ばれた市場についての利潤極大化が行われるので、

(8) $\pi^B(x_B) = (a - b(x_A^B + x_B^B))(x_A^B + x_B^B) - C_B(x_B^A + x_B^B)$
制約条件 $x_A^B \geq 0,\ x_B^j \geq 0$.

(9) $\pi^C(x_C) = (a - b(x_A^C + x_C^C))(x_A^C + x_C^C) - C_C(x_C^A + x_C^C)$
制約条件 $x_A^C \geq 0,\ x_C^j \geq 0$.

(10) $\pi^D(x_D) = (a - b(x_A^D + x_D^D))(x_A^D + x_D^D) - C_D(x_D^A + x_D^D)$
制約条件 $x_A^D \geq 0,\ x_D^j \geq 0$.

企業Aが決定できるのは生産数量x_A^Aだけであるので、利潤関数π^Aをx_A^Aで最大化することによって一階の条件を得ることができる。同様にして連立方程式体系を得ることができ、以下の第(11)式の体系を得る。

(11) $\dfrac{\partial \pi^A}{\partial x_A^A} = a - b(2x_A^A + x_B^A + x_C^A + x_D^A) - d_A = 0$

$\dfrac{\partial \pi^B}{\partial x_B^B} = a - b(x_A^B + 2x_B^B) - d_B = 0$

$\dfrac{\partial \pi^C}{\partial x_C^C} = a - b(x_A^C + 2x_C^C) - d_C = 0$

$\dfrac{\partial \pi^D}{\partial x_D^D} = a - b(x_A^D + 2x_D^D) - d_D = 0$

この競争においては対称性が仮定されているので$x_i^j = x_j^i$、が成り立っており、簡単化のために$x_i^j = x_j^i = x_j,\ x_i^i = x_j^j = x_j,\ (i, j = A, B, C, D)$と書き表す。また、可変費用は一定であり、$C_i{'}(x_i) = d_i = d$であることに注意すれば、行列によって

$$
(12) \quad \begin{bmatrix} q_a \\ q_b \\ q_c \\ q_d \end{bmatrix} = \begin{bmatrix} 2 & 1 & 1 & 1 \\ 1 & 2 & 0 & 0 \\ 1 & 0 & 2 & 0 \\ 1 & 0 & 0 & 2 \end{bmatrix} \begin{bmatrix} x_a \\ x_b \\ x_c \\ x_d \end{bmatrix}
$$

と書き直すことができる。ここで、$q_i = (a - d_i)/b$, $(i = a, b, c, d)$ である。逆行列を計算すると第(12)式は次のように解くことができる。

$$
(13) \quad \begin{bmatrix} 2 & -1 & -1 & -1 \\ -1 & 1 & 0.5 & 0.5 \\ -1 & 0.5 & 1 & 0.5 \\ -1 & 0.5 & 0.5 & 1 \end{bmatrix} \begin{bmatrix} q_a \\ q_b \\ q_c \\ q_d \end{bmatrix} = I \begin{bmatrix} x_a \\ x_b \\ x_c \\ x_d \end{bmatrix}
$$

ここから、均衡生産数量は、以下のように求めることができる。

$$
(14) \quad \begin{bmatrix} x_a \\ x_b \\ x_c \\ x_d \end{bmatrix} = \begin{bmatrix} (-a - 2d_a + d_b + d_c + d_d)/b \\ (2a + 2d_a - 2d_b - d_c - d_d)/b \\ (2a + 2d_a - d_b - 2d_c - d_d)/b \\ (2a + 2d_a - d_b - d_c - 2d_d)/b \end{bmatrix}
$$

この均衡の性質を調べるために、さらに $d_i = d_j$ $(i, j = a, b, c, d)(i \neq j)$ を仮定すれば、

$$
(15) \quad \begin{bmatrix} x_a \\ x_b \\ x_c \\ x_d \end{bmatrix} = \begin{bmatrix} (-a + d)/b \\ (2a - 2d)/b \\ (2a - 2d)/b \\ (2a - 2d)/b \end{bmatrix}
$$

を得ることができ、$a > d$ であれば、$x_a < 0$ になることがわかる。生産数量が非負であるという制約条件を所与とすれば、企業 A の生産数量はゼロとなり、システム全体の生産数量の最大化が単純に最適解になるとは限らない。

このようにグラフ状に連結された市場での生産数量の特徴をチェックするために、パラメーターに以下の条件を与える。すなわち、$q_i = (a - d_i)/b$, $(i = a, b, c, d)$ を 1 に基準化 ($q_i = 1$, $i = a, b, c, d$) すれば、各企業の生産数量について次の結果を得ることができる。

$$
(16) \quad \begin{bmatrix} 2 & -1 & -1 & -1 \\ -1 & 1 & 0.5 & 0.5 \\ -1 & 0.5 & 1 & 0.5 \\ -1 & 0.5 & 0.5 & 1 \end{bmatrix} \begin{bmatrix} 1 \\ 1 \\ 1 \\ 1 \end{bmatrix} = \begin{bmatrix} x_a \\ x_b \\ x_c \\ x_d \end{bmatrix} = \begin{bmatrix} -1 \\ 1 \\ 1 \\ 1 \end{bmatrix}
$$

企業Aは、マイナス1という生産数量を達成することはできない。これは端点解であり、企業Aの生産数量はゼロとなる。他の企業B、C、Dは生産数量1を達成する。ただし、システム全体の生産数量は2となっているために、各企業の生産数量合計3であれば過剰生産になる。この点は、クールノー競争、シュタッケルベルク競争などと共通に見られるモデル上の矛盾である[5]が、3つの企業が生産数量を合計2にするように減少するか、あるいは、3企業ともに過剰生産によって価格が低下し、収益を減らすという状態が考えられる。

　この知識のコラボレーションにおいて端点解が存在するときに、ハブ・アンド・スポークの形状に連結されたシステム全体は過剰生産となる。

命題1. 同一の生産関数とパラメーターを持つ企業がハブ・アンド・スポークの形状に連結された4市場において、ハブ市場で活動する企業はシステムの均衡が達成されたときにマイナスの生産数量になる。したがって、ハブに位置する企業Aの生産数量はゼロとなる。

　第(12)式に示されている4×4のマトリックスは、いかにネットワークが形成されているかを示している。グラフ理論における隣接行列（the adjacency matrix）[6]と同じ役割を果たしており、クールノー競争のモデルを前提とした市場連結をこのマトリックスで示すことができる。第1行と第1列が1、対角行列が2となっており、その他のセルがゼロによって占められているという構造は、ハブ・アンド・スポークの形状に連結されたシステムにおいて連結される市場の数がnになっても維持される。

　その他の連結パターンにおいて企業Aの生産数量がどのように変化するかをチェックしてみると、たとえば、第7-2図(e)の場合には、

5）　コンシスタントな推測的変動を論じたブレスナハン（Bresnahan, 1981）を参照されたい。
6）　グラフ理論の隣接行列は、ノードが連結されている場合に1、連結されていない場合には0の値をとる。たとえば、ハラリー（Harary, 1969）、ディーステル（2000）を参照されたい。

$$(17)\quad \begin{bmatrix} q_a \\ q_b \\ q_c \\ q_d \end{bmatrix} = \begin{bmatrix} 2 & 1 & 1 & 1 \\ 1 & 2 & 0 & 0 \\ 1 & 0 & 2 & 1 \\ 1 & 0 & 1 & 2 \end{bmatrix} \begin{bmatrix} x_a \\ x_b \\ x_c \\ x_d \end{bmatrix}$$

といった連結のパターンであり、逆行列からシステムの均衡を求めると

$$(18)\quad \begin{bmatrix} 1.2 & -0.6 & -0.4 & -0.4 \\ 1 & 0.8 & 0.2 & 0.2 \\ 1 & 0.2 & 0.8 & -0.2 \\ 1 & 0.2 & -0.2 & 0.8 \end{bmatrix} \begin{bmatrix} 1 \\ 1 \\ 1 \\ 1 \end{bmatrix} = \begin{bmatrix} x_a \\ x_b \\ x_c \\ x_d \end{bmatrix} = \begin{bmatrix} -0.2 \\ 0.6 \\ 0.4 \\ 0.4 \end{bmatrix}$$

となる。やはり企業 A の生産数量はマイナスとなる。システムの総生産数量は 1.2 である。教科書タイプの連結、すなわち、すべての市場が連結された状態を考えると、

$$(19)\quad \begin{bmatrix} q_a \\ q_b \\ q_c \\ q_d \end{bmatrix} = \begin{bmatrix} 2 & 1 & 1 & 1 \\ 1 & 2 & 1 & 1 \\ 1 & 1 & 2 & 1 \\ 1 & 1 & 1 & 2 \end{bmatrix} \begin{bmatrix} x_a \\ x_b \\ x_c \\ x_d \end{bmatrix}$$

であり、逆行列は

$$(20)\quad \begin{bmatrix} 0.8 & -0.2 & -0.2 & -0.2 \\ -0.2 & 0.8 & -0.2 & -0.2 \\ -0.2 & -0.2 & 0.8 & -0.2 \\ -0.2 & -0.2 & -0.2 & 0.8 \end{bmatrix} \begin{bmatrix} 1 \\ 1 \\ 1 \\ 1 \end{bmatrix} = \begin{bmatrix} x_a \\ x_b \\ x_c \\ x_d \end{bmatrix} = \begin{bmatrix} 0.2 \\ 0.2 \\ 0.2 \\ 0.2 \end{bmatrix}$$

となることから、システムの総生産数量は 0.8 となり、以上に比較した連結パターンのなかでは総生産数量が最も低い。ただし、参入した企業のすべてがプラスの生産数量を達成している。

　　命題 2. 完全に連結された市場においては、すべての企業が非負の生産数
　　　　　量を達成する。

　命題 2 が達成することは、教科書レベルで説明される伝統的なクールノー競争の性質から明らかである。
　産業クラスターの特徴は、企業が特定のネットワーク・パターンによって連結されると、特定のクラスターを 1 つのシステムとして考察したときの単

位あたり生産数量が大きくなることである。本節の単純な 4 市場の例では、ハブとなっている市場においてマイナスの生産数量が発生し、端点解となっている。より複雑な形のネットワークを考察することでクラスターの創発が観察できることを以下に示すが、その前に、知識のコラボレーションを行うモデルにおけるクラスターの集中度について簡潔に考察したい。

第 2 節　クラスター集中度（CCR）と特定クラスター集中度（ICCR）の定義

ここで、隣接行列によって示されたクラスター集中度 (*the Cluster Concentration Ratio : CCR*) を定義する。第(12)式に表されたような企業間競争モデルにおける隣接行列を Y として、y_{ij} を行列 Y の (i, j) 要素とする。ここで $i \neq j$ として、第 i 行の $(n-1)$ 要素の数を 2 乗して合計する。これが CCR の分母である。隣接行列 Y は、1 市場に 1 企業が存在すると仮定したことから対角行列に 2 の値を持ち、それはどのようなネットワークでも変化しない。したがって 1 ないし 0 の値をとりうる行列の要素の数が問題となる。次に、第 i 行に 1 が存在しているときに、第 i 行中の個数を 2 乗して合計すると分子を得ることができる。

定義 1：クラスター集中度（CCR）は以下のように定義される。

$$(21) \quad CCR \equiv \frac{\sum_{i=1}^{n}\left(\sum_{j=1}^{n}\deg(y_{ij}|y_{ij}=1)\right)^2}{n(n-1)^2} \qquad i \neq j$$

ここで、関数 deg は、隣接行列における第 i 行に 1 が存在する数を示す関数である。対角行列には 2 が入っているため、第 i 行において 0 ないし 1 の値をとりうるのは $(n-1)$ 個である。それら第 i 行は、隣接行列全体では n 行あるので、n 倍される。ここで定義された CCR は、ネットワーク理論におけるクラスター係数とは異なっている[7]。CCR は、その考え方におい

---

7) クラスター係数（cluster coefficient）については増田・今野（2005）、ネットワーク密度（network density）については安田（2001）を参照されたい。

てハーシュマン・ハーフィンダール指数に近いものがある。

ここで上に述べた 4 市場の例にもとづいて 2 つの隣接行列を比較しよう。第 7-2 図(a)と(b)の隣接行列を示せば以下のとおりである。

(22) $\begin{bmatrix} 2 & 1 & 0 & 0 \\ 1 & 2 & 1 & 0 \\ 0 & 1 & 2 & 1 \\ 0 & 0 & 1 & 2 \end{bmatrix}$

(23) $\begin{bmatrix} 2 & 1 & 1 & 1 \\ 1 & 2 & 0 & 0 \\ 1 & 0 & 2 & 0 \\ 1 & 0 & 0 & 2 \end{bmatrix}$

2 つの隣接行列第(22)式と第(23)式を比較すると、そのなかにある 1 の数が等しく、ネットワーク理論で用いられるクラスター係数で比較すれば同じ水準になる。しかし、クラスター集中度 CCR は異なる。CCR の分母は (4×3^2) であり 36 となる。第(22)式・第 7-2 図(a)の線形連結では 4 つの行に存在する 1 の個数を 2 乗して合計するので、$(1+2^2+2^2+1)$ となり、10 となる。第(23)式・第 7-2 図(b)のハブ・アンド・スポークの連結では $(3^2+1+1+1)$、すなわち、12 となって CCR は高くなる。ハブ・アンド・スポークの連結では CCR は 0.333 となり、線形の連結では 0.277 となる。これは、1 つの市場 A に連結が集中しているハブ・アンド・スポークのネットワークにおいてクラスターの凝集度が高いという直観に合致する。CCR はすべての非対角行列が 1 になったときに 1 の値をとり、すべての非対角行列が 0 であったときに 0 となる。これは、各市場に存在する企業がまったく連結されずに、孤立した市場のなかで独立している状態に対応する。

クラスター集中度は隣接行列で表現されたネットワーク全体の凝集度を示す指標であった。しかし、もしも、どの市場にも連結されていない市場を任意に隣接行列に追加したとすれば、隣接行列全体ではクラスター集中度が低下してしまう、という可能性がある。その場合、分母だけが増加して分子は一定値である。そうした問題を回避するには、特定クラスター集中度（Identified Cluster Concentration Ratio : ICCR）の概念を導入する必要がある。

定義2：特定クラスター集中度 (Identified Cluster Concentration Ratio：ICCR) は以下のように定義される。

(24) $$ICCR \equiv \frac{\left(\sum_{j=1}^{n} \deg(y_{ij}|y_{ij}=1)\right)^2}{n(n-1)^2} \quad i \neq j$$

関数 deg の定義は CCR と同じである。ここでは隣接行列のなかの特定の行 i についてクラスタリングの度合いを示す代替的な指標が得られ、比較が可能になる。すでに述べた2つの隣接行列については、第(22)式の ICCR のうちの最大値は 4/36 であり、第(23)式では 9/36 である。ここでもハブ・アンド・スポークのネットワークは、線形のネットワークより高い ICCR を示していることがわかる。

第3節　クラスターの創発

(1) ハブ・アンド・スポーク型ネットワークの特徴

本節では、市場の連結によっていかにクラスターが創発されるかを考察する。すでに説明した基本モデルを応用して、様々なタイプのシミュレーションを行うことができる。1つの有力な連結のパターンはハブ・アンド・スポーク型である。第7-1表には、ハブとなる企業 x_a とスポークとなる市場に位置する企業 $x_{i \neq a}$ のシステムとしての均衡生産数量（以下、システム均衡と略記）を掲げた。システムとして各企業に負の生産数量が与えられたときには、生産数量の非負制約から各企業の生産数量はゼロとなるが、システム均衡の性質を理解するために第7-1表にはマイナスの生産数量も掲げた。また、ハブ・アンド・スポーク型に比較するために完全に連結された市場の場合を同時に示している。

先にサーベイしたように、過去におけるいくつかの研究はハブ・アンド・スポーク型の効率性をモデル化しているが、本章のモデルではそうした結果を得ることはできなかった。ハブ・アンド・スポーク型のネットワークでは、4市場のネットワークが構築されるときに、ネットワークのハブに位置

する企業がシステム均衡としてマイナスの生産数量になることが示される。5市場がネットワークで結ばれたときには、逆行列が存在せずに市場参加者の生産数量は不定となる。6市場以上のケースでは、スポークに位置する企業の生産数量はすべてマイナスとなり、非負制約より生産数量はゼロになる。これは端点解が得られたケースであるが、その場合にはハブとなった市場での生産数量がシステムとしての市場ネットワークにおける総生産数量を規定することになる。

命題3．ハブ・アンド・スポーク型に結ばれた6以上の市場においては、スポーク市場の生産数量はゼロとなる。

本章付論1では、洞口（Horaguchi, 2008a）の Appendix 1にもとづいて命題3の数学的な証明を提示している。本章以下では、ハブ・アンド・スポーク型以外のネットワークの形式によってクラスターが生まれることを見ることができるが、従来の経済学的な研究においては、あまりにも単純にハブ・アンド・スポーク型の連結がネットワークに参加する企業の効率を高めると思い込んできた可能性がある。命題3に示したように、ハブ・アンド・スポーク型の連結に参加しているときに均衡生産数量がゼロになるならば、

第7-1表　企業 x_a の生産水準と市場の数

	完全に連結された場合		ハブ・アンド・スポークの場合	
	x_a	$x_{i \neq a}$	x_a	$x_{i \neq a}$
2	0.333	0.333	0.333	0.333
3	0.250	0.250	0	0.5
4	0.20	0.20	-1	1
5	0.166	0.166	逆行列が存在しない	
6	0.142	0.142	3	-1
7	0.125	0.125	2	-0.5
8	0.111	0.111	1.66	-0.333
9	0.1	0.1	1.5	-0.25
10	0.090909	0.090909	1.4	-0.2
15	0.0625	0.0625	1.2	-0.1
25	0.038462	0.038462	1.1	-0.05

（出所）　筆者作成。

スポークに位置する企業は連結から外れることが最適な戦略となる。ハブ・アンド・スポーク型の連結以外に、総生産数量が増加するようなネットワークの形状を探すことによって、知識のコラボレーションが有効であるネットワーク・パターンを示すことができる。

(2) 円環状に連結された市場のモデル

ハブ・アンド・スポーク型に並んで単純なネットワークの形式として円環状に連結された市場を考察する。第7-3図に示したように複数の市場が円環状に結ばれる状態は、ティロール（Tirole, 1988, chapter 7）によっても検

第7-3図　市場数4および5の場合の円環状に連結された市場モデル

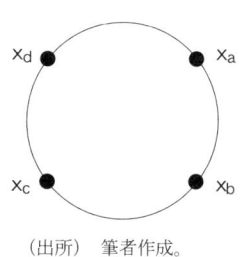

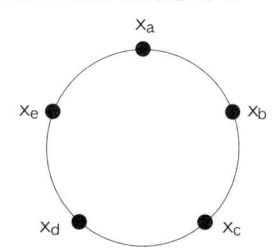

（出所）　筆者作成。

第7-2表　円環状に連結された市場での産出量―シミュレーション結果―

合計		x_a	x_b	x_c	x_d	x_e	x_f	x_g	x_h	x_i	x_j	x_k	x_l
4	0	0	0	0	0								
5	1.25	0.25	0.25	0.25	0.25	0.25							
6	0	n.a.	n.a.	n.a.	n.a.	n.a.	n.a.						
7	1.75	0.25	0.25	0.25	0.25	0.25	0.25	0.25					
8	0	n.a.	n.a.	n.a.	n.a.	n.a.	n.a.	n.a.					
9	2.25	0.25	0.25	0.25	0.25	0.25	0.25	0.25	0.25				
10	0	n.a.	n.a.	n.a.	n.a.	n.a.	n.a.	n.a.	n.a.	n.a.			
11	2.75	0.25	0.25	0.25	0.25	0.25	0.25	0.25	0.25	0.25	0.25		
12	0	n.a.	n.a.	n.a.	n.a.	n.a.	n.a.	n.a.	n.a.	n.a.	n.a.	n.a.	
13	3.25	0.25	0.25	0.25	0.25	0.25	0.25	0.25	0.25	0.25	0.25	0.25	0.25
14	0	n.a.	n.a.	n.a.	n.a.	n.a.	n.a.	n.a.	n.a.	n.a.	n.a.	n.a.	n.a.
15	3.75	0.25	0.25	0.25	0.25	0.25	0.25	0.25	0.25	0.25	0.25	0.25	0.25

（注）　13市場以上のケースでの結果は一部省略している。
（出所）　筆者作成。

討されており、そこでは製品市場における差別化の度合いを検討するためのモデルとして紹介されている。本章では、非差別化された製品のケースとして考察するが、円環状のネットワークが形成された場合には、市場全体が生産する均衡生産数量は大きく変動する。したがって、古典的なクールノー競争とは大きく異なった結果を得ることができる。結論を先に述べるならば、市場が円環状に連結された場合には、市場の数が6以上の偶数の場合には市場均衡を求めるための逆行列が存在しなくなる。そのために、ネットワークで連結された市場全体での均衡生産数量を求めることはできなくなる。市場の数が奇数の場合には、すべての参入企業が同じ生産数量を均衡値として生産し、市場全体での総生産数量は増加する。これらは、円環状のネットワークから想像される直観とは相反する結果である。

第7-2表にはシミュレーションの結果を示している。基本的な仮定は、すでに説明した4市場の場合と同じである。1つの市場には1つの企業が存在し、各市場は円環状に連結される、と仮定する。第7-2表より、市場の数が4から15まで増加したときのシミュレーション結果を読み取ることができる。4市場では生産数量がゼロになり、6つの市場が連結されたときには逆行列が存在せずに解を得ることができない。しかし、市場の数が奇数であれば、各市場は安定した数の生産数量を生み出していく。1市場あたり0.25の生産数量が増加し、偶数の場合には均衡が存在しないために、奇数の市場において2市場ずつ増加するときに0.5ずつ市場全体での総生産数量が増加する。したがって、奇数市場の場合だけをグラフ化すれば、グラフは線形の増加を示している。

第7-4図は第7-2表の結果を示したものである。知識のコラボレーションは、企業がどのようなパターンで連結されるかに応じて、均衡生産数量を変化させることがわかる。平等主義的な円環状のコラボレーションの場合であっても、均衡生産数量は変動する。このパターンは、サイクルというよりは変動と表現されるべきであるが、それは、横軸が時間に依存していないからである。ただし、もしも時間に応じて連結される市場の数が増加すると想定するのであれば、この変動パターンはサイクルとして理解可能であり、それは「シリコン・サイクル」と呼ばれる半導体生産における時間的な変動

パターンを想起させるものである。偶数の市場が連結されたときには総生産数量は安定しておらず、それは逆行列が存在しないことに根拠をおいている。

命題4．市場を円環状に連結したネットワークでは、各市場に構造的な不均衡が起こるが、それは市場が6以上の偶数であるときに逆行列が存在しないことから生まれるものである。

命題4の証明については洞口（Horaguchi, 2008a）の補論、レンマ2を参照されたい。

(3) 15市場のケース

連結される市場の数が増加するときに、その性質を理解するにはシミュレーションを用いることになる。市場の数が増加すればするほど、連結され

第7-4図　円環状のネットワークによって連結された市場全体の均衡生産量

（市場数 n＞4 の場合）

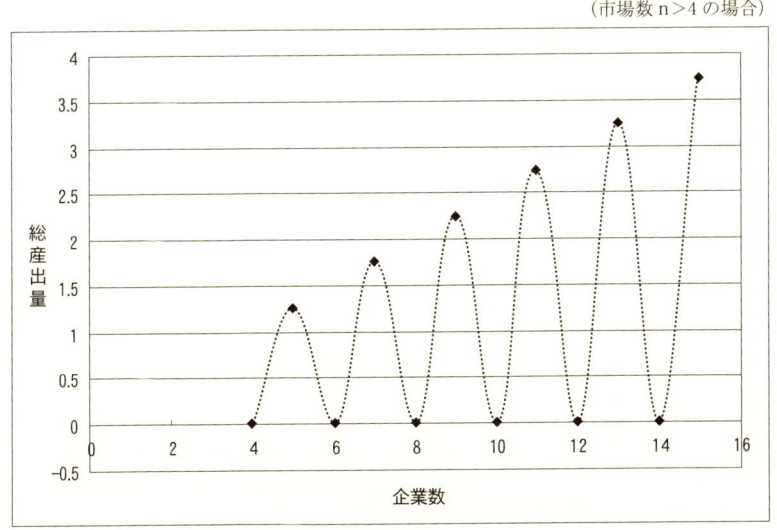

(出所)　筆者作成、洞口（Horaguchi, 2008a）、Figure 4より転載。

るパターンの数も増加していくが、以下では 15 の市場が連結される事例を考察する。単純に円環状の連結が行われた場合には、第 7-2 表に示したように市場全体で 3.75 の均衡生産数量を記録していた。また、第 7-1 表から計算できるように、すべての市場が完全に連結された場合には均衡生産数量は 0.9375 であった。それは、1 つの市場に存在する一企業あたり 0.0625 の生産数量を 15 倍した値である。また、ハブ・アンド・スポークの形状に連結された場合には、非負制約より、総生産数量は 1.2 であった。

　こうした連結パターン以外にも、ツリー状のネットワーク、複数のハブ・アンド・スポークが連結されたネットワーク、二重の円環ネットワークなどをシミュレーションした。それらのなかで、第 7-5 図に示した形状では総生産数量は 76 になった。この連結パターンはネットワーク理論において「スモールワールド・ネットワーク」（ワッツ（Watts, 2003））として知られている。ここで、ネットワーク理論において「弱い紐帯（weak ties）」として知られる連結パターン、つまり、複数の市場を第 7-5 図の内部で連結すると総生産数量は著しく減少した。すなわち、「弱い紐帯」が存在することで市場は完全に連結された状態に近づくことになる。

　ポーター（Porter, 1990）は「需要条件」、「供給条件」「企業間競争」「関連支援産業」という 4 つの条件から産業クラスターの創生を説明している。第 7-5 図はネットワークによる「関連支援産業」の連結に関する条件も同じでありながら、特定の市場に存在する企業の生産数量が飛びぬけて大きくなる状態を示している。頂点を第 1 市場として時計周りに第 7 の市場では生産数量が 23 となっており、最も大きな値を示している。

　このシミュレーション結果は、外部経済の存在によって特定の市場が大きな生産数量を示すというクラスター形成の論理に疑義を提起するものである。第 7-5 図の市場連結の方法は均等なものである。したがって、いくつかの市場が均等に連結される場合であっても、あたかも外部経済が発生したかのような結果が得られる場合があることになる。生産数量が大きな市場とその市場の連結を指してクラスターと呼ぶ場合があり、第 7-5 図であれば、7 番目の市場に連結された 4 つの市場がそれに該当するが、そうしたクラスターの創生は、極めて平等なセッティングのなかから偶発的に生まれること

第7-5図　総産出量76となる15市場の例
―スモールワールド・ネットワーク―

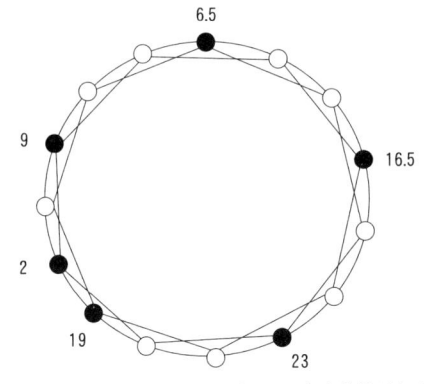

（注1）　黒点が意味しているのはプラスの生産数量がある市場＝企業である。白い点は生産数量がゼロとなる市場＝企業であるが、それは非負制約が存在するからである。
（注2）　ネットワークのパターンはワッツ（Watts, 2003）を用い、筆者がシミュレーション結果を計算した。
（出所）　筆者作成、洞口（Horaguchi, 2008a）、Figure 5 より転載。

になる。事前（*ex ante*）には各市場の条件は同じであるが、事後（*ex post*）的には幸運な市場が多額の生産数量を生み出すことになる。これは不均等な経済立地を生み出す見えざる手の働きとして機能する。クラスター創生の十分条件を得るには事後的な歴史的説明では十分ではない。特定の地域がクラスターの核となるような「見えざる選抜（*Invisible Selection*）」が行われていることになるのであり、これは市場の連結パターンに依存する。外部性、需要と供給、要素条件、および、企業間競争が同じ場合であってもクラスターが創出するのであり、これは非決定論的な、いわばクラスター形成の不可能性定理として重要な意義を持つと考えられる。

(4) スケールフリー・ネットワークとクラスターのコア

バラバシ＝アルバート（Barabasi and Albert, 1999）は、1つのネットワークのパターンを提示している。スケールフリー・ネットワークと呼ばれるこのパターンは、2つの規則にしたがって作られる。第一に、各ノードが

230 補論・第7章 知識のコラボレーションとクラスターの創生

第7-6図 スケールフリー・ネットワーク
―8市場の場合―

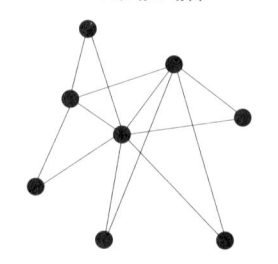

(出所) バラバシ (Barabasi, 2002, p87)。

1期間ごとに連結されていき、新たに連結されるノードは既存のノードと連結される。第二に、既存のノードが連結される確率は、すでに連結されたノードの数が多ければ多いほど高い。

スケールフリー・ネットワークの例は第7-6図によって与えられている。これはバラバシ (Barabasi, 2002, p.87) からの引用である。このネットワークを知識のコラボレーションのネットワークとして解釈すると2つの特徴があることがわかる。

第一に、スケールフリー・ネットワークはハブ・アンド・スポークのネットワークと類似した性質を有している。つまり、第7-6図においてすべてのノードに連結されたノードが存在することがわかる。第二の特徴は、6以上のノードが連結されたときにシミュレーションを行うことによって明らかとなるが、ハブとなっている市場では非負の生産数量が与えられる。

第7-6図の連結を行列によって示すことが可能であるが、その方法はノードを何番目の行列に配置するかで異なってくる。そこから得られる逆行

$$(25) \quad \begin{bmatrix} 2 & 1 & 1 & 1 & 0 & 1 & 0 & 1 \\ 1 & 2 & 1 & 1 & 1 & 1 & 1 & 1 \\ 1 & 1 & 2 & 0 & 0 & 0 & 0 & 0 \\ 1 & 1 & 0 & 2 & 1 & 0 & 1 & 0 \\ 0 & 1 & 0 & 1 & 2 & 0 & 0 & 0 \\ 1 & 1 & 0 & 0 & 0 & 2 & 0 & 0 \\ 0 & 1 & 0 & 1 & 0 & 0 & 2 & 0 \\ 1 & 1 & 0 & 0 & 0 & 0 & 0 & 2 \end{bmatrix}$$

列の値は、いわゆるケース・センシティブな結果となるが、その1つの例が第(25)式によって示されている。

　逆行列を計算したのちにマイナスを示した市場を除いて合計を求めると6.08^{31}（6.08の31乗、あるいは、ソフトウェアでは 6.08E+31 と表記される）が総生産数量である。最も高い生産数量を示すのは、第(25)式の行列では第3行・第3列に示された2つの市場にのみ連結された市場であり生産数量は3.66^{15}、第6行・第6列と第8行・第8列の2つの市場の総生産数量がそれぞれ2.25^{15}、第1行・第1列および第5行・第5列の市場では2.03^{31}であった。

　ハブの役割を果たしている第2行・第2列の市場と第4行・第4列の市場ではマイナスの均衡生産数量が得られたために、非負制約から生産数量ゼロになる。スケールフリー・ネットワークは、いままで考察されたどのようなネットワークよりも飛びぬけて大きな均衡生産数量を記録したことになる。こうした生産数量の達成が可能なのは、設備の制約のない産業、すなわち、情報の伝播や知識の高度化といった側面を持った経済活動であろう。高度化した知識が情報ネットワークで伝播する状況では、6.08^{31}倍の生産数量の増加を理解することも可能かもしれない。上記のモデルにおいては、そうした側面からの解釈が経済学的な意味を持つことになる。

　産業クラスターという現象そのものが地域的な不均衡を表したものであるが、スケールフリー・ネットワークもまた大きな不均衡を生み出すネットワークという特徴を持っている。産業クラスターの創出をモデル化する際に、スケールフリー・ネットワークの構造をさらに精査し、探求することによって、より詳細なクラスターの理論モデルが構築可能となるかもしれない。

第4節　さらなる原理の探求に向けて

　この補論では、ネットワークのパターンとクラスターの形成について検討した。ハブ・アンド・スポークや円環といった単純な形態と、ネットワーク

理論の助けをかりたスモールワールドあるいはスケールフリーという名称で知られているネットワークにおける企業間競争とコラボレーションのモデルを検討した。

ハブ・アンド・スポークのネットワークでは5市場が連結されたときに逆行列が存在しなくなった。そののちに、6市場の連結の場合からはスポークとなっている市場ではマイナスの均衡生産数量が計算され、ハブとなっている市場で活動している企業のみがプラスの生産数量を達成することがわかった。円環状のネットワークでは、6以上の偶数の市場が連結されたときには逆行列が存在しなくなり、奇数の市場が連結されたときに比例的に生産数量が増加した。

15市場を連結したスモールワールドのネットワークでは、6市場がプラスの生産数量となり、そのうちの1つでは23倍の生産数量に達した。8市場を連結したスケールフリー・ネットワークではシステム全体として 6.08^{31} という高水準の生産数量となり、2つの市場にのみ連結された市場では 3.66^{15} という生産数量が計算された。この水準は圧倒的な高さであり、そうした水準に達した生産数量の経済的な妥当性を類推させるものは、新たな知識に裏打ちされた高付加価値情報の伝播であると考えられる。

スモールワールドのネットワークやスケールフリー・ネットワークにおいて単一市場がクラスターのコアとなったと考えるとすれば、その発生は偶然に依存していることになる。すなわち、外部性、需要と供給、要素条件、および、企業間競争といった経済的な要因が一定であってもクラスターのコアが創出されることになる。そうであるとすれば、クラスター形成のコアとなる市場を事前に特定化した政策を立案することは不可能であり、重要なのはネットワークのパターンであることになる。

スモールワールドのネットワークやスケールフリー・ネットワークが、ハブ・アンド・スポークや円環状のネットワークと大きく異なるのは、その重層性である。単線的に結合されたハブや、単線的な円環状のリンクではなく、重層的な連結があることが特徴である。その特徴があるがゆえに、結合されたシステム全体での総生産数量を増やす方向での不均衡が生まれることになる。その時に、どの単一市場がクラスターのコアとなるかは事前には確

定できない。システム全体による「見えざる選抜（*Invisible Selection*）」が行われるのであり、現実に存在しうる多数の市場と企業の連結パターンを考えるとき、それが決定論的なものであるとは考えにくい。

クラスターを創生しようとする政策への含意としては、特定のクラスターを事前にピンポイントしてしまうのではなく、クラスターに参加するプレイヤーの重層性を高めるべきことが示唆される。重層性のないネットワークではクラスター全体としての大きな効果が生まれるとは考えにくい。

付論1．命題3の証明

n 個の市場に、それぞれ1つの企業がいるハブ・アンド・スポークのネットワークは、次のような隣接行列（adjacency matrix）によって表すことができる。ここで隣接行列とは、グラフを表現するための行列のことである。

$$(A1) \quad n \begin{cases} \overbrace{\begin{pmatrix} 2 & 1 & 1 & 1 & . & 1 \\ 1 & 2 & 0 & 0 & . & 0 \\ 1 & 0 & 2 & 0 & . & 0 \\ 1 & 0 & 0 & 2 & . & 0 \\ . & . & . & . & . & . \\ 1 & 0 & 0 & 0 & . & 2 \end{pmatrix}}^{n} \end{cases}$$

第(12)式では4市場のケースを示したが、第(A1)式でも同様に対角線上には2の値が並び、第1行と第1列には対角線上を除いて1の値が並んでいる。これは、ハブ・アンド・スポークのネットワークに連結されたクールノー競争の反応関数から導かれるものである。ここで第(A1)式にガウス＝ジョルダン法（Gauss-Jordan Elimination）を適用して逆行列を求める。

$$(A2) \quad n \begin{cases} \overbrace{\begin{pmatrix} 2 & 1 & 1 & 1 & . & 1 \\ 1 & 2 & 0 & 0 & . & 0 \\ 1 & 0 & 2 & 0 & . & 0 \\ 1 & 0 & 0 & 2 & . & 0 \\ . & . & . & . & . & . \\ 1 & 0 & 0 & 0 & . & 2 \end{pmatrix}}^{n} \end{cases} \quad n \begin{cases} \overbrace{\begin{pmatrix} 1 & 0 & 0 & 0 & . & 0 \\ 0 & 1 & 0 & 0 & . & 0 \\ 0 & 0 & 1 & 0 & . & 0 \\ 0 & 0 & 0 & 1 & . & 0 \\ . & . & . & . & . & . \\ 0 & 0 & 0 & 0 & . & 1 \end{pmatrix}}^{n} \end{cases}$$

第1行をマイナス2倍して、他の行をすべて第1行に足し合わせる。すると、

$$
\text{(A3)} \quad n \left\{ \begin{array}{cccccc} \overbrace{-4+(n-1) & 0 & 0 & 0 & . & 0}^{n} \\ 1 & 2 & 0 & 0 & . & 0 \\ 1 & 0 & 2 & 0 & . & 0 \\ 1 & 0 & 0 & 2 & . & 0 \\ . & . & . & . & . & . \\ 1 & 0 & 0 & 0 & . & 2 \end{array} \right. \quad n \left\{ \begin{array}{cccccc} \overbrace{-2 & 1 & 1 & 1 & . & 1}^{n} \\ 0 & 1 & 0 & 0 & . & 0 \\ 0 & 0 & 1 & 0 & . & 0 \\ 0 & 0 & 0 & 1 & . & 0 \\ . & . & . & . & . & . \\ 0 & 0 & 0 & 0 & . & 1 \end{array} \right.
$$

を得ることができるので、第1行を $-4+(n-1)=n-5$ で除すことによって、

$$
\text{(A4)} \quad n \left\{ \begin{array}{cccccc} \overbrace{1 & 0 & 0 & 0 & . & 0}^{n} \\ 1 & 2 & 0 & 0 & . & 0 \\ 1 & 0 & 2 & 0 & . & 0 \\ 1 & 0 & 0 & 2 & . & 0 \\ . & . & . & . & . & . \\ 1 & 0 & 0 & 0 & . & 2 \end{array} \right. \quad n \left\{ \begin{array}{cccccc} \overbrace{-2/(n-5) & 1/(n-5) & 1/(n-5) & 1/(n-5) & . & 1/(n-5)}^{n} \\ 0 & 1 & 0 & 0 & . & 0 \\ 0 & 0 & 1 & 0 & . & 0 \\ 0 & 0 & 0 & 1 & . & 0 \\ . & . & . & . & . & . \\ 0 & 0 & 0 & 0 & . & 1 \end{array} \right.
$$

を得る。第2行以下の各行については、第1行をマイナスすることによって第1列をゼロにすることができる。その後、第2行以下の各行を2で除すことによって、以下を得る。

$$
\text{(A5)} \quad n \left\{ \begin{array}{cccccc} \overbrace{1 & 0 & 0 & 0 & . & 0}^{n} \\ 0 & 1 & 0 & 0 & . & 0 \\ 0 & 0 & 1 & 0 & . & 0 \\ 0 & 0 & 0 & 1 & . & 0 \\ . & . & . & . & . & . \\ 0 & 0 & 0 & 0 & . & 1 \end{array} \right. \quad n \left\{ \begin{array}{cccccc} \overbrace{-2/(n-5) & 1/(n-5) & 1/(n-5) & 1/(n-5) & . & 1/(n-5)}^{n} \\ 1/(n-5) & (n-6)/2(n-5) & -1/2(n-5) & -1/2(n-5) & . & -1/2(n-5) \\ 1/(n-5) & -1/2(n-5) & (n-6)/2(n-5) & -1/2(n-5) & . & -1/2(n-5) \\ 1/(n-5) & -1/2(n-5) & -1/2(n-5) & (n-6)/2(n-5) & . & -1/2(n-5) \\ . & . & . & . & . & . \\ 1/(n-5) & -1/2(n-5) & -1/2(n-5) & -1/2(n-5) & . & (n-6)/2(n-5) \end{array} \right.
$$

以上から命題3の一部を理解することができる。$(n-5)$ がすべての要素の分母に存在するために、市場の数が5となったとき ($n=5$)、逆行列は存在しなくなる。

第(A5)式の逆行列から、市場の数が6以上の場合の特徴を証明することができる。各市場で活動する企業の生産数量は、逆行列における各行の生産数量を足し合わせた数量になる。第1市場の第1企業は第(A5)式の第1行を足しあわせたものになるので、$(-2+(n-1))/(n-5)>0$ となる。ただし、$n>5$ である。この結果から、ハブとなっている第1市場の第1企業は、システム全体で5市場を超えるとき正の生産数量を得ることになる。もしも n が無限大になるとすれば、生産数量は1に収束する。

付論1. 命題3の証明

　逆行列の第i行はスポーク市場に位置する企業の生産数量を示しているが、第i行の生産数量を合計すると、$(2+(n-6)-(n-2))/2(n-5) = -1/(n-5)$を得ることができる。ただし、$n>5$である。この結果は分子がマイナス1であることから常に負となり、非負制約がある限りにおいて生産数量はゼロになることがわかる。すなわち利潤極大化をするスポーク市場に位置する企業は、生産を行わないことが最適となる。もしもnが無限大になれば生産数量はゼロに収束する。

（証明終わり）

巻末付録第1表 「知的クラスター創成事業第I期」インタビュー調査対象の概要

地域名（訪問年月日） インタビュー先	概要
札幌（2005年10月27日〜29日）	
㈶ノーステック財団	知的クラスター創成事業本部
北海道大学	医工連携によるソフトウェア・データ解析
㈱ビーユージー	ソフトウェア開発・データ処理委託先
㈱メディカルイメージラボ	ソフトウェア開発・データ処理委託先
㈱ソフトフロント	ソフトウェアのユーザビリティ研究
㈱マイクロネット	組み込みUMLによる情報統合
㈱データクラフト	札幌バレーのアライアンス構築
仙台（2005年11月21日〜22日）	
㈱インテリジェント・コスモス研究機構	知的クラスター創成事業本部
仙台市経済局産業政策部	知的クラスター創成事業の支援
仙台フィンランド健康福祉センター	センサーを利用した老人介護
㈱メムス・コア	MEMSの製造、販売および東北大学のサポート
富山・高岡（2006年7月27日〜28日）	
富山県新世紀産業機構	知的クラスター創成事業本部
富山医科薬科大学	リンパ球の解析
富山大学大学院理工学研究部	細胞チップのハードウェア開発
富山県工業技術センター	リンパ球解析用バイオ・チップの開発
富山県立大学	フェニルケトン尿症の検査キット開発
富山県立大学工学部	茶カテキンの酸化酵素処理による高機能化
富山医科薬科大学和漢医薬学総合研究所	漢方薬投与前後の血液によるたんぱく質パターンの解析
㈱エスシーワールド	リンパ球解析用装置の販売
同上（2006年10月26日〜27日）	
㈱リッチェル	リンパ球解析用バイオ・チップの開発
㈱スギノ・マシン	リンパ球解析用装置の開発
金沢（2006年12月21日）	
㈶石川県産業創出支援機構	知的クラスター創成事業本部

横河電機金沢事業所	脳磁計の開発、データ解析
北陸先端科学技術大学院大学	「DNA スティック」の開発

長野・上田（2003 年 8 月 22 日）

㈶長野県テクノ財団	知的クラスター創成事業本部
信州大学繊維学部	ガリウム砒素を用いない液晶の開発
上田市産学官連携支援施設（ELEC）	「ナノテク・フォーラム長野」に参加する 100 社のコーディネート

浜松（2008 年 7 月 11 日）

㈶浜松地域テクノポリス推進機構	知的クラスター創成事業本部
静岡大学電子工学研究所	広ダイナミックレンジ CMOS イメージセンサ開発
ブルックマン・ラボ	車載用高機能イメージセンサ開発
㈱アメリオ	手術ナビゲーションシステム開発

岐阜・大垣（2009 年 2 月 23 日〜24 日）

「岐阜・大垣ロボティック先端医療クラスター成果発表会」

岐阜大学工学部	液体をこぼさない食事支援ロボットの開発
岐阜大学工学部	起立を補助する椅子の開発
岐阜大学医学系研究科	乳腺超音波画像、眼底写真、脳 MR 画像のシステム開発

愛知・名古屋（2004 年 7 月 26 日〜27 日）

科学技術交流財団	知的クラスター創成事業本部
名古屋大学	カーボンナノチューブ、ラジカル・センサーの開発
日本ガイシ	サファイア基板上単結晶膜成長
産業総合研究所	

同上（2004 年 10 月 19 日〜21 日）

名古屋工業大学大学院薬学研究室	バイオリアクター、バイオセンサー
名古屋工業大学大学院工学研究科研究室	高機能磁性材料開発

（2008 年 1 月 23 日）

グレーター・ナゴヤ・クラスターフォーラム 2008
（第 II 期知的クラスター創成事業に向けた中川製作所、川崎重工業による「クラスター成果報告」）

京都（2005 年 2 月 21 日〜22 日）

堀場製作所	知的クラスター創成事業指定の組織化活動
魁半導体（京都工芸繊維大学内）	ヘキサメチルジシラザンを用いたシリコン窒化膜形成
京都大学桂キャンパス	国際融合創造センター、ナノテク基盤技術装置の購入

関西文化学術研究都市（2005 年 6 月 14 日〜16 日）

知的・産業クラスターセミナー in 京都	知的クラスター創成事業の成果報告会
㈱オムロン京阪奈イノベーションセンター	次世代光・電子デバイスの開発

　同上（2005 年 12 月 20 日〜21 日）

㈱けいはんな	知的クラスター創成事業本部
奈良先端科学技術大学院大学	アフリカ産スイカの解析による老化対策薬開発
㈱国際電気通信基礎技術研究所	移動通信用アンテナ開発
同志社大学工学部	管状冷機の開発
マイクロニクス㈱	医療用微量分注器

大阪北部（彩都）（2007 年 2 月 26 日）

㈱創晶（大阪大学大学院工学研究科内）	フェムト秒レーザーを用いたタンパク質結晶化
㈱サインポスト	動脈硬化の遺伝子解析

神戸（2005 年 12 月 27 日〜28 日）

㈶先端医療振興財団	知的クラスター創成事業本部（神戸エリアの国際会議場では年間 15 万人が学会、研究会で発表）
アルブラスト㈱	角膜上皮様シートの作製
ステムセルサイエンス㈱	ES 細胞用の血清を大学研究室に販売
神戸医療機器開発センター	豚を利用した内視鏡訓練施設の運営
医療用機器開発研究会	MRI 用のチタン合金非磁性鋼製器具の開発
㈱神戸工業試験場	医療用機器開発研究会メンバー
川島製鋏所	医療用機器開発研究会メンバー

広島（2009 年 2 月 16 日〜17 日）
㈶ひろしま産業振興機構・広島県産業科学技術研究所

㈱ネオシルク	遺伝子組み換え蚕の繭によるたんぱく質抽出
㈱フェニックスバイオ	人の肝臓をもったマウスの育成・受託研究
㈱広島バイオメディカル	鶏の遺伝子改変による卵アレルゲンの除去
	血液浄化システムの開発

宇部（2008年1月21日～22日）

㈶やまぐち産業振興財団	知的クラスター創成事業本部
山口大学医学部・工学部	LEDによる殺菌
	量子ドットによる検査システム開発
	肝臓への骨髄移植による再生医療
	冠動脈プラークの計測法

徳島（2007年12月19日～20日）

㈶とくしま産業振興機構	知的クラスター創成事業本部
徳島大学医学部	常温によるRNA、DNA保存プレートの開発
大塚製薬	肥満・糖尿病の発現における遺伝子の役割

高松（2004年7月20日）

㈶かがわ産業支援財団	知的クラスター創成事業本部
同FROM香川バイオ研究室	希少糖の研究

福岡　（2004年8月26日）

㈶福岡県産業・科学技術振興財団	知的クラスター創成事業本部
九州大学システムLSI研究センター	システムLSI設計支援技術
㈱アルデート	LSIテストエンジニアの派遣
経済産業省九州経済産業局	産業クラスター政策との連携
ソニーLSIデザイン九州	CCDの設計

北九州学術研究都市（2004年8月25日）

㈶北九州産業学術推進機構	知的クラスター創成事業本部
北九州市立大学	LSIの自動回路設計装置の開発
㈱ジーダット・イノベーション	LSIの自動回路設計装置の開発

（注1）　大学名、学部名などはインタビュー当時の名称を記載した。
（注2）　個人名は省略した。
（出所）　筆者作成。

巻末付録第2表　クラスターにおけるインタビュー調査先企業の概要

地域名（訪問年月日） インタビュー先	概要
<第4-1図・第1象限>ものづくりクラスター	
日本・豊田市周辺（2005年6月28日～29日）	
トヨタ自動車	自動車製造
豊田鉄工	ブレーキ製造
日本・名古屋周辺（2006年3月6日～8日）	
トヨタ自動車	自動車製造
デンソー	ガソリン噴射製造部1工場（西尾製作所）
ヤマザキマザック	工作機械製造ライン
三菱電機	レーザーシステム、産業メカトロニクス事業（名古屋製作所）
日本・富山県富山市・南砺市、愛知県豊田市・刈谷市、静岡県裾野市（2007年3月11日～17日）	
不二越	切削工具、産業用ロボット製造
日平トヤマ	工作機械製造
豊田鉄工	自動車用ブレーキ製造
トヨタ自動車	自動車組み立て
デンソー	産業用ロボットによる自動車部品製造
関東自動車工業㈱	自動車組み立て
日本・富山県富山市・高岡市・魚津市（2006年10月26日～27日）	
不二越	切削工具、産業用ロボット製造
タカギセイコー	樹脂成型、金型製造
スギノマシン	工作機械製造（「知的クラスター創成事業」に関するインタビュー）
リッチェル	樹脂成型（「知的クラスター創成事業」に関するインタビュー）
ドイツ、シュトゥットガルトおよびアウフスブルグ周辺（2007年1月7日～12日）	
ダイムラー・クライスラー	自動車生産（ジンデルフィンゲン）
ポルシェ	自動車組み立て（シュトゥットガルト）
TRUMPF	レーザー加工機の製造（シュトゥットガルト）
KUKA	産業用ロボット製造（アウフスブルグ）

ミューラー・ワインガルテン	工作機械製造、鍛造用機械製造（ワインガルテン）

台湾（2006年8月7日〜12日）

国瑞中歴工場	トヨタ車生産
台湾電装	自動車部品生産、（従業員訓練「道場」の開設と運営を見学）。
六和機械	トヨタ車向け部品生産、台湾ローカル
虹信	トヨタ車向け部品生産、台湾ローカル
亜洲光学	光学機器製造、上海工場とのリンケージ

<第4-1図・第2象限>シリコンバレー

アメリカ・シリコンバレー（2004年9月2日〜14日）

FM Industries, Inc.	日本ガイシが2002年に買収。半導体製造用装置、医療用器械、政府・軍・国立研究所用の装置製造。半導体製造用の静電チャック、ガス・ディストリビューション・プレートの製造。
Introplus	対人紹介サービスサイトの運営
Equator Technologies	ブロードバンド信号処理用システムLSIの開発
Analog Devices	信号処理用高性能集積回路の開発。通信機器用・通信基地局用デバイス、液晶駆動用IC、デジタル家電向けデバイス、工作機械向けIC、半導体テスト装置向けIC、医療機器向けIC、車載エアバック・圧力センサー用ICチップの開発。
The Enterprise Network	起業促進、インキュベーション施設運営のNPO（略称TEN）
Ignight	ベンチャー・キャピタル
ピルスベリー・ウィンスロップ法律事務所	起業のコンサルティングをする法律事務所
DELTA BETA In Flight	旅客機用オンデマンド・テレビシステムの開発
Tropian	ワイヤレス通信用の高周波モジュールの開発
Encore Technical Sales	セイコー・インスツルメンツ（日本での社名・セイコー・インスツル）の販売代理店
Meru Networks	ワイヤレスネットワークのソフト開発

<第4-1図・第3象限>サイエンス・パーク、リサーチ・パーク

フランス・ソフィアアンティポリス（2005年9月12日〜9月13日）

日立ソフィアアンティポリス研究所	アドホック・ネットワーク、ITSシステムの開発

EURECOM	情報システムの研究、教育機関
アイシン	駐車支援システムの開発

フランス・グルノーブル（2006年9月11日～9月12日）

MINATEC	生物学、原子物理学、機械工学の研究室を持ち、CNRSからの予算を得る研究機関、ENPG（国立グルノーブル・ポリテクニーク）との共同施設。
CEA	50年以上の歴史を持つ原子力研究機関。研究機関LETIではナノテク、半導体の研究開発が行われ、産業化のサポートもする。日本の㈱山武とDNAチップの共同研究。
Grenoble Alpes Incubation	リヨン、グルノーブル地域起業のインキュベーション。

ドイツ・ミュンスター（2005年9月8日）

CeNTech	ナノテク、バイオのサイエンス・パーク。EU域内の研究者がグループを作って年限を区切った研究を行う。ナノ単位の質量分析、ナノ・フォトニクス、ナノ・メディスン等の研究。

台湾・新竹科学工業園区（2006年11月5日～8日）

科学工業園区管理局	工業園区の歴史と政策。R&D比率を満たした企業が入居可。
Realtck Semiconductor	半導体生産、ソフトウェア製作
TSMC	半導体受注製造
RDC	プロセッサーの製造

日本・つくば研究学園都市（2005年3月9日）

産業技術総合研究所	クリーン・エネルギー開発

フィンランド・ヘルシンキ（2007年9月10日～16日）

オタニエミ・マーケティング	研究開発施設の管理運営をする株式会社
テケス	研究開発施設の管理運営と外国企業誘致
ヘルシンキ工科大学	産学連携による研究開発
ノキア	携帯電話の製造、研究開発

＜第4-1図・第4象限＞工業団地・輸出加工区・経済特区・ソフトウェア・パーク

中国・珠海市、深圳市（2001年9月12日～13日）

佳能珠海	レンズ加工、カメラ、FAX、スキャナー、レーザープリンターの製造（珠海）
理光	複写機、プリンター製造、物流センター、トナー補填（深圳）

中国・深圳市（2002年5月31日）	
深圳深九国際物流	ロジスティックス、山九の合弁事業
愛普生技術	プリンター専門工場、エプソンの子会社
中国・上海浦東新区外高橋保税区（2002年5月29日～30日）	
上海外高橋保税区聯合発展	保税区への企業誘致
上海JVC電器	DVDプレーヤーの製造
中国・上海浦東新区外高橋保税区（2002年12月18日）	
日東電工	大型テレビモニターおよび携帯用偏光板の製造
中国・蘇州工業園区および工業新区（2002年12月16日～17日）	
Hymold	テレビ用射出成型（蘇州工業新区）
富士通多媒体部品	携帯用部品（Voltage Controlled Oscillators）および家電用キャパシター製造
日立金属電子	携帯電話用積層部品、基地局用アイソレーター製造
中国・蘇州工業園区（2005年3月14日）	
蘇州三星電子	冷蔵庫、エアコン、半導体、LCD、ノート型パソコンの製造
中国・上海ソフトウェア産業団地（2006年8月21日～23日）	
上海現代商友ソフトウェア	ソフトウェア製作
Phone@World	ソフトウェア製作
南大ソフト	ソフトウェア製作
レジェンド・アプリケーションズ	ソフトウェア製作
上海新致ソフトウェア	ソフトウェア製作
IBM Solution	ソフトウェア製作
中国・大連ソフトウェア産業団地（2006年8月24日～25日）	
アルプス電気	電気製品製造
KDC	ソフトウェア製作
アルパイン	カーステレオ製造
フィリピン・マクタン工業団地周辺（1992年12月2日～7日）	
太陽誘電	マクタン輸出加工区に立地。通信機器製造。
NEC	マクタン輸出加工区に立地。電気製品製造。
村元製作所	マクタン輸出加工区に立地。電気製品製造。
サン・ミゲル	輸出加工区外に立地。ビール製造業。

マレーシア・シャーアラム周辺（1998 年 11 月 2 日〜 5 日）	
D-R Engineering	射出成型用の小型金型の生産。昭和精機工業㈱の技術指導を受ける。
Teck See Plastic	プラスチック成型加工メーカーであり、シャーアラム、バンギ、ペナンに立地
日立　HAPM	エアコン用コンプレッサーの製造
Matsushita Air-Conditioning	エアコンの製造、シャーアラムに立地。
マレーシア・ペナン島周辺（1998 年 11 月 5 日〜 6 日）	
日立　HISEM	日立製作所の半導体事業を行う HISEM は、マレーシアのペナンに立地
Twin　Advance	インテルのマレーシア工場に勤務していた従業員のスピル・オーバー。従業員は 100 名。主要な顧客は、フィンランドの心拍数測定メーカー・Polar 社であり、心拍数測定器のなかに組み込まれるカスタム用 PCB の生産と、半導体のボンディングを行う。
ドイツ・ドレスデン、ライプチヒ、ケレダ（2006 年 9 月 3 日〜 10 日）	
フォルクスワーゲン	自動車組み立て工場（ドレスデン）
BMW	自動車組み立て工場（ライプチヒ）
ポルシェ	自動車組み立て工場（ライプチヒ）
MDC パワー	エンジン組み立て工場（ケレダ）

（注 1）　Corporations, Inc., Ltd., Sdn. Bhd., 有限公司などの名称は省略した。
（注 2）　ドイツ・ドレスデン、ライプチヒ、ケレダの事例では地方政府による工場誘致があり、別の地域から部品供給を受けた最終組み立て工場を中心とした調査であったために、ここに分類した。
（出所）　筆者作成。

巻末付録第3表　日本における「集合知サイト」の例

<サイトの類型> サイト名	概要
<知識交換ないし知識販売>	
ハッピーキャンパス	大学生の論文、レポートを掲載・販売
みんなの就職活動日記	大学生の就職活動、採用情報
人力検索はてな	質問者の質問に対して回答者が投稿
王国・なんでも知恵袋	質問者の質問に対して回答者が投稿
<低価格情報・商品サービス評価>	
価格.com	製品・サービスの購買価格
gogo.gs	ガソリンスタンドの価格情報
毎日特売	スーパーの特売情報
楽天トラベル	旅行紹介、「旅のクチコミ」
フォートラベル	旅行先の人気ランキング、旅行先写真の投稿
ウィメンズパーク	女性限定、妊娠・出産・子育て・教育のクチコミ
QLife	クチコミで病院を評価、検索する
クチコミ病院情報	クチコミで病院を評価、検索する
デンターネット	歯科医のクチコミと評判
アットコスメ	化粧品のクチコミ
診断士受験502教室	中小企業診断士受験者のブログへのリンク
<趣味の情報>	
ポストマップ	郵便ポストの写真を地図に示す
苔マップ	苔（コケ）の写真を掲載
自転車大好きマップ	自転車で走りやすい道路を記載
Design Link Database	Web デザイナー向け、優れた Web デザインサイトのリンク
アンサイクロペディア	ウィキペディアのパロディ記事を掲載する
たのみこむ	DVD、プラモデルなどの商品開発の要望をファンが掲載
<情報配信と批評>	
Last-fm	音楽ダウンロードの情報を蓄積して個人に届ける
絵本ナビ	絵本の紹介
漫画レビュー・ドットコム	漫画の評論サイト
SinemaScape ―映画批評空間―	映画批評
Cook-Pad	料理のレシピ

（注）　2007年度、法政大学大学院において筆者の担当した講義「経営戦略論」の参加学生による調査を集約した。2009年3月にサイトの存在を再確認した。
（出所）　筆者作成。

参考文献

<日本語参考文献>

明石芳彦（1996）「日本企業の品質管理様式・小集団活動・提案制度―時代区分的考察―」『季刊経済研究』（大阪市立大学経済研究会）、第19巻第1号、29-70ページ。

赤松　要（1956）「わが国産業発展の雁行形態―機械器具工業について―」『一橋論叢』第36巻第5号、68-80ページ。

アクセルロッド、ロバート・コーヘン、マイケル D.（1999）『複雑系組織論―多様性・相互作用・淘汰のメカニズム―』高木晴夫監訳、ダイヤモンド社、2003年。

浅沼萬里（1997）『日本の企業組織―革新的適応のメカニズム―』東洋経済新報社。

淺羽　茂（2004）『経営戦略の経済学』日本評論社。

天野倫文・金容度・近能善範・洞口治夫・松島茂（2006）「ものづくりクラスターの特殊性と普遍性―グローバリゼーションと知的高度化―」『経営志林』第43巻第2号、73-97ページ。

アンゾフ、イゴール H.（1969）『企業戦略論』広田寿亮訳、産業能率大学出版部。

池上高志（2003）「人工生命から見た集合知」『人工知能学会誌』第18巻第6号、704-709ページ。

石倉洋子・藤田昌久・前田昇・金井一頼・山崎朗（2003）『日本の産業クラスター戦略―地域における競争優位の確立―』有斐閣。

伊地知寛博（2000）「産学官のインタラクションに係る利益相反―特許データによる実態分析およびマネジメントに関する主要国の現状―」『組織科学』第34巻第1号、54-75ページ。

猪木武徳（1985）「経済と暗黙知―労働と技術にかんする一考察―」『季刊現代経済』（現代経済研究会編／日本経済新聞社）、通号61号、119-126ページ、4月号。（伊丹敬之・加護野忠男・伊藤元重編、『リーディングス日本の企業システム3　人的資源』第4章所収、有斐閣、1993年。）

猪木武徳（1987）『経済思想』岩波書店。

ヴァンデルミーア、ジョン H・ゴールドバーグ、デボラ E（2007）『個体群生態学入門―生物の人口論―』佐藤一憲・竹内康博・宮崎倫子・守田智訳、共立出版。

ウェーバー、マックス（1919）『プロテスタンティズムの倫理と資本主義の精神』梶山力・大塚久雄訳、岩波書店、上巻1955年、下巻1962年。

ヴェブレン、ソースティン（1899）『有閑階級の理論―制度の進化に関する経済学的研究―』高哲男訳、ちくま学芸文庫、1998年。

植草　益（2000）『産業融合―産業組織の新たな方向―』岩波書店。

植田一博・岡田猛編著（2000）『協同の知を探る―創造的なコラボレーションの認知科学―』共立出版。

エーコ、ウンベルト（1976）『記号論(1)(2)』池上嘉彦訳、岩波書店（同時代ライブラリー）、1996年。

エンゲストローム、ユーリア（1987）『拡張による学習―活動理論からのアプローチ―』山住勝広・松下佳代他訳、新曜社、1999年。

参考文献

大橋正夫・佐々木薫編 (1989)『社会心理学を学ぶ (新版)』有斐閣選書。
大向一輝 (2006)「Web2.0 と集合知」『情報処理』第 47 巻第 11 号、1214-1221 ページ。
岡本義行 (2001)「コーディネーターとは何か―欧米におけるコーディネーション事業とその教訓―」久保孝雄・原田誠司・新産業政策研究所『知識経済とサイエンスパーク』第 8 章、日本評論社。
小田切宏之・後藤晃 (1998)『日本の企業進化―革新と競争のダイナミック・プロセス―』河又貴洋・絹川真哉・安田英士訳、東洋経済新報社。
金井壽宏 (1994)『企業者ネットワーキングの世界―MIT とボストン近辺の企業者コミュニティの探求―』白桃書房。
川又邦雄 (2004)「ネットワーク形成をともなうクールノー・ゲーム」『三田学会雑誌』第 96 巻第 4 号、171-186 ページ。
北川文美 (2004)「地域イノベーション・システムの構築に向けて―国際比較の視点から―」*Journal of Science and Research Management*, 第 19 巻第 3/4 号、159-171 ページ。
清成忠男 (1986)『地域産業政策』東京大学出版会。
清成忠男 (1990)『中小企業読本』東洋経済新報社。
清成忠男 (1998)『企業家とは何か』東洋経済新報社。
清成忠男・橋本寿朗編著 (1997)『日本型産業集積の未来像』日本経済評論社。
クーン、トーマス (1962)『科学革命の構造』中山茂訳、みすず書房、1971 年。
久保孝雄・原田誠司・新産業政策研究所 (2001)『知識経済とサイエンスパーク』日本評論社。
ケニー、マーティン (2002)『シリコンバレーは死んだか』加藤敏春、小林一紀訳、日本経済評論社。
小池和男・猪木武徳 (1987)『人材形成の国際比較―東南アジアと日本―』東洋経済新報社。
小池和男・洞口治夫 (2006)『経営学のフィールド・リサーチ―「現場の達人」の実践的調査手法―』日本経済新聞社。
ゴーン、カルロス (2001)『ルネッサンス―再生への挑戦―』中川治子訳、ダイヤモンド社。
ゴーン、カルロス・リエス、フィリップ (2003)『カルロス・ゴーン 経営を語る』高野優訳、日本経済新聞社。
後藤 晃・小田切宏之編著 (2003)『日本の産業システム ③ サイエンス型産業』NTT 出版。
後藤 晃・長岡貞男 (2003)『知的財産制度とイノベーション』東京大学出版会。
近能善範 (2007)「日本自動車産業における先端技術開発協業の動向分析―自動車メーカー共同特許データのパテントマップ分析―」『経営志林』第 44 巻第 3 号、29-56 ページ。
サクセニアン、アナリー (2001)「移民起業家のネットワーク」チョンムーン・リー、ウィリアム・F・ミラー、マルガリート・ゴン・ハンコック、ヘンリー・S・ローエン編著『シリコンバレー―なぜ変わり続けるのか―(上)(下)』中川勝弘監訳、日本経済新聞社、第 12 章、2001 年。
佐藤總夫 (1984)『自然の数理と社会の数理―微分方程式で解析する― I 』日本評論社。
信夫千佳子 (2003)『ポスト・リーン生産システムの探究―不確定性への企業適応―』文眞堂。
シュンペーター、ヨーゼフ A (1926)『経済発展の理論』塩野谷祐一・中山伊知郎・東畑精一訳、岩波文庫、1977 年。
シュンペーター、ヨーゼフ A (1939)『景気循環論―資本主義過程の理論的・歴史的・統計的分析―』吉田昇三監修・金融経済研究所訳、有斐閣、1958 年 (オンデマンド版全五巻、2001 年)。
シュンペーター、ヨーゼフ A (1950)『資本主義・社会主義・民主主義 (上巻・中巻・下巻)』

中山伊知郎、東畑精一共訳、東洋経済新報社、1951 年。(原著初版は 1942 年。訳本の底本は第 3 版、Schumpeter, Josef A., *Capitalism, Socialism and Democracy*, Harper & Brothers, 1949.)

新宅純二郎（1994）『日本企業の競争戦略―成熟産業の技術移転と企業行動―』有斐閣。

末廣　昭（2000）『キャッチアップ型工業化論―アジア経済の軌跡と展望―』名古屋大学出版会。

政策研究大学院大学、C.O.E. オーラル・政策研究プロジェクト（2004）『村田昭（株式会社村田製作所名誉会長）オーラル・ヒストリー』猪木武徳・梅崎修編、平成 16 年度文部科学省科学研究費補助金特別推進研究（COE）研究成果報告書、課題番号 12CE2002。

セガラン、トビー（2008）『集合知プログラミング』當山仁健・鴨澤眞夫訳、オーム社。

ソシュール、フェルディナン・ド（1940）『一般言語学講義』小林英夫訳、岩波書店、1972 年。

高玉圭樹（2003）「相互作用に埋め込まれた集合知―集団の組織レベルの解析―」『人工知能学会誌』第 18 巻第 6 号、704-709 ページ。

高安秀樹（2003）「経済物理から見た集合知」『人工知能学会誌』第 18 巻第 6 号、684-689 ページ。

竹川宏子（2001）『小集団活動の企業内移転に関する研究―東南アジア日系企業を事例として―』横浜国立大学大学院国際開発研究科博士論文。

タルド、ガブリエル（1895）『模倣の法則』池田祥英・村澤真保呂訳、河出書房新社、2007 年。(原著 Jean-Gabriel Tarde, *Les Lois de L'imitation*, Paris: Alcan, 初版の出版は 1890 年、翻訳の底本は 1895 年出版の第 2 版）。

タルド、ガブリエル（1901）『世論と群集』稲葉三千男訳、未來社、1964 年。(原著 Jean-Gabriel Tarde, L'Opinion et la Foule, Paris: Alcan, 第 1 版の出版は 1901 年、翻訳の底本は 1922 年出版の第 2 版であるが、第 1 版との差異はないとの訳者による記述がある）。

チェスブロウ、ヘンリー（2003）『Open Innovation』大前恵一朗訳、産業能率大学出版部、2004 年。

テイラー、フレデリック W.（1911）『科学的管理法』上野陽一訳、産能大学出版部、1969 年。

ティモンズ、ジェフリー A.（1994）『ベンチャー創造の理論と戦略―起業機会探索から資金調達までの実践的方法論―』第 4 版、千本倖生・金井信次訳、ダイヤモンド社、1997 年。

ディーステル、レインハード（2000）『グラフ理論』根上生也・太田克弘、シュプリンガー・フェアラーク東京。

中小路久美代（2001）「Collective Creation のための感性的コミュニケーション」『システム／情報／制御』第 45 巻第 6 号、314-321 ページ。

生田目章（2003）「複雑系と集合知―社会科学からの知見―」『人工知能学会誌』第 18 巻第 6 号、723-732 ページ。

日経マイクロデバイス・日経エレクトロニクス編（2005）『MEMS テクノロジ 2006―アプリケーションからデバイス、装置・部材まで―』日経 BP 社。

沼上　幹（1999）『液晶ディスプレイの技術革新史―行為連鎖システムとしての技術―』白桃書房。

野中郁次郎（1990）『知識創造の経営―日本企業のエピステモロジー―』日本経済新聞社。

ハイエク、フリードリヒ A.（1944）『隷従への道―全体主義と自由―』一谷藤一郎訳、東京創元社、1954 年。

ハイエク、フリードリヒ A.（1986）『市場・知識・自由―自由主義の経済思想―』田中真晴・田中秀夫編訳、ミネルヴァ書房。

参考文献

パース、チャールズ S. (1868)「第 4 章　人間記号論の試み」上山春平編『世界の名著 59 パース　ジェームズ　デューイ』中央公論社、1980 年。
蜂屋良彦 (1999)『集団の賢さと愚かさ―小集団リーダーシップ研究―』ミネルヴァ書房。
バーニー、ジェイ B. (2002)『企業戦略論―（上）基本編、（中）事業戦略編、（下）全社戦略編―』岡田正大訳、ダイヤモンド社、2003 年。
ハメル、ゲイリー・プラハラード、C.K. (1994)『コア・コンピタンス経営』日本経済新聞社、1995。
福田健介・栗原聡 (2003)"ネットワーク"の科学」『人工知能学会誌』第 18 巻第 6 号、716-722 ページ。
藤本隆宏 (1997)『生産システムの進化論―トヨタ自動車にみる組織能力と創発プロセス―』有斐閣。
藤本隆宏 (2003)『能力構築競争―日本の自動車産業はなぜ強いのか―』中公新書。
フォン・ヒッペル、エリック (2005)『民主化するイノベーションの時代―メーカー主導からの脱皮―』サイコム・インターナショナル監訳、ファーストプレス、2006 年。
プラトン (c.BC402)『メノン』藤沢令夫訳、岩波文庫、1994 年。
ブルーン、スタファン・ヴァレーン、モッセ (2001)『ノキア―世界最大の携帯電話メーカー―』柳沢由実子訳、日経 BP 社。
ベスター、テオドル (2004)『築地』和波雅子・福岡伸一訳、木楽舎、2007 年。
ポパー、カール R. (1957)『歴史主義の貧困―社会科学の方法と実践―』中央公論社、1961 年。
ポパー、カール R. (1974)『果てしなき探求―知的自伝―』森博訳、岩波現代選書、1978 年。
ポランニー、マイケル (1969)『知と存在―言語的世界を超えて―』M・グリーン編、佐野安仁・澤田允夫・吉田謙二監訳、晃洋書房、1985 年。
ポランニー、マイケル (1969)『創造的想像力』慶伊富長編訳、ハーベスト社、1986 年。
法政大学イノベーション・マネジメント研究センター・洞口治夫編 (2008)『大学教育のイノベーター―法政大学創立者・薩埵正邦と明治日本の産業社会―』書籍工房早山。
法政大学産業情報センター・宇田川勝編 (1999)『ケースブック　日本の企業家活動』有斐閣。
洞口治夫 (1991)「フィリピンの乗用車市場構造と日系アッセンブリー・メーカーの役割―現地調達部品品目に関する日本・タイとの国際比較―」『アジア経済』第 32 巻第 12 号、2-24 ページ。
洞口治夫 (1992)『日本企業の海外直接投資―アジアへの進出と撤退―』東京大学出版会。
洞口治夫 (1997a)「外部性」植草益編『社会的規制の経済学』第 5 章、NTT 出版会。
洞口治夫 (1997b)「参入・退出と組織の再編成―アメリカにおける日系多国籍企業の事業継続と組織的進化―」『三田学会雑誌』第 90 巻第 2 号、282-310 ページ。
洞口治夫 (1998)「二つの社会科学の 20 世紀―経営学と経済学―」『社会科学研究』（東京大学社会科学研究所）、第 50 巻第 1 号、3-27 ページ。
洞口治夫 (2000)「アメリカ自動車メーカー・ビックスリーへのインタビュー調査概要―1997 年 9 月、下川浩一教授に同行して―」『経営志林』第 36 巻第 4 号、95-108 ページ。
洞口治夫 (2001a)「国際経営―産業集積―」法政大学経営学部・藤村博之・洞口治夫編著『現代経営学入門―21 世紀の企業経営―』第 8 章、ミネルヴァ書房。
洞口治夫 (2001b)「加工組立型産業における金型交換時間の観察―国際ビジネス研究における新たな事例分析方法の探求―」『国際ビジネス研究学会年報―日本企業と国際的再編―』第 7 号、57-68 ページ。
洞口治夫 (2002)『グローバリズムと日本企業―組織としての多国籍企業―』東京大学出版会。

洞口治夫（2003）「地域統合と多国籍企業―EU市場における自動車・電機電子・通信産業の動向―」『経営志林』第40巻第3号、103-115ページ。
洞口治夫（2004a）「日本の産業空洞化と知識集約型クラスターの創造―大量生産システムの未来と産学官連携の現在―」『イノベーション・マネジメント』第1号、1-23ページ。
洞口治夫（2004b）「多国籍企業の理論と人間行動の公準」日本経営学会編『グローバリゼーションと現代企業経営　経営学論集74集』千倉書房、19-29ページ。
洞口治夫（2004c）「多国籍企業と経済政策―戦略的租税政策の多様性と日本の産業再生―」国際ビジネス研究学会編『国際ビジネス研究学会年報―日本の産業と企業の再生：グローバルパースペクティブ―』第10号、1-8ページ。
洞口治夫（2006）「要素技術のイノベーション―製造業における研究開発の方向性―」法政大学イノベーション・マネジメント研究センター・ワーキングペーパー、No.17.
洞口治夫（2007）「『知的クラスター創成事業』コーディネーターへのアンケート調査―集計結果と回答の特徴―」法政大学イノベーション・マネジメント研究センター・ワーキングペーパー、No.28.
洞口治夫（2008）「集合知と集合戦略―イノベーション発生理論の探求―」『日本経営学会誌』第21号、15-26ページ。
洞口治夫（2009）「経営における知識と能力―暗黙知の危険性と集合知に関する序論的考察―」『経営志林』第45巻第4号、67-78ページ。
洞口治夫編著（2008）『ファカルティ・ディベロップメント―学部ゼミナール編―』白桃書房。
洞口治夫・天野倫文・金容度（2005a）『北九州・福岡にみる知的クラスター創成政策の動向―2004年8月調査―』平成16年度科学研究費補助金基盤研究A、課題番号16203022「産業クラスターの知的高度化とグローバリゼーション」調査レポートNo.1。
洞口治夫・天野倫文・金容度・近能善範・柳沼寿（2005b）『アメリカ・シリコンバレー調査報告書―2004年9月調査―』平成16年度科学研究費補助金基盤研究A、課題番号16203022「産業クラスターの知的高度化とグローバリゼーション」調査レポートNo.2。
洞口治夫・行本勢基（2008）『入門・経営学―初めて学ぶ人のために―』同友館。
洞口治夫・行本勢基・李瑞雪（2007）「『知的クラスター創成事業』のなかの『とやま医薬バイオクラスター』―新結合の現場には誰が参画するのか―」『イノベーション・マネジメント』第4号、79-103ページ。
洞口治夫・柳沼寿・松島茂・金容度・近能善範・天野倫文・行本勢基・李瑞雪（2007）『産業クラスターの知的高度化とグローバリゼーション―平成16（2004）年度～平成18（2006）年度科学研究費補助金（基盤研究（A））研究成果報告書、課題番号162003022―』平成19年4月。
堀場雅夫（2001）『子供を幸せにする教育論―「好き」にまかせろ―』PHP研究所。
本田宗一郎（2001）『本田宗一郎　夢を力に―私の履歴書―』日経ビジネス文庫。
マーティン・ケニー（2000）『シリコンバレーは死んだか』加藤敏春・小林一紀訳、日本経済評論社、2002年。
増田直紀・今野紀雄（2005）『複雑ネットワークの科学』産業図書。
松下幸之助（2001）『松下幸之助　夢を育てる―私の履歴書―』日経ビジネス文庫。
松島　茂（2002）「自動車産業と産業集積―豊田市周辺のフィールド・ワークからの中間的考察―」『経営志林』（法政大学経営学会）第39巻第1号、47-59ページ。
松島　茂（2005a）「産業構造の多様性と地域経済の『頑健さ』―群馬県桐生市、太田市および大泉町のケース―」、橘川武郎・連合総合生活開発研究所編『地域からの経済再生―産業

集積・イノベーション・雇用創出』有斐閣、第1章所収。

松島　茂（2005b）「企業間関係：多層的サプライヤーシステムの構造—自動車産業における金属プレス部品の2次サプライヤーを中心に—」工藤章・橘川武郎・グレン・D・フック編『現代日本企業・企業体制（上）』有斐閣、第10章所収。

松島　茂・尾高煌之助編（2007）『熊本祐三オーラル・ヒストリー』法政大学イノベーション・マネジメント研究センター、ワーキング・ペーパー・シリーズ、No.27.

マルクス、カール（1890）『資本論』大月書店、1972年（初版は1867年、訳本の底本は第4版）。

御厨　貴編（2007）『オーラル・ヒストリー入門』岩波書店。

三品和広（2004）『戦略不全の論理』東洋経済新報社。

三品和広（2006）「部分と全体—ケース・スタディをどう使うのか—」小池和男・洞口治夫編『経営学のフィールド・リサーチ—「現場の達人」の実践的調査手法—』日本経済新聞社、第3章所収。

三浦麻子・川浦康至（2008）「人はなぜ知識共有コミュニティに参加するのか—質問行動と回答行動の分析—」『社会心理学研究』第23巻第3号、233-245ページ。

光澤滋朗（1996）「集合戦略と公共政策」『同志社商学』第48巻第1号、331-353ページ。

宮下　直・野田隆史（2003）『群集生物学』東京大学出版会。

宮原諄二（2001）「創造的技術者の論理とパーソナリティ」一橋大学イノベーション研究センター編『イノベーション・マネジメント入門』第8章所収、日本経済新聞社。

三輪和久（2000）「共有される認知空間と相互作用による創発の出現可能性」植田一博・岡田猛編著『協同の知を探る—創造的コラボレーションの認知科学—』共立出版、第2章所収。

ミンツバーグ、ヘンリー（1973）『マネージャーの仕事』奥村哲史・須貝栄訳、白桃書房、1993年。

盛田昭夫、下村満子、E・ラインゴールド（1990）『Made in Japan—わが体験的国際戦略—』下村満子訳、朝日文庫、121-124ページ。

安田　雪（2001）『実践ネットワーク分析—関係を解く理論と技法—』新曜社。

安田　雪（2004）『人脈づくりの科学—「人と人との関係」に隠された力を探る—』日本経済新聞社。

矢作敏行（2007）『小売国際化プロセス—理論とケースで考える—』有斐閣。

山岸俊男（1998）『信頼の構造—こころと社会の進化ゲーム—』東京大学出版会。

山倉健嗣（1993）『組織間関係—企業間ネットワークの変革に向けて—』有斐閣。

山崎　朗（2003）「地域産業政策としてのクラスター計画」石倉洋子・藤田昌久・前田昇・金井一頼・山崎朗著『日本の産業クラスター戦略—地域における競争優位の確立—』第5章所収、有斐閣。

山崎　朗・友景肇編（2001）『半導体クラスターへのシナリオ—シリコンアイランド九州の過去と未来—』西日本新聞社。

山崎秀夫（2004）「ポスト野中理論へのアプローチに関する試論—知識社会にふさわしい新しい知識理論の構築をめざして—」『ナレッジ・マネジメント研究年報』第5号、21-34ページ。

リー、チョンムーン・ミラー、ウィリアム・F.ハンコック、マルガリート・ゴン・ローエン、ヘンリー・S.編著（2000）『シリコンバレー—なぜ変わり続けるのか—（上）（下）』中川勝弘監訳、日本経済新聞社、2001年。

リースマン、ディヴィッド（1952）『孤独な群集』加藤秀俊訳、みすず書房、1964年。
ル・ボン、ギュスターヴ（1895）『群集心理』櫻井成夫訳、講談社学術文庫、1993年。
レクィエ、クリストフ（2000）「フェアチャイルド・セミコンダクターの影響力」チョンムーン・リー、ウィリアム・F・ミラー、マルガリート・ゴン・ハンコック、ヘンリー・S・ローエン編著『シリコンバレー——なぜ変わり続けるのか——（上）（下）』中川勝弘監訳、日本経済新聞社、第8章所収、2001年。
ワルラス、レオン（1900）『純粋経済学』久武雅夫訳、春秋社、1959年。

＜外国語参考文献＞

Akamatsu, Kaname. (1961) "A Theory of Unbalanced Growth in the World Economy," *Weltwirtschaftliches Archiv*, vol.86, pp.196-215.

Antonelli, Cristiano. (2007) "The System Dynamics of Collective Knowledge: From Gradualism and Saltationism to Punctuated Change," *Journal of Economic Behavior and Organization*, vol.62, pp.215-236.

Astley, W.Graham. (1984) "Toward an Appreciation of Collective Strategy," *Academy of Management Review*, vol.9, no.3, pp.526-535.

Astley, W.Graham and Fombrun, Charles J. (1983) "Collective Strategy: Social Ecology of Organizational Environments," *Academy of Management Review*, vol.8, no.4, pp.576-587.

Avis, James. (2002) "Social Capital, Collective Intelligence and Expansive Learning, Thinking through the Connections: Education and the Economy," *British Journal of Education Studies* vol.50, no 3, pp.308-326.

Axelrod, Robert. (1984) *The Evolution of Cooperation*, Basic Books.（『つきあい方の科学——バクテリアから国際関係まで——』松田裕行訳、CBS出版、1987年）.

Bara, Venkatesh, and Goyal, Sanjeev. "A Noncooperative Model of Network Formation," *Econometrica*, 2000, vol.68, no.5, pp.1181-1229.

Barabasi, Albert-Laszlo, and Albert, Reka. "Emergence of Scaling in Random Network," *Science*, vol.286, 1999, pp.509-512.

Barabasi, Albert-Laszlo, (2002) *Linked: The New Science of Network*, Cambridge, Massachusetts: Perseus Publishing.（『新ネットワーク思考——世界のしくみを読み解く——』青木薫訳、NHK出版、2002年）.

Barnard, Chester I. (1938) *The Functions of the Executive*, Harvard University Press.（『経営者の役割』山本安次郎・田杉競・飯野春樹訳、ダイヤモンド社、1968年）.

Border, André. (2006) "Collective Intelligence: A Keystone in Knowledge Management," *Journal of Knowledge Management*, vol.10, no.1, pp.81-93.

Bresnahan, Timothy F. (1981) "Duopoly Models with Consistent Conjectures," *American Economic Review*, vol.71, no.5, pp.934-945.

Bresser, Rudi K. and Harl, Johannes. (1986) "Collective Strategy: Vice or Virtue?" *Academy of Management Review*, vol.11, no.2, pp.408-427.

Bresser, Rudi K.F. (1988) "Matching Collective and Competitive Strategies," *Strategic Management Journal*, vol.9, no.4, pp.375-385.

Brown, Phillip. and Lauder, Huge. (2000) "Human Capital, Social Capital, and Collective Intelligence," in Stephen Baron, John Field and Tom Schuller eds., *Social Capital:*

Critical Perspective, chapter 13, pp. 226-242.
Christensen, Clayton. M. (1997) *The Innovator's Dilemma: When New Technologies Cause Great Firms to Fail*, Harvard Business School Press. (『イノベーションのジレンマ―技術革新が巨大企業を滅ぼすとき―』伊豆原弓訳、翔泳社、2001年).
Clark, Kim B. and Fujimoto, Takahiro. (1991) *Product Development Performance*, Harvard Business School Press. (『製品開発力』田村明比古訳、ダイヤモンド社、1993年).
Coase, Ronald H. (1937) "The Nature of the Firm," *Economica*, vol.4, pp.386-405. reprinted in R.H. Coase, *The Firm, the Market, and the Law*, University of Chicago Press, 1988, pp.95-156. (『企業・市場・法』宮沢健一・後藤晃・藤垣芳文訳、東洋経済新報社、1992年).
Coase, Ronald H. (1937) "The Problem of Social Cost," *Journal of Law and Economics*, vol.3, pp.1-44, reprinted in R.H. Coase, *The Firm, the Market, and the Law*, University of Chicago Press, 1988, pp.95-156. (『企業・市場・法』宮沢健一・後藤晃・藤垣芳文訳、東洋経済新報社、1992年).
Coleman, Japmes S. (1988) "Social Capital in the Creation of Human Capital," *American Journal of Sociology*, vol.94, Supplement, pp.S95-S120.
Collins, H. M. (1974) "The TEA Set: Tacit Knowledge and Scientific Networks," *Science Studies (Social Studies of Science)*, vol.4, no.2, pp.165-185. Reprinted in Barry Barnes and David Edge eds., *Science in Context: Readings in the Sociology of Science*, Chapter 3, MIT Press, 1982.
Dollinger, Marc J. (1990) "The Evolution of Collective Strategies in Fragmented Industries," *Academy of Management Review*, vol.15, no.2, pp.266-285.
Drucker, Peter F. (1986) *Innovation and Entrepreneurship: Practice and Principles*, Harper Business, 1993. (『イノベーションと起業家精神（上）（下）』上田惇生訳、ダイヤモンド社、1997年).
Fudenberg, Drew, and Tirole, Jean. (1991) *Game Theory*, MIT Press.
Gibbons, Robert. (1992) *Game Theory for Applied Economists*, Princeton University Press. (『経済学のためのゲーム理論入門』福岡正夫・須田伸一訳、創文社、1995年. なお、同書籍が *A Primer in Game Theory*, Harvester Wheatsheaf として出版されている).
Gourlay, Stephen. (2006) "Conceptualizing Knowledge Creation: A Critique of Nonaka's Theory," *Journal of Management Studies*, vol.43, no.7, pp.1415-1436.
Goyal, Sanjeev and Moraga-Gonzalez, Jose Luis. (2001) "R&D Networks." *Rand Journal of Economics*, vol.32, no.4, pp.686-707.
Granovetter, Mark S. (1973) "The Strength of Weak Ties," *American Journal of Sociology*, vol.78, no.6, pp.1360-1380.
Greene, William H. (1993) *Econometric Analysis*, 2nd edition, Prentice Hall. (『計量経済分析Ⅰ、Ⅱ』斯波恒正・中妻照雄・浅井学訳、エコノミスト社、2000年、第4版).
Greenhut, Melvin L., Norman, George, and Hung, Chao-Shun. (1987) *The Economics of Imperfect Competition.*, Cambridge University Press.
Haak, René. (2004) *Theory and Management of Collective Strategies in International Business: The Impact of Globalization on Japanese-German Business Collaboration in Asia*, Palgrave Macmillan.
Harary, Frank. (1969) *Graph Theory*, Addison-Wesley Publishing Company.

Hayek, Friedrich A. (1945) The Use of Knowledge in Society, *American Economic Review*, vol.35, no.4, pp.519-530. (『市場・知識・自由―自由主義の経済思想―』田中真晴・田中秀夫編訳、ミネルヴァ書房、第 2 章「社会における知識の利用」所収、1986 年).
Hendricks, Ken, Piccione, Michele, and Tan, Guofu. (1995) "The Economics of Hubs: The Case of Monopoly." *Review of Economics Studies*, vol.62, no.1, pp.83-99.
Hofstede, Geert. (2001) *Culture's Consequenes: Comparing Values, Behaviors, Institutions, and Organizations Across Nations*, second eds., Sage Publications Inc..
Horaguchi, Haruo H. (1996) The Role of Information Processing Cost as the Foundation of Bounded Rationality in Game Theory, *Economics Letters*, vol.51, no.3, pp.287-294.
Horaguchi, Haruo H. (2004) "Japanese Foreign Direct Investment in China: From Export-oriented Production to Domestic Marketing," in René Haak and Dennis S. Tachiki eds., *Regional Strategies in a Global Economy: Multinational Corporations in East Asia*, IUDICIUM Verlag GmbH, chapter 5., pp.119-135.
Horaguchi, Haruo H. (2007) "Economic Analysis of Free Trade Agreements: Spaghetti Bowl Effect and a Paradox of Hub and Spoke Network," *Journal of Economic Integration*, vol.22, no.3, pp.664-683.
Horaguchi, Haruo H. (2008a) "Economics of Reciprocal Networks: Collaboration in Knowledge and Emergence of Industrial Clusters," *Computational Economics*, vol.31, no.4, pp.307-339.
Horaguchi, Haruo H. (2008b) "Collective Knowledge and Collective Strategy: A Function of Symbiotic Knowledge for Business-University Alliances," Working Paper Series No.57, Research Institute for Innovation Management, Hosei University.
Horaguchi, Haruo and Shimokawa Koichi eds. (2002) *Japanese Foreign Direct Investment and the East Asian Industrial System: Case Studies from the Automobile and Electronics Industries*, Springer-Verlag Tokyo.
Horaguchi, H. and Toyne, B. (1990) "Setting the Record Straight: Hymer, Internalization Theory and Transaction Cost Economics," *Journal of International Business Studies*, vol.21, no.3, pp.487-494.
Huang, Kuan-Tsae. (1997) "Capitalizing Collective Knowledge for Winning, Execution and Teamwork," *Journal of Knowledge Management*, vol.1, no.2, pp.149-156.
Ikegami, Yoshihiro. (2008) "Linguistics and Poetics of 'Ego as Zero': The Japanese Speaker's Preferential Choice of Subjective Rather than Objective Construal," a paper presented at the 12th International Conference of the European Association for Japanese Studies, September 2008, Lecce, Italy.
Jackson, Matthew O. and Watts, Alison. (2002) "The Evolution of Social and Economic Networks." *Journal of Economic Theory*, vol.106, no.2, pp.265-295.
Jackson, Matthew O. and Wolinsky, Asher. (1996) "A Strategic Model of Social and Economic Networks." *Journal of Economic Theory*, vol.71, no.1, pp.44-74.
Knight, Frank H. (1921) *Risk, Uncertainty and Profit*, BeardBooks, 2002.
Kogut, Bruce and Zander, Udo. (1993) "Knowledge of the Firm and the Evolutionary Theory of the Multinational Corporation," *Journal of International Business Studies*, vol.24, no.4, pp.625-645.
Kolstad, Charles. D. and Mathiesen, Lars. (1991) "Computing Cournot-Nash Equilibria,"

Operations Research, vol.39, no.5, pp.739-748.
Kotler, Philip. (1999) *Marketing Management: The Millennium Edition*, 10th ed., Prentice Hall.
Kotler, Philip and Armstrong, Gary. (1996) *Principles of Marketing*, 7th ed., Prentice Hall.
Kotler, Phillip, Kartajaya, Hermawan and Den Huan, Hooi. (2006) *Think ASEAN ! : Rethinking Marketing toward ASEAN Community 2015*, McGraw-Hill. (『ASEANマーケティング―成功企業の地域戦略とグローバル価値創造―』洞口治夫監訳、日本出版貿易、2007年).
Kreps, David M. (1990) *A Course in Microeconomic Theory*, Princeton University Press.
Krugman, Paul. (1991) *Geography and Trade*. MIT Press. (『脱「国境」の経済学―産業立地と貿易の新理論―』北村行伸・髙橋亘・妹尾美起訳、東洋経済新報社、1994年).
Lee, Yew-Jin, and Roth, Wolff-Michael, (2007) "The Individual|Collective Dialectic in the Learning Organization," *Learning Organization*, vol.14, no.2, pp.92-107.
Le Roy, Frédéric. (2003) "Rivaliser et Coopérer avec ses Concurrents: Le Cas des Stratégies Collectives 《Agglomérées》," *Revue Française de Gestion*, no.143, Mars/Avril, pp.145-157.
Liang, Thow Yick. (2004) "Intelligence Strategy: the Evolutionary and Co-evolutionary Dynamics of Intelligent Human Organizations and their Interacting Agents, *Human Systems Management*, vol.23, no.2, pp.137-149.
McKendrick, David. G., Doner, Richard F. and Haggard, Stephan. (2000) *From Silicon Valley to Singapore: Location and Competitive Advantage in the Hard Disk Drive Industry*. Stanford: Stanford University Press.
Marshall, Alfred. (1920) *Principles of Economics: An Introductory Volume*, 8th ed., Macmillan. (『経済学原理』大塚金之助訳、改造社、1928年).
Martin-de-Castro, Gregorio, López-Sáez, Pedro, and Navas-López, José E. (2008) "Process of Knowledge Creation in Knowledge-intensive Firms: Empirical Evidence from Boston's Route 128 and Spain," *Technovation*, vol.28, no.4, pp.222-230.
Martin, Ron and Sunley, Peter. (2003) "Deconstructing Clusters: Chaotic Concept or Policy." *Journal of Economic Geography*, vol.3, no.1, pp.5-23.
Mione, Anne. (2006) "Les Normes comme Démarche Collectives," *Revue Française de Gestion*, no.167, pp.105-122.
Murphy, Frederic. H., Sherali, Hanif D. and Soyster, Allen L. (1982) "A Mathematical Programming Approach for Determining Oligopolistic Market Equilibrium," *Mathematical Programming*, vol.24, no.1, pp.92-106.
Nonaka, Ikujirou. (1991) "The Knowledge Creating Company," *Harvard Business Review*, vol.69, no.6, November-December, pp.96-104.
Nonaka, Ikujirou and Takeuchi, Hirotaka. (1995) *The Knowledge-Creating Company: How Japanese Companies Create the Dynamics of Innovation*, Oxford University Press. (『知識創造企業』梅本勝博訳、東洋経済新報社、1996年).
Norman, Victor D. and Venables, Anthony J. (2004) "Industrial Clusters: Equilibrium, Welfare and Policy," *Economica*, vol.71, no.284, pp.543-558.
Penrose, Edith. (1959) *The Theory of the Growth of the Firm*, Oxford University Press,

with a new Forward by the author, 1995.
Piore, Michael J. and Sabel, Charles F. (1984) *The Second Industrial Divide: Possibilities for Prosperity*, Basic Books. (『第二の産業分水嶺』山之内靖・永易浩一・石田あつみ訳、筑摩書房).
Polanyi, Michael. (1957) "Problem Solving," *The British Journal for the Philosophy of Science*, vol.8, no.30, pp.89-103.
Polanyi, Michael. (1958) *Personal Knowledge: Towards a Post-Critical Philosophy*, University of Chicago Press. (『個人的知識―脱批判哲学をめざして―』長尾史郎訳、ハーベスト社、1985年).
Polanyi, Michael. (1962a) "Tacit Knowing: Its Bearing on Some Problems of Philosophy," *Reviews of Modern Physics*, vol.34, no.4, pp.601-616.
Polanyi, Michael. (1962b) "The Republic of Science: Its Political and Economic Theory," *Minerva*, vol.1, no.1, pp.54-73, reprinted in *Minerva*, vol.38, pp.1-21, 2000.
Polanyi, Michael. (1965) "The Structure of Consciousness," *Brain*, vol.88, no.4, pp.799-810.
Polanyi, Michael. (1966) *The Tacit Dimension*, Glowcester Mass: Peter Smith, reprinted by Doubleday & Company, 1983. (『暗黙知の次元―言語から非言語へ―』佐藤敬三訳、紀伊国屋書店、1980年. 同・高橋勇夫訳、ちくま学芸文庫、2003年).
Porter, Michael E. (1980) *Competitive Strategy: Techniques for Analyzing Industries and Competitors*, Free Press. (『競争の戦略』土岐坤・中辻萬治・服部照夫訳、ダイヤモンド社、1982年).
Porter, Michael E. ed. (1986) *Competition in Global Industries*. Boston: Harvard Business School Press. (『グローバル企業の競争戦略』土岐坤・中辻萬治・小野寺武夫訳、ダイヤモンド社、1989年).
Porter, Michael E. (1990) *Competitive Advantage of Nations*, Free Press. (『国の競争優位（上）（下）』土岐坤・中辻萬治・小野寺武夫・戸成富美子訳、ダイヤモンド社、1992年).
Porter, Michael E. (1998) *On Competition*, Harvard Business School Press. (『競争戦略論 I. II』竹内弘高訳、ダイヤモンド社、1999年).
Putnum, Robert D. (1993) "The Prosperous Community; Social Capital and Public Life," *The American Prospect*, no.13, pp.1-8.
Rogers, Everett M. (1995) *Diffusion of Innovations*, 5th ed., Free Press, (First ed., 1962).
Saxenian, A. (1994) *Regional Advantage: Culture and Competition in Silicon Valley and Route 128*. Cambridge: Harvard University Press. (『現代の二都物語』大前研一訳、講談社、1995年).
Scherer, Frederic. M, and Ross, David. (1990) *Industrial Market Structure and Economic Performance*, 3rd ed., Houghton Mifflin Company.
Shelling, Thomas C. (1960) *Strategy of Conflict*, Harvard University Press.
Shelling, Thomas C. (1978) *Micro Motives and Macro Behavior*, W.W.Norton & Company.
Sherali, H.D. and Leleno, J.M. (1988) "A Mathematical Programming Approach to a Nash-Cournot Equilibrium Analysis for a Two-Stage Network of Oligopolies," *Operations Research*, vol.36, no.5, pp.682-702.
Simon, Herbert A. (1945) *Administrative Behavior: A Study of Decision Making Processes in Administrative Organization*, The Free Press. (『経営行動―経営組織における意思決定プロセスの研究―』松田武彦・高柳暁・二村敏子訳、ダイヤモンド社、1965年).

Simon, Herbert A. and Lea, Glenn. (1974) "Problem Solving and Rule Induction," in H.A.Simon, *Models of Thought*, volume I, pp.329-346, Yale University Press, 1979.

Surowiecki, James. (2005) *The Wisdom of Crowds*, with a new afterword by the author, Anchor Books, (First ed., 2004). (『「みんなの意見」は案外正しい』小高尚子訳、角川書店、2006年).

Smith, Adam. (1776) *An Inquiry into the Nature and Causes of the Wealth of Nations*, Edwin Cannan. Printed in Japan, Charles E. Tuttle Company.

Snowden, David. (2002) "Complex Act of Knowing: Paradox and Descriptive Self-awareness," *Journal of Knowledge Management*, vol.6, no.2, pp.100-111.

Tirole, Jean. (1988) *The Theory of Industrial Organization*, MIT Press.

Vernon, Raymond. (1966) "International Investment and International Trade in the Product Cycle," *Quarterly Journal of Economics*, vol.80, no.2, pp.190-207.

Vives, Xavier. (1999) *Oligopoly Pricing: Old Ideas and New Tools*, MIT Press.

Von Hippel, Eric. (1994) "'Sticky Information' and the Locus of Problem Solving: Implications for Innovation," *Management Science*, vol.40, no.4, pp.429-439.

Waterson, Michael. (1984) *The Economic Theory of Industry*, Cambridge University Press.

Watts, Duncan J. (2003) *Six Degrees: The Science of a Connected Age*, W.W. Norton and Company. (『スモールワールド・ネットワーク―世界を知るための新科学的思考法―』辻竜平・友知政樹訳、阪急コミュニケーションズ、2004年).

Williamson Oliver E. (1975). *Markets and Hierachies: Analysis and Antitrust Implications*, New York: Free Press. (『市場と企業組織』浅沼萬里・岩崎晃訳、日本評論社、1980年).

Williamson Oliver E. (1985). *The Economic Institutions of Capitalism: Firms, Markets, Relational Contracting*, Free Press.

Yami, Saïd. (2006) "Fondements et Perspectives des Stratégies Collectives," *Revue Française de Gestion*, no.167, pp.91-104.

人名索引

【ア行】

明石芳彦　65
赤松要　155
アクセルロッド（Axelrod, R.）　39
浅野泰久　89
アストリー（Astley, W. G.）　32, 33, 34
天野倫文　72, 88, 110, 134, 140
アームストロング（Armstrong, G.）　54, 155
アルバート（Albert, R.）　229
アンゾフ（Ansoff, H. I.）　25
イーグル（Eagle, N.）　191
池上高志　162
池田菊苗　204
石倉洋子　121
石田梅岩　157
伊地知寛博　86
市原達朗　195
伊藤伸哉　90
猪木武徳　5, 18, 205
井深大　145, 205
ヴァイブス（Vives, X.）　211
ヴァーノン（Varnon, R.）　155
ウィリアムソン（Williamson, O. E.）　123
植草益　140
ウェーバー（Weber, M.）　165
ヴェブレン（Veblen, T. B.）　151, 166
ウォーターソン（Waterson, M.）　211
ウォリンスキー（Wolinsky, A.）　211
宇田川勝　205
梅崎修　205
エーコ（Eco, U.）　2
エンゲストローム（Engeström, Y.）　57
大橋正夫　27
岡本義行　130
尾高煌之助　70
小田切宏之　85

【カ行】

角崎雅博　91
金井壽宏　133
カルタジャヤ（Kartajaya, H.）　155
川浦康至　157, 158
川端康成　161
川又邦雄　212
岸裕幸　91, 92, 97
北川文美　130
ギボンズ（Gibbons, R.）　22, 36
清成忠男　47, 85
金容度　72, 88, 110, 134, 140
久保孝雄　130
熊本祐三　70
クラーク（Clark, K. B.）　63, 66
グラノヴェッター（Granovetter, M. S.）　133, 154, 155
クリステンセン（Christensen, C. M.）　168
グリーン（Greene, W. H.）　113
グリーンハット（Greenhut, M. L.）　213
クルーグマン（Krugman, P.）　145
クーン（Kuhn, T. S.）　3, 4, 207
ケニー（Kenney, M.）　52, 133
小池和男　5, 125, 205
孔子　157
コーグット（Kogut, B.）　2
コース（Coase, R. H.）　123
コスタッド（Kolstad, C. D.）　213
後藤晃　85, 86
コトラー（Kotler, P.）　54, 155
コーヘン（Cohen, M. D.）　39
ゴヤール（Goyal, S.）　212
コリンズ（Collins, H. M.）　9
コールマン（Coleman, J. S.）　37, 122, 155
ゴーレイ（Gourlay, S.）　9, 10
ゴーン（Ghosn, C.）　184
ゴンザレス（Gonzalez, M.）　212

人名索引

コンドラティエフ（Kondratieff, N. D.） 155
今野紀雄 221
近能善範 72, 88, 110, 134, 139, 140

【サ行】

済木育夫 89, 90
サイモン（Simon, H. A.） 19, 24
サエス（Saez, L.） 8
サクセニアン（Saxenian, A.） 121, 133, 134, 210
佐々木薫 27
佐藤總夫 153, 158, 174, 175
ザンダー（Zander, U.） 2
サンレイ（Sunley, P.） 122
シェアラー（Scherer, F. M.） 36
シェラーリ（Sherali, H. D.） 213
シェリング（Schelling, T. C.） 144
下川浩一 61
下村満子 145
ジャクソン（Jackson, M. O.） 211, 212
シュンペーター（Schumpeter, J. A.） 43, 44, 150, 155, 203, 204
新宅純二郎 46
末岡宗廣 102, 103
末廣昭 155
鈴木三郎助 204, 205
鈴木正康 93, 95, 97
スノーデン（Snowden, D.） 8, 9
スミス（Smith, A.） 120
スロウィッキー（Surowiecki, J.） 198
セガラン（Segaran, T.） 156
セーベル（Sabel, C. F.） 121, 210
ソイスター（Soyster, A. L.） 213
ソクテラス 157
ソシュール（Saussure, F. de） 2

【タ行】

竹内弘高 5, 6, 7, 8, 9, 10, 13, 16, 25
竹川宏子 69
橘信二郎 89
立石一真 192
田中哲郎 205
ダニエル沖本 133
民谷栄一 89, 93, 97
タルド（Tarde, J.-G.） 43, 150, 151, 152

タン（Tan, G.） 212
チャン（CHAN, P. K.） 132
チェスブロウ（Chesbrough, H.） 185
ディーステル（Diestel, R.） 219
ティモンズ（Timmons, J. A.） 204
ティロール（Tirole, J.） 36, 211, 225
デンファン（Den Huan, H.） 155
ドゥ・カストロ（de-Castro, M.） 8
東保喜八郎 89, 91, 101
ドナー（Doner, R. F.） 132, 133
友景肇 148
ドラッカー（Drucker, P. F.） 152

【ナ行】

ナイト（Knight, F. H.） 84
長岡貞男 86
南日康夫 88, 89
沼上幹 46
野田隆史 35
野中郁次郎 5, 6, 7, 8, 9, 10, 13, 16, 25
ノーマン（Norman, G.） 211, 213

【ハ行】

ハイエク（Hayek, F. A.） 28, 29, 183
橋田公雄 189
橋本寿朗 85
パース（Peirce, C. S.） 2, 11, 162
ハッガード（Haggard, S.） 132, 133
パットナム（Putnam, R. D.） 155
バーナード（Barnard, C. I.） 182
バーニー（Barney, J. B.） 34
ハメル（Hamel, G.） 20
バラ（Bara, V.） 212
原田誠司 130
バラバシ（Barabasi, A.-L.） 211, 229
ハラリー（Harary, F.） 211, 219
ハン（Hung, C.-S.） 213
ハンコック（Hancock, W. F.） 133
ピオーレ（Piore, M. J.） 121, 210
ピッチオーネ（Piccione, M.） 212
平尾一之 194
フォン・ヒッペル（Hippel, E. von） 94, 126, 152, 208
フォンブルン（Fombrun, C. J.） 32

福田敏男　96
藤城敏史　91
藤田静雄　194, 195
藤本隆宏　20, 63, 66
フーデンバーグ（Fudenberg, D.）　36
プラトン　19, 201
プラハラード（Prahalad, C. K.）　20
ブレスナハン（Bresnahan, T. F.）　219
ベスター（Bestor, T. C.）　125
ベナブルズ（Venables, J. A.）　211
ヘンドリックス（Hendricks, K.）　212
ポーター（Porter, M. E.）　110, 121, 122, 127, 140, 141, 205, 210, 211, 228
ポパー（Popper, K. R.）　3, 4
洞口治夫　1, 10, 13, 22, 26, 36, 39, 57, 61, 70, 72, 88, 93, 110, 122, 125, 134, 140, 145, 160, 166, 184, 200, 205, 209, 224, 227, 229
ポランニー（Polanyi, M.）　3, 4, 9, 18, 19, 24, 126, 201, 210
堀場雅夫　192
本田宗一郎　145, 204, 205

【マ行】

マシエセン（Mathiesen, L.）　213
マーシャル（Marshall, A.）　120, 127, 210
増田直紀　221
マーチン（Martin, R.）　122
マッケンドリック（Mckendrick, D. G.）　132, 133
松下幸之助　145, 205
松島茂　70, 72, 88, 110, 136, 140
松田耕一郎　192
マーフィ（Murphy, F. H.）　213
マルクス（Marx, K. H.）　44, 120
三浦麻子　157, 158
御木本幸吉　204, 205
御厨貴　205
三品和広　34
箕作佳吉　204
宮下直　35
宮原諄二　11

宮本満　98
ミラー（Miller, W. F.）　133
ミンツバーグ（Mintzberg, H.）　74, 182
村口篤　88, 91, 102
村田昭　205
村椿良司　95
孟子　157
盛田昭夫　145, 205

【ヤ行】

安田雪　155, 221
柳沼寿　72, 88, 134
山岸俊男　22
山倉健嗣　32
山崎秀夫　8
山崎朗　148
矢作敏行　20
行本勢基　72, 88
米田英伸　89

【ラ行】

ラインゴールド（Reingold, E. M.）　145
リー（Lea, G.）　19
リー（Lee, Y.-J.）　57
リー（Lee, C.）　133
李瑞雪　72, 88, 93
リエス（Riès, P.）　184
ルレノ（Leleno, J. M.）　213
レクイエ（Lécuyer, C.）　87, 133
ローエン（Rowen, H. S.）　133
ロジャーズ（Rogers, E. M.）　152, 153
ロス（Ross, D.）　36
ロス（Roth, W.-M.）　57
ローチ（Roach, B.）　161
ロペス（Lopez, N.）　8

【ワ行】

渡辺信安　98
ワッツ（Watts, A.）　212
ワッツ（Watts, D. J.）　155, 211, 228, 229
ワルラス（Walras, M.-E. L.）　43

事項索引

欧文

CCR 221, 222, 223
CEO 186
CO_2 レーザー 161
CSR 207
DLP 72
DMD 71, 72
ERP 73
GDP（国内総生産） 31
GE 145, 205
HP 142
ICCR 221, 222, 223
IHI 96
JAL エンジンテクノロジー 67
M&A（買収合併） 35, 124
MEMS 71, 77
NEC 100
NHK 99
NTT 195
　——ドコモ 189
PDCA のサイクル 94
PHS 168
Q&A コミュニティ 158, 159
QC サークル 66, 70, 81, 184, 207
　——活動 69
R&D 189
SEIC モデル 8
TQC 70
TSMC 131, 144
UC バークレー 142
UMD 131
YAG レーザー 161
Yahoo! Answers 158
Yahoo! 知恵袋 158, 159

【ア行】

アイシン軽金属 67
アイシン精機 136, 139
愛知製鋼 136
アウディ 160
アウトソーシング 66, 124, 135, 136
アーキテクチャー 187
秋葉原 126, 128
アークスポット溶接 160
アーク溶接 160
味の素 204
アセアン自由貿易地域 61
遊び 151, 165
圧縮成形 99
圧電マイクロアクチュエーター 72
圧力センサー 71, 72, 77
アナログ・デバイス 72
アライアンス 36, 51, 73, 152, 213, 216
アーリーアダプター 154, 155
アルカテル・ルーセント 188
憐れみ（compassion） 159
暗愚 12
暗号 19
暗算 14, 15, 16
安定性 38
暗黙知 1, 2, 3, 4, 5, 6, 7, 8, 9, 10, 11, 12, 13, 14, 15, 16, 17, 18, 19, 20, 25, 26, 41, 45, 46, 50, 53, 58, 61, 64, 79, 104, 108, 126, 128, 164, 165, 201
　——の共有 7, 126
　——の腐敗 13
暗黙の協調 144
暗黙の計算 16
暗黙の戦略 130, 135
医学 83
囲碁 16, 24, 166
意思決定 17, 25
　——プロセス 25
イタリア料理 84, 164
市場（いちば） 125

一般均衡論　43
イノベーション　1, 46, 59, 107, 110, 111, 150,
　　　　　152, 153, 155, 162, 166, 169, 170, 190,
　　　　　204, 208
　　──・システム　130
　　──政策　88, 110
　　──の基盤　107
　　──の創出　111
　　──の普及　152, 153, 169
　　──発生の起点　105, 110
　　──発生の不確定性　111
　　──普及　197
　　──・マネジメント　88
イノベーター　166
意味　2, 3
インキュベーション施設　115, 131, 187
インキュベーション・マネージャー　115
インクジェット・ヘッド　71
インセンティブ　56
インターネット　12, 53, 54, 108, 124, 146, 156,
　　　　　157, 160, 166, 167, 168, 169, 187, 202,
　　　　　203, 209
　　──・サイト　53, 62, 66, 156
　　──サービス　189
　　──社会　66
　　──の普及　156
インテック・ウェブ・アンド・ゲノム・イン
　　　　　フォマティクス　102
インテル　142, 144
インフラストラクチャー　156, 213
ヴァーチャルな世界　53
ウィキペディア　39, 40, 53, 107, 156, 157, 166
ウィン・ウィン　36
　　──(Win-Win)の関係　34, 36, 183, 189
後ろ向き帰納法　106
馬山　132
埋もれた専門家　107
エスシーワールド　90, 102, 103, 104, 111
エリクソン　188
エレクトロニクス産業　127
演繹　11
円環状に連結された市場　225
円環状のネットワーク　211, 226, 232
円環上のネットワーク　232

演算　15
　　──処理　16
エンジェル　133, 186
エンジニア　66
援助の動機　159
遠心力　86
教えて！goo　158
おとぎばなし　164
オートマトン　22
オープン・イノベーション　185, 188, 190
オープンな連結　122
オペレーション・クラスター　132
オムロン　72, 192, 195, 196
　　──京阪奈イノベーション・センター　192,
　　　　　193, 196, 197
オーラル・ヒストリー　205
愚かさ　30
お笑い　30

【カ行】

海外直接投資　200
快感　57
改善　70
　　──活動　69, 199, 201, 208
　　──効果　70
　　──提案　63, 64, 66, 69, 70, 74, 76, 183, 199,
　　　　　201
　　──提案制度　61
　　──能力　20
開発途上国　127
外部経済　228
外部性　36, 52, 229, 232
外部の専門家　59
外部評価委員　87
ガウス＝ジョルダン法　233
科学技術コーディネーター　85, 89, 90
科学技術振興　86
科学技術振興政策　110
科学技術政策　85, 110, 111
化学産業　127
価格探索　124
　　──のコスト　45, 128
　　──の費用　123, 124
科学的知識　182

事項索引　263

価格理論　30
学際領域　79
学習　202
　　——能力　57
学術研究都市　137
革新　44
拡張学習　37, 57
確認の必要性　125
楽譜　16
過剰品質　78
仮説形成　11
寡占　43
　　——理論　211
加速度センサー　71, 72
価値　171
　　——観　162
楽器演奏　16
カット・スロート・コンペティション　36
合併　32
角速度センサー　71, 72
金型　99, 210
株式公開（IPO）　130, 143
カリフォルニア巻き　167
カルテル　33
川崎重工　96
考えるゲーム　166
考える組織　81, 82
感覚への自覚　14
環境の不確実性　25
頑健性　38
雁行形態　155
関西文化学術研究都市　130, 197
関税の免除　134
間接的　32
慣用句　162
関連産業　121
関連支援産業　228
議会　27
　　——制度　27
機会費用　53, 54
機関投資家　186
起業　133
　　——家　37, 77
企業家　41, 43, 48, 84, 87

　　——は群生して現れる　43, 44
　　——利潤　48
企業間関係　32
企業間競争　36, 44, 228, 229, 232
企業者　41
　　——利潤　43
企業城下町　145
企業戦略　48, 121
　　——論　34
企業組織　124
企業内の分業　84
企業の競争力　62
企業の相互連結　210
企業の能力　20, 21, 22
企業の保持する能力　20
企業への役員派遣　32
記号　2, 3, 144, 162
技術　31
　　——供与　73
　　——者　77
技術進歩　42, 46
技術政策　85
技術的進歩　42, 43
技術評価能力　88
技術力　183
寄生　35, 36
北イタリアの産業集積　121
北九州学術研究都市　130, 148
基底的認識　54
技能　4, 5
　　——形成　5
帰納　11
規模の経済性　43
義務　56
キャパシタ　98
求心力　86, 87, 106
教育　152
　　——方法　37
　　——水準　163
　　——的な技術　16
境界線の曖昧さ　30
供給条件　228
協業関係　62
競合　35, 36

恐慌　43
共産主義　28
凝集　53
　　——性　53, 57
　　——度　222
共生　36
　　——関係　32
共生知　46, 50, 51, 52, 53, 54, 57, 59, 78, 83, 84, 104, 105, 107, 110, 119, 152, 153, 164, 170, 180, 182, 184, 185, 188, 197, 198, 199, 201, 202, 204, 205, 207
　　——経営　109
　　——の限界　108
　　——のコーディネーター　110
　　——の創造　83, 105, 109, 208
　　——の方法　106
共生知創造　105, 205
　　——の限界　105
　　——プロセス　105
共生的　32
京セラ　71
競争　36
協創　193
競争環境　121
競争戦略　33, 34
　　——論　32, 34, 36
競争力　21
協調　38
共通目的　40, 58
協働　61, 62
　　——意欲　40, 58
共同化　5, 6, 7, 8, 10, 13, 25, 46
共同特許　139
　　——出願　139
　　——取得　139
業務プロセス　56
共有知　50, 51, 53, 54, 56, 57, 58, 59, 60, 61, 62, 63, 64, 66, 69, 71, 73, 74, 75, 76, 78, 79, 80, 81, 84, 119, 125, 152, 153, 161, 162, 169, 170, 171, 180, 182, 183, 184, 185, 186, 188, 197, 199, 201, 202, 204, 205, 207, 209, 210
　　——経営　80
　　——創造　82

——創発　59, 60
——の限界　78
——の創発　57, 60
——の創発過程　63
——の統御方法　74
——の悲劇　79
——のマネジメント　78, 79, 80, 170
——のマネージャー　82
——のレント　67
協豊会　136
協力　23, 36
　　——ゲーム　30
漁業共同組合　33
局所的　119
　　——な知識　54
金銭的な誘因　182
金融市場　125
空間経済学　213
グーグル　142, 156
工夫の余地　60
組み立てメーカー　202
クラスター　52, 86, 106, 114, 115, 117, 118, 119, 120, 121, 122, 123, 127, 129, 130, 131, 133, 134, 135, 136, 139, 141, 142, 143, 144, 145, 146, 147, 148, 154, 202, 206, 209, 210, 211, 220, 223, 224, 231, 232, 233, 234
——間の競争　211
——係数　221, 222
——集中度　221, 222
——振興政策　141
——政策　122, 141
——創成　86
——創生　229
——の核　229
——の凝集度　222
——の形成　232
——のコア　232
——の初期条件　141
——の生成　140
——の成長パターン　135
——の創発　221, 223
——の地理的限界　140
——の理論モデル　231

事項索引

――理論　141
クラスター形成　87
　　――の不可能性定理　229
　　――の論理　228
グラフ理論　211, 219
クールノー競争　122, 211, 213, 219, 220, 226
クールノー・ナッシュ均衡　213
クールノー・モデル　211
グループ　38
　　――シンク　27
クロス・ファンクショナルチーム　184
グローバルな提案制度の構築　208
軍産複合体制　133
群集　28, 30, 54
　　――心理　27, 28
　　――生態学　32, 35, 36
　　――の知恵　38, 66
軍事予算　134
群生　44, 47
経営学　1, 32, 36
経営資源　31
経営者　25
　　――層　5
経営する　180
経営戦略　10, 33, 34, 36
　　――論　24, 32, 34, 36
計画経済　29
計画の戦略論　34
景気循環　43
景気の回転　43, 48
経験　11, 171
　　――曲線　60
　　――則　10
経済学　30
経済産業省　96, 100, 194
経済的進歩　43
経済特区　53, 127, 132, 134, 137, 148
経済発展　41, 42
『経済発展の理論』　42, 43, 47
『経済表』　42
計算　15, 16
形式知　4, 5, 6, 9, 10, 12, 13, 14, 15, 16, 17, 18,
　　　　25, 26, 41, 45, 46, 50, 53, 58, 62, 64,
　　　　73, 104, 128

――の共有　73
――の腐敗　16
携帯電話　99, 168, 169, 191, 197, 198, 201
　　――産業　191
携帯メール　168
けいはんな学研都市　193
契約社員　76
契約の履行を確実にするためのコスト　123
化粧品　98
結合パターン　48, 50
ゲートキーパー　166, 167, 172, 181
ゲームのルール　30
ゲーム理論　22, 27, 30, 34, 36, 144, 150, 211
研究開発　47, 48, 185
　　――管理　192
　　――競争　212
　　――資金　47
　　――志向　129, 130
　　――投資　48
　　――の現場　125
　　――補助金　87
研究遂行支援　40
研究論文作成支援システム　40
原型の構築　7
言語　151, 161, 162
　　――化　171
　　――学　162
　　――表記の統一　152
検索サイト　156
顕示的消費　151
献身と尊敬というバランス　109
現地現物　146
限定合理性　40
限定された貢献　25
限定された合理性　24, 25, 28
現場　124
　　――監督　66
　　――との対話　81
現場の知　50, 52, 53, 54, 57, 119, 120, 128, 142,
　　　　145, 146, 147, 152, 153, 170, 180, 182,
　　　　186, 187, 188, 197, 199, 202, 204, 205,
　　　　207, 210
　　――の限界　145
原理　54

事項索引

広域ロジスティックス　124
公開された形式知　128
公開性　128
工学　83
好況　43, 48
工業技術センター　91, 100, 103
公共財　45, 46, 152, 153, 169
公共政策　33
工業団地　53, 127
公共投資　47
航空宇宙産業　127
公式組織　40, 58
　──の定義　38
公衆　54
高周波メムス　195
交渉費用　123
構図の戦略論　34
構成の戦略論　34
構想の戦略論　34
構造の戦略論　34
構築の戦略論　34
交通大学　131
後天的な能力　17
行動する人　82
行動様式の創発　37
高度な暗黙知　16
高度な形式知　16
構内下請け　66
購入の現場　125
神戸医療産業都市　130
合目的的な活動　119
合目的的な知識　119
合理的意思決定　25
国語　151
国際化　42
国際経営戦略　80
国際合弁事業　34
国際的なネットワーク　140
国立大学法人　86
互恵性　210
個人主義　28
個人の集合体　57
個人の能力　22
コストパフォーマンス　108

コストリーダーシップ　34
個体　38
コーチング　66
国家権力　152
国家社会主義　28
コーディネーション　62, 109, 117
コーディネーター　87, 88, 89, 90, 94, 104, 105,
　　　　　　　　106, 107, 113, 114, 115, 117, 118, 119,
　　　　　　　　130, 181
コード化　2
コードシェア便　213
コードシェア・フライト　209
五人組　69
個別性　38
語法　162
コーポレート・ガバナンス　143
コミュニケーション　38, 40, 54, 56, 57, 58, 70,
　　　　　　　　108, 168, 183
　──能力　183
コミュニティ　39
コミットメント　82
コモンナレッジ　50, 52, 53, 54, 57, 119, 125, 150,
　　　　　　　　151, 152, 153, 156, 162, 163, 164, 167,
　　　　　　　　168, 169, 171, 172, 180, 182, 187, 188,
　　　　　　　　197, 198, 200, 202, 204, 205, 207
　──経営　170
　──（常識）　161, 170
　──の社会的許容範囲　166
娯楽動機　159
コラボレーション　139, 213, 216, 232
コロケーション　126
コンサルタント　59
　──な推測的変動　219
コンセプト創造　7
コンデンサ　98
コントロール　74
コンピューター言語　4

【サ行】

差異化　34
最高経営責任者　186
在庫管理　73
在庫削減　202
再生産表式　42

事項索引

才能　127, 144
財閥　143
細分化　12
細胞チップ　90, 91, 92, 93, 102, 104, 105, 111
財務管理　1, 73
採用プロセス　75
作業工程の管理　60
作業方法　31
殺到　30
サブプライムローン　134
差別化　34
参加意欲　75, 76
産学官共同研究　85
産学官連携　87, 106, 110, 111, 112, 130, 131, 207
　――プロジェクト　199
産学連携　86, 111, 112, 114, 146, 197, 198, 201
産業化　128
産業空洞化　66, 145
産業クラスター　86, 87, 209, 220, 231
　――政策　121, 194
　――の創出　231
産業集積　52, 119, 120, 121, 124, 131, 141, 145, 206, 207, 210
産業政策　85
産業戦略　33, 34
産業総合研究所　92
産業組織の重層性　140
産業組織論　32, 211
産業用ロボット　160
産業連関表　42, 52
算数　15
サンフランシスコ　121
サンホセ　121
三洋証券　134
ジェイテクト　136
ジェスチャー　161, 162
支援産業　121
視覚化　15
事業戦略　33, 34
思考の働き　14
自己革新的組織　5
自己集合　62
自己組織　8
　――化　30, 37, 38, 48, 49, 67, 79, 151, 182, 200

自己組織系　63, 162
試作品　133
　――評価　133
市場（しじょう）　125
　――システム　67
　――のネットワーク　211, 212
自然言語　151
事前の知識レベル　14
持続的イノベーション　51, 76, 77, 78
自他統一　9
実験心理学　22
事典型コミュニティ　157
資本　43
　――利子　48
ジャイロ・センサー　71, 72
ジャガー　161
社会主義　28
社会心理学者　27
社会的共通資本　169
社会的責任　171
社会的動機　159
社会的な公知　152
社会的な分業　84
射出成形　93, 99
ジャスト・イン・タイム生産　139, 202
ジャスト・イン・タイムによる知識管理　9
社内公募制度　76
習慣　53
宗教　122, 144, 164, 165
　――儀式　165
　――圏　165
　――選択　165
集合愚　174
集合戦略　21, 26, 27, 31, 32, 33, 34, 41, 50, 53, 54, 108, 180, 182, 184, 188
　――論　36
集合知　13, 26, 27, 28, 29, 30, 31, 37, 38, 39, 40, 41, 46, 48, 50, 51, 53, 54, 55, 59, 60, 66, 67, 69, 79, 150, 151, 156, 157, 161, 162, 164, 165, 167, 174, 180, 182, 184, 188, 197, 198, 199, 200, 201, 203, 207, 208
　――経営　67
　――サイト　40, 157, 159

268　事項索引

──の経営　180
──の形成プロセス　49
──の結合タイプ　53
──の循環　48
──の相互作用　38, 40
──の創造　26
──のパターン　54
──の比較研究　162
集合的な行為　22, 30
集合的な思考　24
集合的な創造性　39
集合的な知識の創造　207
集産主義　27, 28, 29
自由主義的な経済学者　27
囚人のジレンマ　22, 23, 30, 34, 36, 144
集積　32, 52, 85, 146
──型　32, 50, 52, 108
──型集合戦略　52
──戦略　33, 146, 170, 180, 186, 204
重層性　232
重層的な連結　232
集団　28, 30, 38, 39
──主義　28
──の愚かさ　27, 32
──のレベル　38
集中　34
柔軟な専業化　121
宗派　165
集約性　38, 39
熟練　127
──形成　5
シュタッケルベルク競争　219
十進法　3
シュトゥットガルト　147
──＝ウンタートゥルクハイム　136
──周辺　135, 199
需要条件　121, 133, 140, 228
需要と供給　229, 232
ジョイント・ベンチャー　36
将棋　16, 24, 166
昇給・昇進　109
証券取引市場　125
条件反射　203
常識（コモンナレッジ）　52, 150, 161, 202

小集団　70
──活動　63, 64, 69, 70, 76, 80, 81, 120, 184, 199, 201
──による改善活動　184
昇進　76
焦点　34, 144
消費税　124
商品開発支援　40
商品規格　33
情報　2, 3, 40, 41, 45
──管理　1
──共有　38, 62
──システム　1, 51
──処理能力　25
──処理費用　22
──ネットワーク　210, 231
──粘着性　126
──のフィードバック　81
──量　3
──を遮断する　181
情報交換　4, 151
──の享楽性　151
──の必要性　151
将来のビジョン　56
植食　35
職務　81
シリコンアイランド　148
シリコン・サイクル　226
シリコンバレー　37, 52, 72, 87, 121, 122, 128, 131, 132, 133, 134, 135, 136, 142, 144, 147, 148, 186, 199, 207
──型　147
シリコン・マイクロチップ　101
人員削減　76
進化　49
──能力　20
新規事業　143
──プロジェクト　88
新結合　41, 43, 44, 45, 46, 47, 48, 76, 77, 107, 204
──の源泉　41
──の遂行　41
──の内的な構造　46
新興宗教　165
人事制度　75

新宿歌舞伎町　128
心身一如　9
新生産方法　43
深層の競争力　20, 21
身体性　4
新竹　134, 144
新竹科学工業園区　131
人的資源管理　1
ジンデルフィンゲン　136, 137
真の個人主義　29, 30
真の発見　18
人望　182
信用　31, 43
信頼　155
　——関係　76
　——性　38
心理学　202
人力検索サイトはてな　158
人力検索はてな　39
神話　53, 164
垂直統合　189
推定　11
数学的な直観　18
数値演算　15
数値計算　16
スカイプ　146
スギノマシン　90, 95, 97, 103
スクリーニング　70
優れた集合知　199
スケールフリー　232
　——・ネットワーク　122, 211, 229, 230, 231, 232
寿司市場　167
スズキ　206
スターアライアンス　73, 209
スタンフォード大学　142
スピルオーバー　44
スピンオフ　87, 127, 134, 142, 148, 186
スポーツ　165
スポット溶接　160
スモールワールド　39, 232
　——・ネットワーク　211, 228
　——のネットワーク　232
摺り合わせ　62

清華大学（台湾）　131
清華大学（中国）　191
税金　124
セイコーエプソン　71
生産可能性フロンティア　50
生産管理　1, 60
生産技術　60
生産工程　60
生産システム　62
　——の進化　63
生産の現場　125
生産要素　46
製造業志向　129, 130
静態的な経済　47
　——の循環　46
静態的能力　20
正当化の基準　7
正の外部性　36, 120
政府開発援助　206
政府主導型発展　129
生物学　32
精密金型技術　105
積分　15
責務相反　86
セグメンテーション　154
セグメント　127
接合　32, 185
　——型　32, 50
　——型集合戦略　51, 104, 105, 108, 110
　——戦略　78, 106, 107, 108, 180, 185, 204
セラミック産業　140
セル生産システム　62
セレンディピティ　182
ゼロサム・ゲーム　36
禅　11, 12
センサー　72
先天的な能力　17
全日空　73
専門性　54, 57
専門的知識　81
専門分野　54
戦略的提携　32, 36, 73, 209
戦略領域　84
総合商社　124

相互作用　39
創造的破壊　78
創造的反射　202, 203, 204
　　——の多様性　203
創発　4, 30, 37, 38, 48, 49, 58, 60, 61, 62, 63, 67, 120, 151, 162, 168, 182, 200
　　——戦略　34
双方向性　210
双利共生　35, 36
双利共生的　202
組織　20, 38, 40, 84
　　——維持のコスト　124
　　——学習　57
　　——化のコスト　124
　　——間関係　31, 32, 153
　　——行動　32
　　——内のスラック　108
　　——能力　20, 22
　　——の常識　130
　　——の能力　22
　　——のモチベーション　126
　　——風土　75
　　——文化　202
　　——目的　58
ソーシャル・キャピタル　37, 52, 122, 133, 155, 187
ソニー　96, 205
ソフィア・アンティポリス　130, 141
そろばん　16

【タ行】

大学研究室　88
大学発ベンチャー　88, 90, 115
耐故障性　38
第三世代　8
　　——携帯　209
耐震偽装設計　173
体制転換　43
大同特殊鋼　67
ダイムラー　135, 136, 138, 139, 199
ダイヤモンド　121, 122
台湾工業技術研究院　131
高雄　132
多国籍企業　61, 81, 124, 126, 132

タスク　81
　　——決定　60
タスクフォース　81
立石電機　192
多能化　60
多能工の育成　60
楽しみ（entertainment）　159
多頻度納入　202
多様性　38, 39, 107, 109, 135, 203, 206, 208
単年度予算主義　111
知　37, 56, 60
地域イノベーション・システム　130
地域貢献　163
地域産業政策　85
地域振興政策　85, 86
地域内ネットワーク　153
チェス　24, 166
地球環境問題　85, 171
知識　1, 2, 3, 4, 5, 8, 9, 10, 13, 17, 18, 19, 20, 21, 24, 25, 28, 29, 30, 31, 36, 39, 40, 41, 44, 45, 46, 48, 49, 51, 52, 53, 56, 57, 58, 60, 61, 62, 64, 67, 73, 75, 76, 78, 81, 83, 84, 104, 120, 127, 128, 142, 150, 151, 152, 156, 161, 162, 163, 171, 180, 182, 183, 198, 200, 208, 209, 213, 216, 231, 232
　　——監視者　180
　　——経営者　180
　　——経済　37
　　——資源　39, 127
　　——社会　169
　　——調整者　180
　　——の共同利用　73
　　——の結合　46, 204
　　——の高度化　231
　　——のコラボレーション　209, 212, 213, 214, 216, 221, 225, 226, 230
　　——の再統合　59
　　——の次元　83, 164
　　——の相互触発　39
　　——の転移　7
　　——の伝承　75
　　——の排除不能性　44
　　——の普及　151

事項索引　271

――の連結　142
――変換モード　10
――理論の第一世代　8
――理論の第二世代　8
――連結者　180
知識管理　1, 2, 31, 74, 163
　――者　180
　――戦略　208
　――論　50
知識共有　50, 51
　――コミュニティ　157
知識創造　14, 51, 127, 146, 208
　――の理論　208
　――プロセス　16
　――理論　5, 9, 10, 12, 13, 25
知性　30
知的クラスター　85
　――創成事業　85, 86, 87, 88, 89, 90, 92, 93,
　　　94, 97, 98, 100, 101, 106, 110, 111,
　　　113, 115, 116, 117, 118, 121, 189, 195
知的財産制度　86
知的刺激　56, 57
知的創造活動　39
知的組織　39
知的な反応　56, 57
知の空洞化　17
知名度　173
中華料理　164
調整　38
　――する　181
築地　125
継ぎ盤　24
つくば研究学園都市　86, 130, 193
ツリー状の連結　122
ツーリズム　169
提案　67, 70, 74, 76
　――活動　70
　――件数　64, 66
　――制度　63, 64, 66, 67, 69, 70, 76, 80, 81,
　　　189, 208
定款　84
定義不可能な解　84
定焦点的感知　9
適応能力　38

テキサス・インスツルメンツ　71, 72
適者生存　59, 104
デジタル・コンバージェンス　191
デジタルデバイド　191
デス・バレー　147
データベース　40
鉄鋼業　127
デバイス　71, 191
デファクト・スタンダード　70
伝承　53, 164
デンソー　136, 138, 139, 160, 199
同時多発テロ　134
投資優遇税制　132
淘汰　39, 59
投入産出分析　5
同盟　32
　――型　32, 50, 52, 108
　――型集合戦略　50, 51
　――型戦略　51
　――戦略　60, 63, 80, 120, 180, 182, 183, 184,
　　　204
特定クラスター集中度　221, 222
特定地域　119
特定の集合戦略　54
匿名性　27, 28
独立性　38, 39
特許　31, 45, 86, 91, 93, 94
ドットコム・バブル　72, 134
ドメイン　84
　――の連結　84
とやま医薬バイオクラスター　88, 89, 90, 93,
　　　101, 103
富山県工業技術センター　90, 91, 92, 93, 100,
　　　101
富山大学　90, 92, 102
富山・高岡クラスター　92
富山・高岡地区　88, 89
トヨタ　119, 138, 139, 144, 160, 161, 199
豊田合成　136
豊田市　147
　――周辺　135, 140, 148, 199
トヨタ自動車　64, 66, 67, 70, 135, 136, 137, 160
豊田自動織機　136, 139
トヨタ車体　136

トヨタ生産システム　62, 63, 146
豊田鉄鋼　136
トヨタ紡織　136
ドラッカー　162
トリガー戦略　23
取引費用　123, 124
　　──の経済学　124

【ナ行】

内発性　135
内発的なクラスター　138
内発的発展　129
内面化　7, 8, 10, 12
ナッシュ均衡　144, 150
ナノシステムソリューションズ　93
ナパバレー　128, 144
ナレッジ・アドミニストレーター　180, 181, 182, 184, 200
ナレッジ・ゲートキーパー　180, 187
ナレッジ・コーディネーター　180, 184, 185, 187
ナレッジ・ネットワーカー　180, 186, 187
ナレッジ・マネージャー　180, 182, 183, 186
二酸化炭素排出量の削減　80
二進法　3
日産車体　160
日科技連　70
日産自動車　184
ニッチな市場　147
日本企業の知識管理戦略　208
日本HR協会　64, 67
日本ガイシ　71, 72, 140
日本企業の知識管理戦略　181
日本料理　84, 164, 169
人気　182
認識　128
忍耐力　183
認知　38
　　──科学　58, 59
　　──能力　28
ネットワーカー　142, 146, 181
ネットワーキングのスキル　117
ネットワーク　31, 39, 41, 50, 122, 133, 146, 154, 155, 184, 185, 186, 187, 209, 210, 211, 212, 213, 214, 215, 217, 219, 220, 221, 222, 223, 224, 225, 226, 227, 228, 229, 230, 231, 232
　　──の形成　73, 142
　　──のパターン　232
　　──密度　221
　　──理論　39, 155, 211, 221, 228, 231
燃料電池　98, 102
　　──開発　105
ノウハウ　31, 45, 128
能力　1, 13, 17, 18, 19, 20, 21
　　──開発　202
　　──構築能力　20
　　──の偏在　21
ノキア　188, 189, 190, 191, 192, 197, 198
　　──・ジーメンス・ネットワーク　188
　　──・ハウス　197
　　──・リサーチセンター　190
ノード（端末点）　122, 229, 230
ノブレス・オブリージ　56
ノルム（規範）　108

【ハ行】

場　8, 21, 57, 125
バイオセンサー　93, 94
パイオニア　195
買収合併　35, 124
排除不能性　45, 128
ハイブリッドエンジン　74
破壊的イノベーション　77, 78, 169
派遣社員　76
派遣労働者　66
箱物行政　131
恥　26
ハーシュマン・ハーフィンダール指数　222
パズル　57
パソコン　169
バーチャル・コミュニティ　157
発見　47
発想の基盤　151
ハッピーキャンパス　157
発明　47, 151
ハーディング　30
ハードディスク・ドライブ　71, 72, 168

事項索引

パナソニック　6, 64, 66
ハブ・アンド・スポーク　122, 211, 212, 215, 219, 222, 223, 224, 225, 228, 230, 231, 232
　——のネットワーク　232, 233
パフォーマンス評価　195
破滅的競争　36
パラダイム　4, 207
　——論　3
パロール　2
反証　10
半導体の試作品　131
反応関数　233
販売管理　1
販売実績　73
販売の現場　125
ピア・プレッシャー　184
ピア・レビュー　70
非可逆的固定性効果　53
光 MEMS　71, 72
非競合性　44, 45, 128
非協力ゲーム　30
ビジネスプラン　186
ビジネスプロセス・リエンジニアリング　8
ビジョン　57
日立製作所　195
日立ソフトウェアエンジニアリング　93, 97, 103
秘匿性　128
人の選定　183
人々をつなぐ　181
非排他性　44, 45, 128
微分　15
　——方程式　153, 176, 178
ヒューレッド・パッカード　87, 134, 142
表出化　5, 6, 7, 8, 9, 10, 12, 13, 19, 25
表層の競争力　20, 21
評判　22
ファッション　167
ファンド　134
フィージビリティ・スタディ　10
フィードバック　81
フィランソロピー　171, 207
フィリップス　145, 205

フィールド・リサーチ　205
風俗　53
フェアチャイルド　87, 134, 142
フェース・トゥ・フェース　126
フォーカス　34
フォーカル・ポイント（焦点）　144, 145
フォルクス・ワーゲン　160
不確実性　84
不完全なネットワーク　213
不完備情報　30
不況　43
不均衡　209
複雑系　39
　——組織論　39
フタバ産業　136
負の外部性　36
部品サプライヤー　138, 139, 186, 202
部分的無知　25
部分と全体　63
普遍性　38
プライド　26
フラクタル　49
プラスサム・ゲーム　36
フランス革命　28
フランス料理　164
フランチャイズ・システム　49
フランチャイズ・ビジネス　73
ブランド　73, 173
　——価値　31
フリーライダー　108
プレイヤーの重層性　233
フレキシブル・スペシャリゼーション　121
プレゼンテーション　81
ブレーン・ストーミング　70
プログラミング　4
　——言語　4
プロジェクト・チーム　183, 184
プロダクト・ライフサイクル理論　155
プロデューサー　84
プロデュース　84
　——感覚　200
プロトタイプ　131, 133
プロモーション活動　152
文化　151

――産業　168, 169
分業　59, 60, 61
分工場　148
分散性　38, 39, 111
分子生物学　83
文章の要約　16
文法　151, 162
文脈　56
閉包　122
ベーシック・ナレッジ・ニーズ　206
ベーシック・ヒューマン・ニーズ　206
ベルヌーイ型の微分方程式　153
偏害　35, 36
ベンチマーク　133, 143, 144
ベンチャー企業　130, 134
ベンチャーキャピタリスト　133, 134, 186
ベンチャーキャピタル　121, 134
ベンチャービジネス　147, 185, 186, 199, 204
ベンチャーファンド　134
片利共生　34, 35, 36, 139
　――的　32, 34, 52, 183
弁理士　85
法人税減免　134
法制度　152, 162, 166, 167
紡績業　140
方法論的個人主義　27, 28, 29
補助金　87, 106, 107, 112
　――支給　87
捕食　35
補足的感知　9
北海道拓殖銀行　134
ボッシュ　136, 138, 199
ポピュレーション・エコロジー　32, 104
堀場製作所　192
ポルシェ　139
ボールド・コンペティティビテ　141
ポワソン・リグレッション　113, 117
ホンダ　96, 204, 206

【マ行】

マイクロチップ　100
マイクロ燃料電池　102
マイレージ・プログラム　73
マクロとミクロの循環的な関係性　38
マーケティング　1, 185
　――の諸原理　54
　――論　154
麻雀　166
マスメディア　3
松下電器産業　6, 64, 67
祭り　53
学び続ける組織　201
マニュアル　12, 62, 128
マネジメント　109
マネージャー　1, 10, 74, 75, 79, 80, 81, 82, 181, 182, 184, 186
　――の権限　75
マルクス主義　28
見えざる選抜　229, 233
見えざる手　229
見くらべること　146
見くらべる必要性　45, 124, 125, 126, 128
ミクロ経済学　32, 36
ミクロ経済理論　29
ミクロの主体　49
三菱化学　195
三菱自動車　139
三菱電機　161
ミドル・マネジメント　56, 57, 66, 70, 183
ミュンスター　130
民俗学　164
民族料理　164
民話　164
無言の圧力　120
無知　10, 11, 12
村田製作所　196, 205
名声　182
メガ・クラスター　205, 206
メタ集合知的　162
メッカ　143, 144, 145
目安箱　69
目視の必要性　125
目的　38
　――意識的な活動　58
持ち株会社　143
モチベーション　57, 60
ものがたり　164
ものづくり　82

ものづくりクラスター　135, 137, 139, 147, 148, 199, 207
　　——型　147
模倣　44, 150, 151, 202
問題　18
問題解決　17, 18, 19, 56, 57, 81, 82, 83, 183, 201, 203
　　——知識　17
　　——能力　17, 19, 38, 59, 199, 201, 202, 203
問題発見　81, 82, 201
　　——能力　81, 200, 203
　　——の機能　199
モンダビ　144
文部科学省　87, 96, 100, 111, 195

【ヤ行】

ヤフー　156
山一證券　134
ヤマハ　206
誘因と貢献のバランス　182
有機　32
　　——型　32, 50
　　——型集合戦略　52
　　——戦略　170, 180, 204
ユーザー・イノベーション　94, 152, 208
輸出加工区　53, 127, 132, 134, 148
溶接ライン　160
要素技術　14, 46, 77, 78, 111, 170
　　——開発　71, 77, 111, 160
　　——のイノベーション　78
要素条件　121, 229, 232
要素創造メカニズム　127
陽表知　9
余剰価値　43, 48
欲求　30
弱い紐帯　154, 155, 228

【ラ行】

ライセンシング契約　73
ライン　66
ラバーメート　99
　　——・ジャパン　99
ラング　2
ランドローバー　161
ランプアップ　66
利益相反問題　86
リコー　71
リサーチパーク　53, 130, 131, 148
リザベーション・プライス　30
リスク　84
リーダーシップ　58, 182
リッチェル　90, 93, 98, 99, 101, 102, 103, 104, 105
立地選択　53
リトロダクション　11
リーマンブラザーズ　134
流行　167
料理　164
隣接行列　219, 221, 222, 223, 233
リンパ球の解析　91
倫理観　174
倫理基準　173
ルート 101　121
ルート 126　121
歴史主義　3
レーザー溶接　160, 161
連結化　6, 7, 8, 10, 12, 16, 25, 46
連鎖反応　204
連立微分方程式体系　43
ロイター　51, 209
労働市場　125
ロジスティック曲線　153, 156, 175, 178
ロジスティックス　137
ロックイン効果　53
ロバスト性　38
ローム　195, 196
ロール・モデル　70

【ワ行】

ワンワールド　209

著者紹介

洞口 治夫（ほらぐち・はるお）
1959年生まれ。法政大学経済学部卒業、東京大学大学院経済学研究科博士課程修了（経済学博士）。法政大学経営学部専任講師、同助教授、ハーバード大学経済学部客員研究員（フルブライト・プログラム）、リヨン第二大学客員教授、法政大学イノベーション・マネジメント研究センター所長などを経て、法政大学経営学部教授。この間、東京大学経済学部、筑波大学大学院、中央大学大学院、静岡大学大学院などで非常勤講師を兼任。著書に『日本企業の海外直接投資』（東京大学出版会、1992年、日経・経済図書文化賞受賞）、『グローバリズムと日本企業』（東京大学出版会、2002年、国際ビジネス研究学会賞受賞）など。

集合知の経営
―日本企業の知識管理戦略―

2009年10月1日　第1版第1刷発行　　　　　　　　　検印省略

著　者　洞　口　治　夫

発行者　前　野　　弘

東京都新宿区早稲田鶴巻町533
発行所　株式会社　文　眞　堂
電話 03（3202）8480
FAX 03（3203）2638
http://www.bunshin-do.co.jp
郵便番号 (162-0041) 振替00120-2-96437

印刷・モリモト印刷　　製本・イマキ製本所
© 2009
定価はカバー裏に表示してあります
ISBN978-4-8309-4652-3　C3034